NIE ZU WISSEN, WO MAN HINGEHÖRT

ANJA BUNTZ

NIE ZU WISSEN, WO MAN HINGEHÖRT

DIE REISE UNSERES LEBENS – ANKOMMEN
DURCH MUT, BEWUSSTSEIN UND SELBSTLIEBE

Bibliografische Information der Deutschen Nationalbibliothek
Die Deutsche Nationalbibliothek verzeichnet diese Publikation in der Deutschen
Nationalbibliografie; detaillierte bibliografische Daten sind im Internet über
http://dnb.d-nb.de abrufbar.

*Die automatisierte Analyse des Werkes, um daraus Informationen
insbesondere über Muster, Trends und Korrelationen gemäß §44b UrhG (»Text
und Data Mining«) zu gewinnen, ist untersagt.*

© 2024 Anja Buntz

Coverfoto Autorin: Sabine Fischer, phoenixstudios.de

Satz, Umschlaggestaltung und Verlag: BoD · Books on Demand GmbH, In de
Tarpen 42, 22848 Norderstedt
Druck: Libri Plureos GmbH, Friedensallee 273, 22763 Hamburg

ISBN: 978-3-7597-1766-5

Für alle, die da waren.
Und für alle, die nachfolgen.

Knowing that there is a world out there,
ready and wide open for all our wildest dreams –
that gives us a power.
A power that lets us achieve everything,
that lets us fly.

Ich wünsche dir, dass du deine Arme weit ausbreitest, den Duft des Lebens einatmest – wie die Luft nach einem Regenschauer an einem heißen Sommertag – und dich mit allem, was du hast, in Abenteuer stürzt.

Denn dazu bist du hier.
Dazu bist du gedacht.

INHALT

VORWORT

Ich würde nicht sagen, dass ein Buch zu veröffentlichen ein immerwährender Traum von mir war. Vielmehr ist es das Schreiben selbst, das mich schon mein ganzes Leben begleitet. Was mir interessanterweise auch erst vor Kurzem bewusst wurde. An einem Tag im Frühjahr 2024 sah ich mich als Fünfjährige, wie ich an der alten Schreibmaschine meiner Mama saß und kleine Aufgaben für die Familie oder Gutscheine tippte.

Einfallsreichtum und Kreativität waren und sind meine immerwährenden Begleiter. Manchmal mehr, manchmal weniger in Geschichten verpackt.

Über die Jahre hinweg geriet das Schreiben in Vergessenheit. Bis sich eines Tages alle Bestandteile fügten und zu einer gewissen Klarheit führten. Meine Arbeit als Coach, mein lebenslanges Hinterfragen, wohin ich gehöre, mein Kanalisieren meiner Kreativität, meine Visionskraft, das Wiederentdecken meiner Liebe zum Schreiben. All das ergab die einzig logische Konsequenz, ein Werk zu kreieren, das meine persönliche Erfahrung, mit allen Glaubenssätzen, Hürden und Herausforderungen, mit meiner Expertise als Coach miteinander vereint. Um Menschen zu helfen, nicht so viel Zeit ins Land gehen zu lassen, wie ich es tat. Denn uns steht nicht so viel Zeit zur Verfügung, wie wir häufig großzügig denken. Um Menschen zu helfen, ihr Leben zu etwas Großartigem werden zu lassen. Denn so viele leben nur einen Bruchteil dessen, was im Grunde möglich ist. Um Menschen zu helfen, Verantwortung für ihr eigenes Glück zu übernehmen. Um Menschen zu helfen, aufzuwachen und ihr Leben kühn, mutig und voller Abenteuerlust zu leben.

Um dir zu helfen, all deine schützenden Mauern einzureißen, damit du sehen kannst, wie wunderschön es in deiner Welt ist. Um dir zu helfen, dich zu trauen.

Deshalb hältst du nun dieses Buch in den Händen. Weil so viele (Um-)Wege dazu geführt haben. Und ich wünsche dir, dass du nicht so viel Zeit vergeudest und sehr viel eher dort ankommst, wohin du gehörst, als ich es tat.

DIE REISE MEINES LEBENS

7:05 Uhr, Terminal 1, Münchner Flughafen, am 7. April 2023 – die Ruhe und eine Frühstückspause, bevor sie endlich losgeht, meine Seelenreise. Ob sie das wirklich sein wird? Ich kann es noch nicht wissen. Aber ich bin offen für alles, was kommt. Boarding, Seating, Safety instructions. 9:15 Uhr – los geht's! Neben mir ein freier Platz, daneben ein sehr netter Reisegefährte. Er steht während der zehn Stunden Flug immer gerne und höflich auf, wenn ich meinen geliebten Fensterplatz verlasse(n muss). Wie habe ich das Fliegen vermisst! Die Zeit verging wie im Flug, ha ha. Zwei bis drei Filme gesehen, die Natur aus der Luft bestaunt – ein atemberaubendes Grönland gesehen – und schon waren wir in Charlotte, North Carolina. Nie hatte ich es für möglich gehalten.

Das Fieber wegen des nicht passenden Wohnorts im Reisepass war unbegründet, der Officer lässt mich freundlich (und interessiert??) hinein in die Vereinigten Staaten von Amerika. Take two gewuppt. Jetzt zum Gepäckband. Der Koffer kommt unmittelbar und tatsächlich unversehrt an. Selbigen geschnappt und den Schalter für »rental cars« ausfindig machen. Da ist er endlich! Alles klappt wie am Schnürchen. Ob das normal ist? Die Zweifel kommen noch nicht sofort, dafür aber gleich. Ich bezahle den gebuchten Compact SUV, vergleichbar mit einem Nissan Knicks, bekomme letzte Wettertipps und den Weg zur Abholung erklärt. Kurze Pinkelpause und der Weg ist – frei! Ich gebe meinen »Contract« beim zuständigen Parkwächter ab und er erklärt mir, ich könne hier jeden Wagen aus zwei bestimmten Reihen auswählen. Ich vergewissere mich und frage ein weiteres Mal nach, ob ich schon richtig gehört habe. »Yes! Bei dieser Vermietungsfirma ist das so!« Gut. Voller Vorfreude und Anjas Gutgläubigkeit hüpfe ich geschlagene dreißig Minuten zwischen den Autos hin und her und kann mich nicht entscheiden. Ein Audi, nein, ein Land Rover wird's. Nein, doch ein Audi – oder ein

Dodge!? Ich möchte beim SUV bleiben und sitze am Ende zwei Autos probe. Der Deutsche wird's. Typisch deutsch! Doch schließlich kenne ich mich damit am besten aus. So viel zum Thema Abenteuer. Weitere fünfzehn Minuten, um ganz auf Nummer sicher zu gehen, dass es tatsächlich der Audi sein soll. Doch dann alles fix eingestellt und ohne Navi losgedüst. Wo wohl die von mir gebuchten mobilen Daten sind? Da aber wirklich alles an Ort und Stelle ist, inklusive des ersten Ziels des heutigen ersten Tages, geht's auf die Interstate 85 in Richtung Asheville. Alles wie am Schnürchen. Nur meine Gedanken nicht.

»Haben mich diese Autovermieter übers Ohr gehauen? Muss ich saftig nachzahlen, weil ich den Audi Q5 S-Line ausgewählt habe (anstatt des kleinen kompakten SUVs)? Finde ich es hier wirklich gut? Alles ist so verlassen und heruntergekommen. Oh Gott, was mache ich hier eigentlich???« Und dieser Gedanke mit dem Mietwagen will mich einfach nicht loslassen. Aaaaah ... ich möchte doch mehr genießen, weniger denken. Nun gut. Ich komme in Asheville an, besorge mir etwas Proviant für den Abend und lande bei Annabelle. Einer netten Frau, die aber keinen Kontakt sucht. Der Welcome-Abend sollte anders laufen: Ein Bier auf einer Veranda zum Sonnenuntergang. Stattdessen verregnete Abendstunden, Obst aus Plastik im Bett und die Bettdecke bis zum Kinn hochgezogen. Dann eben am nächsten Tag.

Doch was den Abend rettet: Mein Kontaktmann und Experte in Sachen »Deutsche reisen in den USA«. Er bestätigt mir meine Hoffnung, dass das mit dem Auto alles nach Plan läuft und ich einfach Glück habe. Ja dann! Mögen die Sorgen nun fort sein und das Glück sowie mein Schutzengel die kommenden fünfunddreißig Tage ganz arg bei mir. Und alle Anja-mäßigen Hyperzweifel und -sorgen ganz weit weg! So, dann lehne ich mich zurück und genieße doch noch etwas die Tatsache, was ich heute alles erleben durfte. DANKE an alle, dir mir beistehen, und danke an mich selbst, dass ich tue, was ich tue.

Wie ist es, nicht zu wissen, wo man hingehört? Welche Gedanken hat man? Welche Gefühle gehen damit einher? Was ist es genau, das dich umtreibt? Macht es dich traurig? Wühlt es dich auf und lässt dich rastlos sein? Was tust du, um dieser Frage nachzugehen, um die Antwort(en) zu finden?

In mir war und ist es eine Sehnsucht, als ob ich die schwachen Umrisse eines Porträts sehe und gleichzeitig keine Ahnung habe, welche Farben, Formen und Facetten es ausfüllen sollen. Und immer spielt die Angst mit, es nie zu erfahren. Aber ich bin auf einem guten Weg und das Schönste ist, dass ich von diesem Weg schon ganz viel zurückgelegt habe. All das, was ich gesehen und empfunden habe, all das, was ich noch fühle und voraussehe, das möchte ich mit dir teilen.

Ich würde mich freuen, wenn du dich gemeinsam mit mir und diesem Buch auf deine ganz eigene persönliche Reise begibst, um herauszufinden, wo, was oder wer dein Platz ist.

Lass dich nicht von Zeit um Raum abhalten, dich aufzumachen. Dieser Ort, an den du gehörst, kann tausende Meilen entfernt liegen und doch gleichzeitig in dir. Die Antwort auf deine Frage »Wohin?« kann dich augenblicklich wie der Blitz treffen oder es kann Jahrzehnte dauern, bis du die Antwort erfährst. Die Antwort kann ein Wort sein oder ein Satz. Es kann eine ganze Geschichte sein – deine Geschichte. Oder es kann ein Lied sein, ein Gedicht, ein Lächeln, ein Augenzwinkern, ein Händedruck, ein Versehen, Zufall, eine Begegnung oder ganz leise: ein kleines, sachtes Gefühl.

Was unumgänglich ist auf diesem Weg, ist, dein Bewusstsein zu schulen, deine Wahrnehmung für dich und deine Persönlichkeit, für dein Wesen – für deine Seele. Höre aufmerksam zu, wenn dein Herz zu dir spricht. Erkenne, wenn es lacht, und lass es zu, wenn es lacht. Schau nicht nach links oder rechts, was in diesem Moment die Menschen um dich denken oder davon halten. Es ist allein dir bestimmt, dein Herz zu hören und diesem Ruf zu folgen.

Aber dazu: Sei aufmerksam! Schule das Bewusstsein für deine ganz eigenen Belange. Dann wird es dir gelingen, Antworten zu empfangen. Gleichzeitig darf ich dir mitgeben, dass du geduldig sein kannst. Lass es einfach geschehen und übereile nichts. Es wird zu dir kommen.

Um dir zu zeigen, wie das gehen kann, möchte ich dir gerne einen Auszug aus meiner Geschichte geben.

BERGWELTEN

Am Anfang war das Unbewusstsein. Eines Tages traf ich den richtigen Menschen, der mich auf den richtigen Weg brachte, nämlich in Richtung Bewusstsein. Damals wusste ich das natürlich noch nicht. Heute weiß ich es umso besser: Das war der erste Schritt zum Glück – es beginnt häufig mit einer Begegnung – und ich folgte den Vorschlägen der Person. Ich kümmerte mich zum ersten Mal um mein Innenleben und darum, mich in Richtung Erkenntnisgewinne zu entwickeln.

Dadurch wurde mir eines Tages eben auch klar, dass da etwas ist, das mich nicht zur Ruhe kommen lässt. Dieser Gedanke, dass »ich raus muss«. Und nie hatte ich eine Ahnung davon, wo oder was dieses »raus« ist. So gingen die Jahre ins Land.

Anfänglich meiner Dreißiger habe ich für mich das Bergwandern entdeckt. Immer häufiger zog es mich in die Alpenregion, um Gipfel zu erklimmen und den Blick in noch tiefere Bergwelten schweifen zu lassen – innen wie außen. Kaum zurück von der Wandertour, plante ich schon die nächste und konnte das folgende Wochenende kaum erwarten, an dem es wieder losgehen würde. Samstag, 5.00 Uhr, Rucksack packen, Auto tanken und los geht's.

Und so bekam meine Skizze voller Umrisse langsam etwas Farbe und Form. Mein Herz scheint aufzuatmen, wenn ich beim Bergwandern bin, inmitten meiner inzwischen so sehr geliebten Berge. Auch so gingen Jahre ins Land, in denen ich meinem Herzen folgte und das tat, was es glücklich machte. Könnte man meinen, damit sei die Sehnsucht gestillt. Könnte man ... Die Antwort auf die Frage, wo ich hingehöre, kam damit leider nicht. Und doch ist es ein erstes Anzeichen dafür, wie oder wo es sein kann: in den Bergen. Ja, das ist mein Traum – in den Bergen zu leben. Der Mut dazu fehlte mir komplett und auch die gegenwärtige Struktur dafür war nicht wirklich förderlich.

Der Traum wurde also verpackt, auf den emotionalen Dachboden verbannt, und ich ging weiter in meinem Alltag, auf der Suche nach weiteren Unternehmungen, meine Sehnsucht auf bequeme Art zu stillen. But that's not life. Das Leben will erforscht werden, voller Abenteuer, unbegangenen Pfaden und Grenzen, die übersprungen werden wollen. Es gab für mich keine Alternative, meinen Platz »einfach« zu finden. Das Leben wollte mehr.

Und dann war es die bekanntlich richtige Zeit am richtigen Ort: Das Leben präsentierte mir eine Chance, die ich ergriff, und nun finde ich mich meinen Traum lebend im Hier und Jetzt wieder. Inmitten der Tiroler Bergwelt gibt es einen Platz, der dem ganz schön nahekommt – diesem »Wo«.

Aber ich weiß auch, dass es nicht die finale Antwort darauf ist, wo ich hingehöre. Es ist noch wesentlich mehr. Und doch gibt es für den Moment keine bessere Antwort.

DEINES LEBENS SINN ZEIGT SICH,
INDEM DU DICH UM DEINE EIGENE ACHSE DREHST.

WOHIN FÜHRT MICH MEIN WEG?

Die Antwort kommt von ganz allein. Das sollte ich wissen. Das ist schließlich das, was uns immer wieder begegnet: in Büchern, in Filmen, in Coachingprozessen und in Weiterbildungen. Nur ist es nicht leicht, das ständig zu lesen und wahrzunehmen und keinen Schimmer davon zu haben, ob dieser ver... Augenblick der Erleuchtung doch irgendwann einmal eintreten wird. Wohin mich mein Weg führt, das war mir vor den Bergwelten nicht bewusst. Und heute weiß ich es immer noch nicht. Vor allem ist Tirol nicht mein »Wo«. Das weiß ich, nachdem ich es dann doch relativ schnell, aber keinesfalls unüberlegt verlassen habe. Es treibt mich weiter die Frage an, wohin mich mein Weg führt. Ich zerbreche mir außerdem den Kopf darüber, warum ich das überhaupt wissen möchte. Wie würde es mir das Leben erleichtern, wenn ich es endlich wüsste?

Damit geht die Frage einher, ob die Antwort mir dabei behilflich ist, das Gefühl hochzuholen, dass ich weiß, wo ich hingehöre. Sprich: Wenn ich weiß, wo sich mein Weg entlangschlängelt, wird mir das meine Sehnsucht stillen und wird mir das dabei helfen, zur Ruhe zu kommen, anzukommen und Wurzeln zu schlagen? Wird mir das tatsächlich dabei helfen?

Vermutlich nicht und doch lässt mich diese Frage nicht los: An welchen Highlights und bei welchen Zusammenbrüchen führt mein Weg vorbei? Als Kontrollfreak möchte ich gefasst sein auf das, was mich erwartet. Dass es mich nicht zu sehr aus den Angeln hebt, wenn mal wieder die Talsohle an die Tür klopft und sagt: »Genug gefreut, genug Glück empfunden. Jetzt ist es an der Zeit zu leiden.« Ich bin so sehr drauf gefasst, dass auf eine Stunde Glückseligkeit direkt der Sturm folgt und alles auseinanderreißt. Dass mich nach einem Tag herzlichem Lachen, Spaß-Haben und Freude-Empfinden am darauffolgenden eine Nachricht ereilt und so schlechte Botschaften übermittelt, dass ich Monate brauche, um den Scherbenhaufen wieder zusammenzusetzen. Dass mich nach Wochen voller positiver Erfahrungen und lieber Menschen ein Ereignis derart hart trifft, dass ich wochenlang nicht mehr aufstehen möchte. Sondern einfach liegen bleiben und sterben möchte.

Ich ahne es, du ahnst es: Die Frage, wohin mich mein Weg führt, hat weniger damit zu tun, dass ich wissen möchte, wo ich hingehöre, sondern vielmehr damit, dass ich die Kontrolle behalten will. Dass mir nichts widerfährt, worauf ich nicht vorbereitet bin, und dass ich Herrin der Lage bin – immer und ewig. Ein Traum! Niemals wieder fürchten müssen, dass das Miese-Botschaften-Monster meinen Weg kreuzt.

Und wir ahnen es nun beide: Es wird unmöglich sein. Früher oder später wird mich dieses Monster einholen, hinter einem Busch hervorspringen und mich erschrecken, mich von hinten packen und mich zu Boden reißen, mich in den Schwitzkasten nehmen und mich eins ums andere Mal zum Stolpern bringen. Das Monster wird da sein. Ich auch – ohne Kontrolle.

Nein, ich möchte es anders ausdrücken: Das Monster wird da sein. Ich auch – und ich nehme es leicht.

Wenn es etwas gibt, das ich gelernt habe durch mein ständiges Hinterfragen und Durchleuchten, dann das, dass es sich viel leichter lebt, wenn – Achtung! – man es leichter nimmt.

Mir ist somit bewusst, dass die Ungewissheit – das Monster – immer da sein wird. Ich werde es nicht in der Hand haben und wissen, was als Nächstes kommt und wohin mich mein Weg führt. Doch ich werde es sehr wohl in der Hand haben, wie ich mit meiner Unwissenheit umgehen kann. Ich kann versuchen mehr Leichtigkeit hineinzubringen. Ich kann versuchen meine Gedanken nicht auf das zu legen, was außerhalb meiner Möglichkeiten liegt. Ich kann versuchen das Herz zu erfreuen, anstatt es mit Dingen zu belasten, die überhaupt nicht in meinen Händen liegen. Viel besser noch, anstatt es zu versuchen, werde ich es tun. Ich arbeite daran, so viel mehr Leichtigkeit in mein Suchen nach dem Weg zu legen.

Diese Leichtigkeit in mein Leben einzuladen, etwas mehr Freude zu empfinden und das Herz öfter hüpfen zu lassen, ist nicht von heute auf morgen zu meistern. Dessen bin ich mir sehr wohl bewusst. Doch von jedem Anfang, von jedem ersten Schritt ist es nicht mehr weit bis zum zweiten. Von dort aus nur noch ein Katzensprung bis zum dritten Schritt, und ehe ich mich versehe, bin ich mittendrin in meinem »Werden«. Ich forme meine Leichtigkeit, ich ganz allein und ich entscheide mich tagtäglich neu für dieses wundervolle Ziel.

Die Leichtigkeit einzuladen und als Routine in meinen Alltag zu integrieren ist für mich kein leichtes Unterfangen. Schließlich habe ich mich Jahrzehnte in eine völlig andere Richtung entwickelt. Doch ich spüre, mit jedem Quäntchen dieser schwerelosen Empfindung, das ich erreiche, werde ich entspannter und kann das Unbekannte sehr viel besser annehmen. Ich erkenne, dass es sich für mich lohnt, daran festzuhalten. Ich verstehe, dass ich meinen ganzen Weg gar nicht kennen muss. Sondern dass ich von Tag zu Tag das erleben und genießen darf, was sich mir zeigt.

Und wann auch immer sich das Monster zeigt, dann habe ich einen kleinen Luftballon in meiner Tasche. Diesen werde ich aufblasen und dem Monster an seine Pfote knoten. Allein der Anblick zaubert mir ein Lächeln ins Gesicht.

Vielleicht geht es dir gleich wie mir und du behältst auch gerne die Kontrolle in deinem Leben. Damit es dich in schwierigen Zeiten nicht so hart trifft und es dich weniger umhaut. Vielleicht gehörst du auch zu den Menschen, die gerne wissen, was da um die nächste Ecke auf sie wartet. Vielleicht bestimmst du auch gerne den Takt, damit dir ja niemand folgen kann und du dich sicher fühlst. Vielleicht bist du am allerliebsten Spielleiterin in deinem Game of Life. Das darf gerne so sein, sofern es dir nicht selbst im Weg steht und du dir damit nicht die Freuden des Lebens nimmst.

Echter Spaß und spannende Unterhaltung entstehen doch dann, wenn etwas Unvorhergesehenes dazwischenfunkt. Wenn ein unverhoffter Besuch deinen Tag heller werden lässt. Wenn ein zufälliger Blick dafür sorgt, dass du dich plötzlich wohler fühlst. Wenn sich der Zusammenstoß mit dem Menschen um die Ecke als erstes Wiedersehen nach so vielen Jahren entpuppt. Wenn du deine Pläne einmal über Bord wirfst und dich dem hingibst, was dir aus tiefstem Herzen Freude bereitet.

Genau mit dieser Freude kommt auch die Leichtigkeit. Mit jedem Mal, in dem du deine Kontrolle loslässt und deiner Intuition folgst, wächst deine Leichtigkeit. Stück für Stück spürst du, dass es etwas Großartiges ist, wenn der Tag absolut nicht nach deinen Regeln spielt. Selbst wenn die Happenings nichts Gutes mit sich bringen, du wirst immer ein kleines Glitzern darin erkennen können.

So frage dich nicht, wohin dich dein Weg führen wird. Frage dich, worin du das Glitzern erkennst. Frage dich, was dir Hoffnung bringt. Frage dich, was dir daran Spaß macht. Frage dich, wann immer es sich schwer für dich anfühlt, woran du den Luftballon knoten möchtest.

TIPPS, UM MEHR LEICHTIGKEIT ZU EMPFINDEN

♥ IMAGINATION

Leichtigkeit empfinden, das möchten wir alle zu jeder Zeit. Das ist nicht immer möglich, weil der Alltag uns beschäftigt und wir dadurch häufig aus unserer Mitte gerissen werden. Zudem kann es nicht jeden Tag leicht sein. Doch wir haben stets eine Wahl. Und wenn es nur jene ist zu entscheiden, dass wir für einen Augenblick Leichtigkeit empfinden wollen.

Dazu kann uns die Power der Imagination helfen. Verschiedene Bilder können in unseren Köpfen und vor unserem inneren Auge entstehen und dabei helfen, diese Leichtigkeit zu spüren.

Mein persönliches Lieblingsbild ist der Baum. Fest verwurzelt im Boden, mit der Krone im Himmel schwingend. Doch auch Luftballons, die an unsere Arme gebunden werden und sie hochheben – diese Vorstellung bewirkt Wunder. Auf einer Wolke sitzen und dahingleiten, auch das bringt dir Leichtigkeit.

Finde ein für dich passendes Bild, das du mit Leichtigkeit assoziierst, und lasse genau dieses vor deinem inneren Auge entstehen. Vorzugsweise hast du dafür einen ruhigen Moment und bist ungestört.

Findest du nicht so recht hinein in dieses Bild, dann hilft dir stets dein Atem dabei, dich zu fokussieren. Bewusst ein- und ausatmen und spüren, wie sich deine Bauchdecke hebt und senkt. Falls es dich unterstützt, dann kannst du auch deine Augen abdunkeln, beispielsweise mit einem Schal. Das kann das Bildererleben noch vertiefen.

♥ VON DER SEELE GEBEN

Schwere kommt oftmals daher, dass uns etwas auf dem Herzen liegt oder unsere Seele bedrückt. Wie ein Stein, den wir auf einen Schwamm legen, um damit das Wasser auszudrücken. Wieso also nicht diesen Stein abnehmen und ihn wohlwollend beiseitelegen?

Du kannst dir dieses Beispiel jederzeit zu Nutze machen. Indem du lokalisierst, welcher Gedanke, welche Handlung oder welches Geschehnis dich bedrückt. Was drückt dir die Energie aus deinem Körper oder Leben? Kannst du es herausfinden?

Eine gute Hilfe kann ein geliebter Mensch sein, der dich gut kennt und dem du vertraust. Jemand, vor dem du dein Herz ausbreiten und bei dem du dich offenbaren kannst. Auch wenn du das Gefühl hast, dass deine Sorge noch so klein ist: Wenn sie dich belastet und immer wieder in deinem Kopf umherschwirrt, teile sie mit. Du wirst spüren, wie es dir danach leichter ist. Denn das Teilen deiner Gedanken macht sie nur halb so schwer, oder nicht?

♥ DEN KÖRPER BEWEGEN

Dein Körper kann dir in Situationen, in welchen es dir an Leichtigkeit fehlt, ein guter Begleiter sein. Hilfreich ist dabei alles. Von Joggen über Tanzen bis hin zu Ausschütteln.

Ich liebe es zum Beispiel auch, mich einer Musik hinzugeben. Ohne Absicht zu tanzen, sondern mich einfach nur zu bewegen.

Doch wie genau du deinen Körper bewegst, hängt davon ab, in welcher Stimmung du bist, wie »beschwert« du dich fühlst und wie du dich danach fühlen willst. Glaube mir, ich renne mir auch regelmäßig die Seele aus dem Leib. Weil ich das Gefühl habe, ich muss rennen. Am nächsten Tag liege ich hingegen einfach nur da, atme einige Augenblicke und dehne dann die Körperstellen, die sich angespannt und schwer anfühlen. Am Tag danach tanze ich dann in der Mittagspause minutenlang durch das Büro.

Ich lege dir ans Herz: Sei offen und mutig und probiere dich aus, was das Bewegen deines Körpers anbelangt.

DIE RAUCHENDEN BERGE

Tag zwei auf meiner Reise und ich habe schon Schwierigkeiten, den Wochentag und das Datum zu bestimmen. Gut oder schlecht – man weiß es nicht. Jedenfalls beginnt der Tag super entspannt und angenehm. Ich bin megalecker frühstücken in Asheville, bevor es drei Stunden über den Blue Ridge Parkway geht. Was für eine atemberaubende Natur! Obwohl es nur regnet und der Nebel teilweise so dicht wie ein Leintuch ist, geht mir die Schönheit der Landschaft tief ins Herz. Es muss aus einem Märchenbuch entsprungen sein. Das Glück ...

Es ist mir auch heute wieder treu ergeben. Direkt angrenzend bzw. ineinander übergehend der meistbesuchte Nationalpark der Staaten: The Great Smokey Mountains. Der Name ist Programm. So viele rauchende Berge – ein paar sehe ich zwischen den Nebelschwaden. Ich folge dem Trail bis nach Gatlinburg, das mit einem gewaltigen Kulturschock auf mich wartet. Dem Regen geschuldet verzichte ich an diesem Tag nämlich aufs Wandern. Nun, diese Stadt ist eine einzige Vergnügungsmeile für Amerikaner. Spielhallen, Spiegelkabinett und Destillery-Tastings reihen sich abwechselnd durch die ganze Stadt aneinander. Eine echte nationale Touristen-Destination. Außer für mich. Trotzdem raffe ich mich von meinem typisch amerikanischen Motel-Zimmer auf, stelle mich dem Regen und tausenden Amerikanern. So schlendere ich durch die Stadt, gönne mir einen Strom-Adapter (zuhause vergessen!), einen Sechs-Euro-Anruf bei der Kreditkarten-Gesellschaft – die Karte wurde bereits zweimal abgelehnt und ich bin ein gebranntes Kind – und einen Besuch des Cinema Cars Museum. Ein Highlight für mich als Movie-Fanatikerin. Das baut mich an diesem grauen, nassen, lauten Nachmittag auf. Anschließend geht's auf ein Bier und Live-Musik in meine allererste Bar. Baseball im TV an der

Wand inklusive. I LOVE IT. So amerikanisch und genau deshalb bin ich hier. Auf dass morgen die Sonne für uns scheine!

Meine Befürchtungen bezüglich der gesperrten Kreditkarte sind glücklicherweise vergebens. Die Karten sind nicht gesperrt. Auf meinem weiteren Weg lerne ich noch, dass viele Automaten »the german cards« ablehnen. Deshalb reisen wir doch, um zu lernen!

WOHER KOMME ICH?

Ich glaube, um zu wissen, wohin man gehört, muss man erst einmal kennen, woher man kommt. Nicht, um die Ahnen aufzuwecken und alles Vergangene aufzuwirbeln. Nicht, um Schuldige zu finden, und auch nicht, um Verantwortung abzugeben. Sondern vielmehr, um den Ausgangspunkt zu markieren, um das eine Ende der Schnur festzuknüpfen, damit das Seelenband Halt findet. Wenn ich weiß, woher ich komme, habe ich die Möglichkeit zu erfahren, was ich alles im Gepäck habe und womit ich arbeiten kann und auch muss. Es sind nicht nur die Ressourcen, die wir uns selbst zusammensammeln. Es sind auch die Ressourcen unserer Geschichte. Das können gute sein und weniger gute. Alle zusammen – die eigenen, die geschichtlichen und die zukünftigen – bringen uns das Potenzial für Wachstum, Entwicklung und die Kraft, immer wieder unseren Horizont zu überschreiten. Diese Kraft ist so unendlich groß.

Dabei hinterfrage ich mich selbst ständig, ob diese Eigenschaft an mir in Ordnung ist, ob jene Art der Kommunikation in der Welt auf Verständnis trifft. Ob ich in diesem Augenblick die richtige Entscheidung treffe und ob ich nicht doch lieber umkehren soll. Ich stelle meine Vergangenheit in Frage und meine gegenwärtige Situation. So viele Zweifel, trotz dieses großen Potenzials, das auf ganz natürliche Weise in mir vorhanden ist.

Weshalb kann ich nicht ununterbrochen auf mein Urvertrauen bauen, das die Summe aller Energien ist – von gestern, heute und morgen? Aber ja, Urvertrauen kann immer dann wachsen und gedeihen, wenn wir uns auf fruchtbaren Boden werfen und uns die Zeit geben zu keimen. Welcher Boden ist nun der meine? Welcher wurde für mich angelegt? Welches Stück Land gehört mir?

Ich kann mir gut vorstellen, dass diese Frage nicht nur mich umtreibt und dass zur Beantwortung weit mehr gehört, als zu wissen, wo man seinen Ursprung findet. Selbst das ist für viele nicht einfach zu beantworten.

Bin ich wirklich Teil der Familie, in der ich aufgewachsen bin? Fühle ich mich tatsächlich zugehörig? Und wenn, wie äußert sich diese Zugehörigkeit? Sind es visuelle Merkmale oder doch »nur« Gemeinsamkeiten im Verhalten? Fühle ich es von Seele zu Seele, dass ich bei der richtigen Familie bin? Bedeutet Familie gleich Ursprungsfamilie, oder kann es auch die Familie des Herzens sein? Sind meine Eltern meine leiblichen? Bin ich ein Kuckuckskind? Sind meine Familie Kinder und Pfleger aus dem Heim oder die Großmama, die am Ende das verbliebene Familienmitglied war?

Es gibt so viele Facetten zum Thema Familie und ich kann mir nicht annähernd vorstellen, wie es für Menschen ist, die nicht wie ich in einer Durchschnittsfamilie geboren und aufgewachsen sind. Im Grunde kann man von einer Bilderbuchgeschichte sprechen – auch wenn bei mir nicht immer alles geradeaus verlief. Gleichzeitig gibt es so viele Seelen auf dieser Erde, denen dieses Privileg nicht zuteilwurde. Wie muss es ihnen mit der Frage gehen, wohin sie gehören? Wie finden sie ihren Platz und den Frieden?

Unabhängig davon, wie wir mit unserer Ursprungsfamilie korrelieren, wir haben mit zunehmendem Alter auch zunehmend die Möglichkeit, unser Bewusstsein und unsere Kraft daraufhin zu bündeln, um unseren Boden ordentlich zu bestellen und uns selbst dafür vorzubereiten, zu wachsen und aufzublühen. Ich selbst kann mich damit befassen, eine Bodenprobe nehmen und erforschen, was notwendig ist, um das Bestmögliche herauszuholen und dieses auch in die Tat umzusetzen. Ich selbst kann mir ein Zuhause sein und ein Ort, an dem ich mich wohlfühle.

Dies soll keineswegs eine Insellösung sein. Ja, ich kümmere mich um mich selbst und ebene mir meinen Weg. Und dennoch bleibe ich mit den Menschen verbunden, dir mir dies alles erst ermöglicht haben. Meinen Ursprung und meinen Samen, den verdanke ich meinen Eltern und deren Eltern und deren Eltern und allen zuvor. Ich darf und ich werde mit ihnen verbunden sein, und diese Verbundenheit ehre und schätze ich für immer. Ohne sie kein Ich. Ich schließe Frieden mit allem, was mir bis heute Unbehagen vermittelte. Ich breite meine Arme aus und öffne mich für alles, was vergeben werden darf. Ich bringe Licht in die dunklen Zeiten und Ecken der Vergangenheit. Ich öffne mein Herz für die Unvollkommenheit der Geschichte. Denn ich weiß – ich gehöre dazu und auch ich bin unvollkommen und warte auf die Generationen, die nachfolgen, die mir vergeben.

Dieses Verzeihen und Vergeben vollzog ich viele, viele Male, bedurfte vieler Rituale und auch Besuche bei Menschen, die mich energetisch immer wieder aufrichten. Mit jedem Mal wurde es leichter. Mit jedem Mal bereinigte ich meinen Boden mehr und brachte neue Energie hinein, sodass meine Seele genügend Platz und Kraft hat, um Wurzeln zu schlagen. Wurzeln, die mir zu jeder Zeit Halt geben, um in den Stürmen des Lebens zu bestehen. Wurzeln, die mich nach oben treiben und mir zur Entfaltung meines ganzen Daseins verhelfen. Wurzeln, die mich mit allem versorgen, was ich für mein Seelenwohl brauche.

Aus dem Film »I Still Believe« stammt dieses Zitat, das sich in mir fest verankert hat. Zugegeben, es braucht einen starken Glauben – woran auch immer. Hier darfst du natürlich frei sein, in deinem ganz eigenen Glauben. Mein Glaube gründet jedenfalls in Gott und seinen himmlischen Mächten. Und darauf bezieht sich das Zitat, das ich hier sinngemäß wiedergeben möchte:

»Zwischen Milliarden von Sternen und Millionen von Galaxien gibt es dich und die einzig allein dir bestimmte Aufgabe.«

Wann immer du zweifelst, glaubst verloren zu sein und deinen Boden und den Halt verlierst, erinnere dich daran, dass du aus einem ganz bestimmten Grund hier bist und es etwas gibt, das nur du erledigen kannst. Hast du jeglichen Bezug dazu verloren, woher du kommst, dann glaube zumindest daran, dass du dieser winzig kleine Teil dieser Millionen von Galaxien bist, der darin geboren wurde. Diesen Ursprung vergiss nie. Er geht allem voraus. Er ist rein und unverbraucht. Er ist klar und unvoreingenommen. Dieser Ursprung ist dein Boden, auf den du bauen kannst. Er ist immer da und wird dir immer der eine Knoten am Anfang sein. Von ihm aus spanne deine Lebenslinie, wohin auch immer sie dich führen mag.

TIPPS FÜR DEINE ESSENZ

♥ VERGEBEN LERNEN

Damit du dich als einzigartig und wertvoll auf dieser Welt fühlst, ist es wichtig, dass du dir nicht selbst im Wege stehst, indem du an deinen Fehlern und deiner Unvollkommenheit festhältst. Vielmehr darfst du dir regelmäßig vergeben. Vergib dir alles! Halte nichts zurück! Du hast alles in bestmöglicher Absicht und nach bestem Wissen getan – dir oder anderen.

Freunde dich mit der Tatsache an, dass du vergeben lernen darfst. Tue dafür im ersten Schritt nichts weiter, als dir zu sagen: »Ich darf mir vergeben. Ich kann mir vergeben.«

Mehr muss noch nicht passieren. Doch lenke deine Aufmerksamkeit darauf und zeige deinem Unterbewusstsein, dass du erkannt hast, worauf es ankommt, und dass du ins Handeln kommst.

Du darfst langsam damit beginnen, dir zu vergeben.

♥ LIEBE SCHENKEN

Zur Essenz gehört unweigerlich die Liebe. Aus ihr heraus entsteht alles und mit ihr erblüht alles. Sie ist diejenige, die alles ausfüllt, wenn wir glücklich leben. So beginne damit, Liebe zu schenken. Beginne bei einer Sache, einer Situation oder einem Menschen. Bei all deinen Entscheidungen und Handlungen, sende deine Absichten durch den Filter der Liebe. Dazu kannst du dich stets fragen, was die Liebe tun würde. Vor jedem Wort, vor jeder Tat, vor jedem Schritt.

Dabei spüre den Unterschied, was es mit dir macht, wenn du aus Liebe handelst. Aus Liebe zu dir. Aus Liebe zum Leben. Aus Liebe zu anderen Lebewesen. Aus Liebe zu deinen Nächsten – auch denjenigen, die du im Moment nicht magst.

♥ DEIN HERZ HALTEN

Atme einige Mal tief in deinen Bauchraum ein und aus. Du spürst die Luft, die einströmt, daran, dass sich deine Bauchdecke hebt und senkt. Dann lege eine Hand auf dein Herz – wenn du möchtest und es sich für dich gut anfühlt, auch gerne die andere. Nun fokussiere dich auf deinen Herzschlag, den du spürst. Nimm jeden Schlag ganz bewusst wahr. Wenn du ihn eine kleine Weile spüren konntest, halte deine Hand weiterhin auf deinem Herzen. Dann erinnere dich, dass dieser Herzschlag einzigartig ist auf dieser Welt. Spüre die einzigartige Kraft in dir. Diese Kraft ist deine Essenz. Diese Kraft bist du. Nutze sie für das Gute!

DER HEILIGE BERG

Ciao ciao, Great Smokey Mountains, und vielleicht sehen wir uns eines Tags wieder! Bin jetzt auf dem Weg nach Chattanooga, mit Stopp in einem echten American Diner, einer Postfiliale, der University of Tennessee in Knoxville und sicher der einen oder anderen Pause zum Staunen. Aber was ist passiert bis heute Morgen? Ganz viel Magie ist passiert und ich hoffe, es wurde dadurch auch ein bisschen Magie auf mich übertragen. Bei bestem Wetter – endlich Sonne und Wärme, während in Germany und Austria die Eiszeit herrscht – starte ich zurück, woher ich gekommen war. In den Nationalpark in Richtung »Heiliger Berg«. Es geht einige Meilen durch den Park, bis ich rechts abbiege und zum Clingmans Dome fahre. Was mich dort erwartet, reicht von spektakulär über atemberaubend bis hin zu einzigartig. Das Weltkulturerbe zeigt sich von seiner allerschönsten Seite und nach den regnerischen Anfängen gibt mir der Park nun endlich sein Geheimnis preis: die rauchenden Berge. Ein wahres Wunder und noch nie zuvor habe ich so etwas gesehen. Ich stehe einfach nur da und bestaune unseren Planeten, wie er so etwas unbegreiflich Schönes hervorbringen kann. Ich kenne Bergwelten zur Genüge. Aber diese eben noch nicht. Was für ein Erlebnis!

Dass ich kein gültiges Parkticket habe, macht mich zugleich unruhig. Ich sehe keinen Automaten und das Visitor Center öffnet erst um 10 p.m. Keine Chance, eines zu kaufen. Dennoch bleibe ich unsicher. Also das eigentliche Ziel schnell erledigen (!) und wieder abdüsen. Ich laufe also schnell die halbe Meile auf den Clingmans Dome und zu dessen Aussichtsturm. Als ich oben angekommen bin, sind alle vier Himmelsrichtungen in Dunst gehüllt. Warten, lautet die Devise. Tatsächlich dauert es nur ein paar Augenblicke, bis sich der Schleier hier und da lichtet und die Pracht entfaltet. Ich liebe diesen Platz und spüre die ganz alte Energie der Cherokee, deren heiliger Berg der Clingmans ist. Auf einer Tafel wird dem Besucher die Frage gestellt, welche Bedeutung dieser Ort für einen selbst hat. Für mich ist es Heilung. Zwar ist mir das in diesem Moment nicht bewusst, da ich wegen des Parktickets zu unruhig bin *mies*, aber während des Schreibens wird es klar: Ich darf ein Stück mehr heilen und meine Wurzeln fühlen. Nach dieser einzigartigen Erfahrung fahre ich zurück und halte noch einmal an einem Aussichtspunkt, um meine riesengroße Cinnamon Roll zu verspeisen. Zumindest einen Teil davon. So delicious!!! Die folgenden zwei Stunden fahre ich weiter durch den Park. Die Straßen und die Gegend sind so wildromantisch. Dann gelange ich durch Pigeon Forge – der Wahnsinn! Ein kleines Las Vegas und Heimat von Dolly Parton. Daher auch Heimat von Dollywood. Am Motel angekommen, mache ich eine kleine Pause, bevor ich in die Nachmittagssonne starte. Das Ziel ist ein kleiner Park in Gatlinburg, in dem ich viele Stunden sitze und lese. Bis ich dann müde ins Bett falle. What a day! More to come ...

WENN DIE NATUR SICH IMMER WIEDER NEU ERFINDET,
DANN KANNST DU DAS AUCH.

THE TASTE OF WILD, WILD WEST

Hier in Chattanooga bekomme ich einen kleinen, süßen Geschmack davon, wie früher die Straßen und Häuser im Wilden Westen eine Synergie bildeten. Natürlich sehr viel moderner und freundlicher als damals. Es begrüßen mich die steilste Bergbahn der Welt und die erste Eisenbahn, die sich in den USA bewegte. »Choo Choo«. Ich checke im Hostel ein, verbringe den ganzen Abend in einer lässigen Bar auf der Sonnenterrasse und freue mich über diese glückselige Auszeit.

Zuvor am Morgen frühstücke ich in einem echten Diner. Das war exorbitant genial. Ich liebe die Fünfziger einfach so sehr. Danach starte ich auf die Interstate ... Nein, Stopp! Ich entscheide mich um und lege einen Zwischenstopp in Knoxville, Tennessee, ein. Die University of Tennessee ist mein Ziel. Einmal über einen Campus spazieren – Traum checked! Wie gern wäre ich hier jetzt Studentin! Etwas, von dem ich tief bereue, es nicht gelebt zu haben. Das Herz wird schwer. Ich kaufe mir einen Hoodie der University als Andenken. Ich liebe ihn jetzt schon! Nach einer guten Stunde starte ich dann aber durch Richtung Chattanooga. Dazu nehme ich die Interstate 75. Die Fahrt ist angenehm und die erste längere Fahrt ohne Unterbrechung. In Chattanooga angekommen, starte ich gleich weiter durch zur ersten Attraktion. Die Bergbahn, mit der es minutenlang steilst bergauf geht. Das habe ich noch nie zuvor gesehen. Danach gönne ich mir eine grüne Auszeit im größten Friedhof der Stadt. Er ist atemberaubend. Groß, grün, alt, ruhig, friedvoll und so erdend. Das tut richtig gut. Dann der Bezug des Bettes im Hostel. Ein wirklich süßes, kleines Hostel im alten Stadtkern. Frühstück gibt es um die Ecke. Eine tolle Bakery, ein traumhafter Ort.

Die Fahrt durch die Stadt am Morgen meiner Abreise gibt so viel mehr preis, als ich erwartet hatte. Ich sehe die Größe, aber auch die Möglichkeiten. Zu schade, dass ich nicht mehr entdecken kann. Dass nicht mehr Zeit bleibt. Jedenfalls stehe ich zuletzt im Zentrum nahe dem Tennessee River und bin auf der Suche nach einer Postkarte. Alle Geschäfte öffnen um 10 a.m., es ist 8.42 Uhr. Na dann ... warten. Um 10.00 Uhr verrät mir eine reizende »local«, dass ich noch ein Stückchen weiterfahren soll, bis zu einem Laden, der ausschließlich Produkte aus Chattanooga anbietet. Ich treffe dort auf eine liebenswerte Frau, mit der ich mich über unsere Absichten, nach Chattanooga zu kommen, austausche. Erfolgreich in jeder Hinsicht schreibe ich meine Karte, kaufe noch ein Souvenir und mache mich dann auf den Weg. Bye bye, Chattanooga, schade, dass so wenig Zeit ist. Okay, auf geht's! So verlasse ich Chattanooga am Ende auch mit einem weinenden Auge.

Heute geht es dann endlich nach Nashville, ich bin sehr aufgeregt. Wie wird sie wohl sein, diese verrückte Stadt?

WO FÜHLE ICH MICH EIGENTLICH WOHL?

Ein Blick in die Ferne, ein Blinzeln. Der Kopf dreht sich von links nach rechts und wieder zurück. So viele, es sind so viele, die ihr Leben regeln, ihren Weg gehen und wissen, wohin es gehen soll. Oder im schlimmsten Fall Menschen, die wissen, wo ihr Platz ist. Ob das nun eine Arbeit ist, eine Familie, eine Aufgabe, ein Ort, etwas Greifbares, ein Gefühl, eine Umarmung. Wie muss es diesen Menschen ergehen – die genau das wissen, was mir immerzu verwehrt bleibt? Im exakt gleichen Atemzug weiß ich, dass sie es eben doch nicht wissen. Und im Atemzug danach werfe ich diese Erkenntnis über Bord und versuche mich an meinem Selbstmitleid festzuhalten, an dieser Melancholie, die mein illusionärer Hafen ist. Wie gut, dass diese Momente zu den seltenen gehören. Wie gut, dass meine Herzensstimme doch wieder lauter wird als die meines Egos. Ich frage mich, ob ich jemals erfahren kann, wohin ich gehöre, solange dieser stille innere Kampf der Stimmen in mir existiert. Ich werde es wissen – eines Tages.

Bis dahin beschäftigen mich viele Fragen, die Antworten brauchen. Zum Beispiel, wo ich mich eigentlich wohlfühle. In meinen Augen eine sehr wichtige Frage. Denn wenn ich bisher eines gelernt habe, dann, dass eine Antwort immer dann folgt, wenn ich Entscheidungen treffe. Solange ich an einer Weggabelung stehe, verlegen Kieselsteine am Boden wegkicke und mich nicht traue, die Wegweiser anzusehen, wie soll ich dann überhaupt weiterkommen? Also: Durchatmen, den Kopf heben, den Blick auf die Möglichkeiten richten und erkennen, welche sich davon richtig anfühlt. Eine Entscheidung treffen, mutig meinen Weg gehen und sogleich spüren, wie es leichter wird ums Herz. War doch gar nicht so schwer.

Diese Erfahrung soll mir doch auch jetzt helfen, mich besser zu fühlen und aufzulösen, was mich mein ganzes Leben schon beschäftigt – mich nach Hause zu bringen. Aber was genau ist denn dieses Zuhause? Für welches Zuhause entscheide ich mich? Welcher Weg wird mich dorthin bringen? Damit ich dieses Rätsel wiederum lösen kann, brauche ich eine Karte, einen Kompass, etwas, das mich erkennen lässt, dass ich richtig bin. Das führt mich und vielleicht auch dich unweigerlich zu der Tatsache, dass wir wissen müssen, wo es uns gefällt und was genau das ist, was uns gefällt.

Ein Hoch auf alle, die diese Erkenntnis schon früh in ihrem Leben erhalten. Das erspart viele Tränen, verlorene Momente und schwere Herzen. Für mich als Seelentaucherin ist das bemerkenswert und da will ich auf der Stelle zum Telefon greifen und diejenige Person bis aufs Äußerste befragen und ergründen: Wie kann ein Mensch über eine so wichtige Information verfügen? Woher kommt das? Fakt ist, ich weiß es nicht oder, besser gesagt, ich wusste es lange nicht. Natürlich habe ich mit fortlaufendem Alter, sich entwickelnder Persönlichkeit und jeder Menge Bewusstsein dann doch ein paar Indizien sammeln können, um mir diese Frage zu beantworten.

Der Kopf pendelt sich langsam wieder ein. Der Blick kehrt sachte zu mir selbst zurück – ruhig, gefestigt und voller Klarheit. Dieses ewige Suchen, das in diesem Buch oft genug genannt werden wird, darf sich lichten und an seine Stelle darf ein Finden treten. Und das nicht in den tausenden Kilometern Umkreis, wo ich diesen Schatz vermutete. Ein Finden, das anstatt Weitblick den Tiefblick verlangt. Am besten ist es sogar, wenn ich die Augen schließe. Dann sehe ich es am besten – all das, was mir Freude bereitet, was mir Leichtigkeit schenkt und mich aufatmen lässt. Dann erkenne ich all das, wo ich mich wohlfühle.

Natürlich ist auch hier mein gereifteres Ich ein gutes Stück weiser als mein jüngeres Ich. Woher sollte es meine blutjunge Seele auch wissen? Ich gehöre nicht zu dem Teil der Menschen, die es immer schon wussten. Ich darf es auf meinem Weg selbst herausfinden.

Und hey, hier kommt mir mein rastloses Dasein durchaus entgegen. Wofür ich mich so oft verurteile, ist nur meine beste Gefährtin. Ich darf sehr wohl unterwegs sein, ausprobieren und meine Pfade wechseln. Je öfter, desto besser. Desto besser kann ich Entscheidungen treffen und mir selbst Antworten geben. Stell dir doch nur mal vor, hätte ich immer nur Vanilleeis gegessen, wie wüsste ich dann, ob mir Schokoladeneis schmeckt? Oder noch viel schlimmer, ich hätte nie erfahren, wie himmlisch Haselnusseis schmeckt. Unterm Strich ist mir somit bewusst, dass ich mich mit Haselnusseis am wohlsten fühle.

Es ist aber nicht nur die Lieblingssorte Eis, die mir Wohlgefühl verleiht. Es sind im Laufe der Zeit so viele Besonderheiten, die ich für mich entdecken konnte und die mich ein Stück weiter, zum Kern, zur Essenz bringen.

Zeit für mich, in der auch nur ich bin. Nicht einmal Gedanken an die Außenwelt. Nur ich. Eine Mütze voll Schlaf, die mir Sicherheit bringt und Erholung, die mich zur Ruhe kommen lässt, die meine Energiereserven aufs Neue füllt, die mein Emotionsniveau in den gesunden Bereich reguliert. Stille, ohne reden zu müssen. Ein guter Film. Ausreichend Natur um mich. Anonymität. Musik. Ein außergewöhnlicher Hike. Ein Teller voll mit dampfendem Essen. Und noch einmal Zeit.

Das ein kleiner Auszug aus meiner Wohlfühlliste und ein paar Antworten auf die Ausgangsfrage. Mit diesem wertvollen Schatz in meinem Rucksack schlendere ich mittlerweile leichten Herzens am Wegweiser vorbei, ein Liedchen trällernd, und gehe meinen Weg.

Wie kann es also verwerflich sein, sich in seinem Leben auf Entdeckungsreise zu begeben? Wie oft wurde ich für meine wechselnden Interessen verurteilt – nicht zuletzt und am meisten von mir selbst! Es war – und es ist – eine der wichtigsten Facetten meines Lebens und ich danke meiner wilden kleinen Seele, dass sie immer daran festhält, sich nicht abbringen lässt und so manch scharfes Wort aushält.

Es ist ein SICH IMMER WIEDER TRAUEN, wenn du wie ich zu der Sorte Menschen gehörst, die nicht mit der Geburt schon einen Plan davon haben, wo sie hingehören. Und weißt du was: better a crazy ride, than a comfortable walk along ...

Ja, es wird dich Kraft kosten und du wirst viele Male verfluchen, wer du bist. Ja, es wird weh tun. Ja, es wird dunkel sein. Ja, es wird dich in die Enge treiben und dir die Luft abschnüren. Ja, du wirst in einem Meer aus Tränen rudern. Ja, du wirst so manchen »Freund« verlieren. Ja, du wirst dich mit deiner Familie streiten. Ja, du wirst den Scherbenhaufen vor dir immer wieder selbst verantworten. Und ja, du wirst so viele Male wütend sein.

Aber ja, dir wird sich das Licht am Ende des Tunnels zeigen. Ja, du wirst am Gipfel ankommen und die Arme in die Höhe reißen. Ja, du wirst dich frei fühlen und ja, du wirst von so vielen Lasten befreit sein. Du wirst dich mit einer Heißklebepistole wiederfinden, um aus den Scherben etwas Neues zu erschaffen. Du wirst aus dem Vollen schöpfen und du wirst dich gereift fühlen. Es wird eine Stärke in dir erwachen, die dich weitermachen lässt.

All das geschieht, wenn du dich voller Überzeugung auf DEINEN Weg machst. Es soll dich weniger verunsichern, dass in dir viele Interessen schwelen, als vielmehr ermutigen. Je mehr du das Leben kostest, desto besser kannst du wissen und entscheiden, wo es sich für dich gut anfühlt. Halte an deinen Launen fest. Es sind die Momente, in denen deine Seele zu dir spricht. Schließlich passieren die wundervollsten Dinge oft aus einer Laune der Natur. Auch du darfst Wunder erleben. Oder besser gesagt: Du MUSST Wunder erleben. Nicht anders ist das Leben gedacht. Und es gibt einfach so viel zu entdecken da draußen. Wäre doch schade drum, nicht wenigstens einen Teil davon erlebt zu haben.

Und so kommen nach und nach immer mehr Indizien auf deine Karte, die dich dorthin führen, wo es sich gut für dich anfühlt. Bis sie dich eines Tages nach Hause führen und du genau weißt, wohin du nun gehörst.

TIPPS FÜR DEIN AUSPROBIEREN

♥ MINIMUM 1

Taste dich langsam heran, wenn du noch nicht genau weißt, wo du beginnen sollst. Lass es Schritt für Schritt passieren. Du musst nicht von heute auf morgen wissen, was dir liegt.

Doch ich bin sicher, dass in dir etwas ruht, das gerne ein bisschen mehr an die Oberfläche kommen möchte. Minimum ist es eine Sache, die du früher schon getan hast und die in Vergessenheit geraten ist. Oder Minimum eine Sache, die du so gerne ausprobieren möchtest.

Die Aufgabe lautet: Finde diese eine Sache. Hier geht es noch gar nicht darum, dass du sie ausführst. Sondern darum, dass du sie siehst. Grabe in allen Fotos, um das längst Vergessene wiederzuentdecken. Oder werde im Alltag aufmerksam dafür, wann du aufmerksam wirst, z. B. wenn du skatende Kinder in der Nachbarschaft entdeckst. Oder wenn du jeden Sonntag auf dem Tennisplatz verbringst und allen Spielen zuschaust, die stattfinden. Vielleicht ist es auch das teure Backbuch, um das du schon seit Jahren herumschleichst.

Finde Minimum 1, um dich auszuprobieren und dem Leben näherzukommen.

♥ DAS ERSTE MAL

Etwas, das immer viel Schwung und Energie mit sich bringt, ist diese eine Sache, die man zum ersten Mal macht. Weißt du, was daran das Wertvolle ist? Wir spüren das Leben, denn wir sind aufgeregt, unser Puls beschleunigt sich und wir sind unsicher. Wir bewegen uns außerhalb unserer Komfortzone.

Wähle etwas für dich Untypisches aus, etwas, vor dem du sogar ein bisschen Angst hast, etwas, das dir unangenehm erscheint. Etwas, in dem du noch nicht gut und erfahren bist.

Mach den Sushi-Kochkurs, buche die Sprachreise, besuche die Yoga-Klasse. Es sind vermeintlich ungewöhnliche Dinge. Doch das sind sie nicht, wenn sie dir Herzklopfen bescheren, wenn du sie zum ersten Mal machst. Das erste Mal ist doch immer etwas ganz Besonderes.

♥ SICH DOOF VORKOMMEN

Ganz genau, komm dir doch auch einmal doof vor, weil du den Korken nicht aus der Weinflasche bekommst oder du es einfach nicht hinbekommst, Blätter gerade zu lochen. Wir haben so viele Schwächen, im Kleinen wie im Großen, bei welchen wir uns richtig doof vorkommen. Doch genau darauf kommt es an. Dinge zu tun, in denen wir nicht gut sind, und sie dennoch zu tun. Um genau das aus-zuhalten – sich doof vorzukommen.

Dabei kannst du dich auch reflektieren, wenn du möchtest. Wieso kommst du dir denn doof vor? Warum ist es für dich so unangenehm? Spiele ein klein wenig mit deiner Perfektion und Imperfektion. Es wird ein aufschlussreiches Spiel, glaube mir.

SUCHE UND SEELENREISE

Die Entscheidung fällt auf Lynchburg als Zwischenstopp vor Music City. Denn ich habe dann doch Zeit. So viel Zeit auf dieser Reise, dass ich es immer wieder vergesse. Der gelebte Alltag zuhause konditionierte mich über viele Jahrzehnte für etwas anderes. Da ist also ganz viel Zeit. Dabei war es eines der Dinge, die mich bei der Planung am meisten beschäftigten, dass ich zeitlich gesehen viel Stress haben würde. Aber nein. Die Überfahrt in die Middle Time Zone schenkt mir sogar eine weitere Stunde.

In Lynchburg wird jeder einzelne Tropfen Jack Daniel's Whiskey produziert. Was für eine Philosophie! Beeindruckend! Beeindruckend war auch die Anfahrt, denn nach der Autobahnausfahrt der Interstate 24 passiere ich den Air-Force-Stützpunkt Arnold. Wie gerne wäre ich da durch! Mich zieht es so sehr an, ich kann nicht sagen, wieso. Aber ich wäre gerne ein Teil davon und würde auf dem Stützpunkt leben. Auch wenn das Ziel dieser Kraft nicht meiner Lebenseinstellung gleichkommt. Dennoch bin ich fasziniert. Überhaupt sehe ich all das, was ich seit vielen Jahren in Filmen sehe, und es bewegt mich sehr. Dieser nun gelebte Traum scheint noch viel mehr zu geben als erwartet.

Und im Moment erkenne ich, dass ich hier viel mehr meine Emotionen, Gedanken und Gefühle festhalten und darüber schreiben möchte, anstatt nur meine Route zu erzählen. Vorbei am sehr großen Stützpunkt bin ich der Destillerie und Lynchburg sehr nahe. Nach wenigen Meilen erreiche ich das Visitor Center von Jack Daniel's und schaue mich ein bisschen um. Eine Tour buche ich nicht. Viel zu schön ist es draußen. Drinnen aber lese ich ein wenig die Geschichte von Jack, seiner einzigartigen Geschäftsidee und seinem »Nearest« Green. Nathan war sein Vorname. Der erste Destiller in Amerika

und er war schwarz. Das feiere ich total. Es gibt sogar eine eigene Brennerei, die den Green Whiskey herstellt. Auf meiner Weiterreise werde ich daran vorbeikommen.

Nach dem Besuch der Ausstellung zu Jack mache ich einen kleinen Schlenker durch Lynchburg, vorbei an richtig alten Oldtimern aus den Fünfzigern – mein Herz lacht – und tappe in ein Antiquitätengeschäft. Drinnen erwartet mich meine erste tolle Begegnung. Ich erzähle ihr direkt von meiner emotionalen Reise und sie wünscht mir alles Gute bei meiner Suche und auf meiner Seelenreise. Beflügelt – es tat so gut – düse ich nun endlich in Richtung Nashville und erreiche Downtown am 11. April 2023 nachmittags. Ankommen tue ich am Haus von Michel, Airbnb. Ich klingle, doch es öffnet niemand. Habe ich mich geirrt? Die Nachrichten, die wir kurz zuvor austauschten, waren doch klar und verständlich. Meine Gedanken: »Kann ich ihm vertrauen? Wird er aufdringlich werden?«

A few minutes later öffnet ein total relaxter, liebenswerter Mann, der übrigens gay und so gar nicht an mir interessiert ist, die Tür. Auf Anhieb sind wir uns sympathisch und er erklärt mir einfach alles, was ich wissen muss, unter anderem dass ich das komplette Haus ganz für mich alleine habe. Er wohnt inzwischen in einem anderen Airbnb-Haus. Okay, das ist fabelhaft und ich freue mich des Lebens. Doch ich fühle mich groggy, fühle mich ausgelaugt. Leider bleibt nur noch Zeit für eine Dusche ohne Nickerchen, weil die Grand Ole Opry, die am längsten laufende, ununterbrochene Radio-Show der Country Music, auf mich wartet. Fix erfrischt und mich eingerichtet, bevor der Ride weitergeht. Ich bin immer noch nervös. Auf dem Weg dorthin halte ich noch auf einem Soldatenfriedhof. Wollte ich auch immer schon einmal sehen. Zum gefühlt zehnten Mal bin ich beeindruckt, wie viele Menschen in diese Geschichte involviert sind.

Und dann endlich zur Grand Ole Opry, einer Legende in der

Country-Szene. Muss man einmal gesehen und erlebt haben. Ich finde in diesem ganzen Straßen- und Park-Wirrwarr überraschenderweise auf Anhieb (und auf gut Glück) meinen Parkplatz, den ich gebucht habe. Mein Magen und mein Kopf sind allerdings nicht so easy, sie sind arg gereizt. Aber ich ziehe es durch. Einmal im Leben ... you know! Alles geht dennoch ganz leicht und ohne Stress. Ich finde meinen Top-Platz und bin gespannt, was mich erwartet. Daher befinden wir uns alle auch inmitten einer Recording-Szene wieder, haben einen Moderator und einige Country-Stars im Programm. Es ist wirklich ein Erlebnis. Außerdem befinden wir uns in der neuen Grand Ole Opry. Die alte wurde vor vielen Jahren zu brüchig und so gab es einen Neubau und Umzug. Die alte besichtige ich später. Dort, wo die wahre Seele steckt, wie mir die Dame aus Lynchburg erzählte. Doch noch einmal zurück zur Show. Ich genieße sie sehr. Country ist einfach die reinste Musik. Es braucht uns nicht zu wundern, dass sie vom Blues abstammt. Nach all der Aufregung bin ich dennoch happy, als die Show die letzte Note fallen lässt. Heute bin ich einfach zu k. o. und trete daher gerne den Weg nach Hause an.

Dort angekommen, parke ich den Audi übrigens gegenüber einem Recording Studio – wen wundert's in der Music City –, das sich in einer ehemaligen Kirche befindet. In diesem Studio war schon Jon Bon Jovi zu Gast. Das weiß ich deshalb, weil Michel mir erzählte, dass er damals während seiner ersten Tage im Haus ein Paket für ihn annehmen musste. Todmüde falle ich ins Bett und schlummere bis fünf Uhr morgens. Der Jetlag wird langsam.

Insgesamt gibt es so viel zu verarbeiten, es erreicht mich kaum, und ich bin sehr gespannt, wie es sich noch entwickelt.

Gerade habe ich einen Brief beendet und damit eine großartige Eingebung in Worte gefasst:

Es schlagen derzeit mehrere Herzen in meiner Brust. Eines für mein aktuelles Zuhause in den Bergen. Eines für meine Heimat, in der meine Familie und meine liebsten Menschen leben. Und eines schlägt für die Welt. Ich habe eine so große Sehnsucht in mir, die Welt zu bereisen und zu entdecken, dass ich es kaum in den mir gerade gegebenen Strukturen aushalte. So groß sind die Lust und das Verlangen danach, all die Orte zu entdecken, die mir mein inneres Auge zeigt. Nun bin ich mal wieder ein privilegierter Glückspilz und habe eine große Reise vor mir. Diese Reise wird in mir einiges »aufräumen«, das weiß ich. Wenn ich darüber erzähle und warum es mich dorthin zieht, beginne ich jedes Mal zu weinen. So sehr berührt mich dieses Vorhaben. Ich denke, es ist offensichtlich, dass mich dieses Herz in meiner Brust gerade am meisten antreibt. Allerdings muss ich auch dazusagen, dass mir diese Reise nicht einfach in den Schoß gefallen ist. Davor gab es eine Menge aufzuräumen. Denn es ist doch jedes Mal so, wenn man von etwas vollkommen überzeugt ist und man genau weiß, was getan werden muss. Das heißt nicht automatisch, dass die Umsetzung easy von der Hand geht. Denn wir haben ein Unterbewusstsein, das schon sehr viel früher weiß, was auf uns zukommt. So auch bei unseren Ideen und Zielen, die wir anstreben und verwirklichen (wollen, müssen, werden) – einfach, weil wir über alle Maßen sicher sind – weil wir unserer Intuition folgen. Wir könnten auch sagen: Weil wir danach gerufen werden.

Ja und so auch mit meiner Sehnsucht nach der Welt. Ich weiß schon lange um eine große Reise, die ich tun muss, weil meine Seele danach ruft. Sie hat dort etwas zu erledigen, etwas gutzumachen, eine Aufgabe zu erfüllen. Was genau das sein wird, das steht in den Sternen. Man will sich ja auch noch etwas überraschen lassen.

Der Punkt, weshalb ich auf diese Reise hier eingehe, ist eine weitere

Frage, die ich mir stelle: Wer dort draußen hat genau diese Empfindungen wie ich? Gibt es ein Kollektiv für diese Gleichung? Gibt es auf dieser Welt noch jemanden, der immer wieder weitergeschickt wird von seiner inneren Uhr?

Auch wenn ich im Austausch mit vielen Menschen stehe und mir auch immer guten Input von meinen Energiebringern hole, bleibt diese Frage zunächst unbeantwortet. Vermutlich werde ich sie eines Tages begleichen können.

Dieses Ungleichgewicht kommt nicht von irgendwoher, dessen bin ich mir bewusst. Ich schreibe das eindeutig meiner Introvertiertheit auf die Rechnung und vielen weiteren astrologischen Einflüssen (für dich als nicht der Astrologie zugewandte Leserin, es gibt noch viele weitere Erklärungen). Ich bin nicht unbedingt der Typ Frau, der sich in die Karten blicken lässt. Ich liebe das Verschlossene und das Verborgene. Ich lebe für Geheimnisse und Rätsel. Ich erforsche und ergründe für mein Leben gerne. Du kannst dir vorstellen, wie für mich das Zeitalter der sozialen Medien wirkt. So viel Preisgabe und Offenbarung. Das ist mir für den größten Teil meiner Zeit deutlich »too much«. Wo bleibt denn da das Geheimnisvolle? Oder ich hab schlichtweg die mediale Optimallösung einfach noch nicht gefunden. Mal sehen, ob ich dieses Rätsel auch irgendwann lösen kann.

Nun aber zur eigentlichen Frage in diesem Kapitel:

BIN ICH DIE EINZIGE,
DIE RASTLOS IST?

Mit dieser Frage geht unweigerlich auch eine andere Frage einher: WARUM?

Wie kommt es dazu, dass ich dieses Gefühl habe, nie zu wissen, wo ich hingehöre? Woher kommt das denn ausgerechnet bei mir? Hab ich bei der Geburt – bei der Verschmelzung von Körper und Seele – die falsche Abzweigung genommen? Haben meine Vorfahren ihr Haus am falschen Ort gebaut? Bin ich als Kind zu oft auf den Kopf gefallen? Hat mein Herz einen unendlichen Knoten? Kann ich Wegweiser nicht lesen? Glaub mir, da, wo diese Fragen herkommen, gibt's noch mehr. Aber eine möchte ich noch loswerden: Was ist bei Menschen wie mir – oder auch dir, wenn du so fühlst wie ich – anders (gelaufen), dass ich so rastlos bin und die Zugehörigkeit nicht fühle?

Sofern sich das überhaupt ausmachen lässt. Sind es doch tausende und abertausende Zellen, Facetten und Augenblicke, dich mich zu der Frau machen, die ich bin. Diese Forschungsarbeit würde Jahrtausende andauern. Um am Ende festzustellen, dass dieser Vergleich unmöglich ist.

Und so kommt bei diesem Kapitel die Antwort ganz schnell. Ich bin ich und mich gibt es nur ein einziges Mal. Mein Wesen und meine gesamte Existenz lassen sich nicht vergleichen. In einer kleinen Summe sind es Nuancen und einzelne Gedankenauszüge, die ich mit anderen teilen kann, um annähernd einen Fortschritt in meinem Fragebuch zu verzeichnen. Ich kann mit anderen Gleichgesinnten sprechen und wir können einen gemeinsamen Nenner finden. Wir können uns Gedanken machen, was die nächsten möglichen Schritte sein können, um unsere Sehnsucht ein weiteres Mal stillen zu können. Wir können uns ausmalen, wie es eines Tages sein wird, wenn wir all unsere Fragezeichen in Ausrufezeichen verwandeln konnten. Ich kann darüber sprechen, wie ich mich fühle und welche Emotionen mich wie oft überwältigen. Es ist an mir zu erzählen, wie stark ich hin- und hergerissen werde und dass dies zeitweise sogar wöchentlich vorkommt. Ich kann meine Seele sprechen lassen und daraus Bilder, Bewegungen und Melodien formen und dies kann ich wiederum preisgeben. Ich kann meine vor Tränen rot gewordenen Augen offenbaren. Ich vermag meine Traurigkeit zu zeigen und meine Ratlosigkeit, indem ich es meinen engsten Freunden erzähle.

Doch am Ende bleibe ich trotz aller Anteilnahme mit diesem brennenden Gefühl in meiner Brust zurück. Es ist ein herzzerreißender Moment. Nur für mich selbst, weil mich meine Sehnsucht wieder einmal an diesen Punkt führte. Wieder einmal dorthin, wohin ich (noch) nicht gehöre.

Doch dieses Mal weiß ich es besser, weiß, was das für mich bedeutet. Ich darf die Tür zu mir selbst noch weiter öffnen und mir selbst besser zuhören, anstatt bei anderen zu sein. Der Schlüssel zu dieser Tür ist mein Selbstwert. Es liegt so ein großer Schatz darin, mich selbst zu betrachten und zu sehen, dass ich auf meiner ganz eigenen Reise bin und nichts und niemand mich davon abbringen kann. Es steht geschrieben – in meiner Lebensgeschichte, die ich weiterhin entdecken werde.

Also mache ich mich weiterhin daran, meine Gefühle, Emotionen und Empfindungen zu erforschen. Ohne dass ich wissen muss, ob ich damit alleine bin. Denn ja, verdammt, ich bin damit alleine. Eben weil es meine Konstellation auch nur ein einziges Mal gibt. Die Lösung liegt in mir und ganz allein in mir. Und ich will mich schämen, wenn ich mich nicht dafür einsetze und mich starkmache.

Diese Entscheidung gibt mir allein so viel Kraft und Zuversicht, dass sich das Treiben in mir etwas beruhigt.

Bleibe dir treu und beginne, dir selbst die Fragen zu stellen. Beginne damit, dich für dich selbst starkzumachen und Entscheidungen zu treffen. Beginne damit, deinen Wert zu erkennen und so viel davon aufzusammeln wie nur irgendwie möglich.

Je mehr Schätze du von dir in der Hand hältst, desto mehr Gewichtung gibst du dir selbst, desto mehr spürst du dich selbst, desto mehr nimmst du von dir wahr. Somit kannst du dir und der Stimme in dir immer öfter vertrauen und am Ende einzig allein ihr folgen. Dann musst du dich nicht länger fragen, ob sie es anders lösen oder richtig oder besser. Dann bist du deine Antwort. Denn du bist du und dich gibt es nur ein einziges Mal auf dieser Welt – always remember!

Werte dich auf, value yourself und blicke auf deine eigenen Schritte. Sie führen dich dorthin, wohin du gehörst.

TIPPS FÜR DEN SELBSTWERT

♥ SCHATZSAMMLUNG

Lege dir deine persönliche Schatzsammlung zu. Wann immer du etwas in deinen Augen Großartiges, Tolles oder Bemerkenswertes getan hast, wann immer du dich in einem Moment wohl in deiner Haut fühlst, wann immer du dich gutaussehend findest, wann immer du wahrnimmst, dass du aus Liebe oder mit deinem Herzen gehandelt hast – wann immer es ein Moment ist, der dir etwas bedeutet: Lege einen schönen Stein, eine Münze, eine Feder oder einen anderen dir bedeutenden Gegenstand in ein Glas. Sammle darin all die Schätze, die in dir wohnen. Und du wirst sehen, wie die Sammlung immer größer wird.

Mit diesem Glas gehe regelmäßig in den Kontakt. Betrachte es, halte es, wiege es in deinen Händen. Habe es stets präsent und mit der Zeit wechsle von einem kleineren zu einem etwas größeren Glas. Du wirst erstaunt sein, wie schnell das gehen kann.

Deine Schatzsammlung ist etwas von dir für dich. Etwas, das dir zeigt, wie viel Wert bereits in dir vorhanden ist und dass du ihn lediglich wahrzunehmen brauchst.

♥ FIRST THINGS FIRST

Am Selbstwert zu »arbeiten« kann sehr mühevoll sein. Daher ist es für dich von Vorteil, wenn du mit den Dingen beginnst, die dir zuerst einfallen und die dir leichtfallen. Befasse dich nicht mit etwas, das du noch gar nicht fühlst oder das noch überhaupt nicht in deinem Sichtfeld liegt. Um deinen Selbstwert zu stärken, nimm die eine Sache, die dir augenblicklich in den Sinn kommt, wenn du an dich und deinen Selbstwert denkst. Also genau das, was du an dir selbst schätzt und von dem du genau weißt, dass es zweifellos so ist. Das könnte zum Beispiel sein, dass du immer zu deinem Wort stehst und dass du tausendprozentig verlässlich bist. Das ist der Grundstein für dein Selbstwert-Haus. Diesen Stein darfst du so lange festigen, bis du dich sicher fühlst. Dann erst füge den zweiten Stein hinzu.

Dabei nimm jeden einzelnen Stein so sehr wahr, bis du ihn verinnerlicht hast.

♥ SOLL UND IST

Diese Übung mag ich ganz besonders, denn sie wird dich wachrütteln und dir präsentieren, dass deine Gedanken nicht immer die Meister höchstpersönlich sind. Soll und Ist bedeutet, dass du von deinem Selbstwert eine Soll-Ist-Aufnahme machst.

Dazu schreib dir alles auf, wo du gerne mit deinem Selbstwert sein möchtest. Also wie du sein müsstest, wenn dein Selbstwert top ausgebildet wäre.

Im zweiten Schritt schreibst du dir auf, wie der aktuelle Ist-Zustand ist, wo du dich aktuell befindest.

Dann nimm diese beiden Listen und forme daraus eine Zeichnung.

Wie stellt sich das Soll dar und wie das Ist? Du kannst es anhand von Größe, Form, Abstand oder Farben unterschiedlich darstellen oder so, wie es sich für dich gut anfühlt.

Betrachte deine Zeichnung: Wo liegen Unterschiede? Gibt es überhaupt Unterschiede? Bist du im Kopf ganz woanders, als dir das Stück Papier vor dir beweist? Welche Erkenntnis ziehst du aus deiner Zeichnung bzw. Skizze?

Und am Ende frage dich: Womit möchtest du beginnen, um deinen Selbstwert zu stärken?

HE TOUCHED ME

Am ersten Morgen in Nashville schlüpfe ich aufgeregt aus dem Bett. Meine erste Uber-Fahrt steht an. Sie erweist sich als viel teurer als geplant. Ich habe keine Ahnung, was da schiefgelaufen ist. Die nächste Fahrt muss ich noch etwas besser taktieren. Jedenfalls bringt mich diese überteuerte Premiere-Fahrt zur Country Music Hall of Fame. Und hier beginnt eine weitere emotionale Reise. Ich besichtige das Museum, lasse mich zum wiederholten Male beeindrucken von den Ursprüngen und von Chris Stapleton's Geschichte, bevor es in den Bus zu DEM Studio B – dem historischen Aufnahmestudio der RCA Record Studios – geht.

Susan ist unser Guide, ich verstehe nur wenig, der Slang und die Geschwindigkeit bremsen mein Gehirn aus. Sie macht das allerdings großartig, das fühle ich. Und so sehe ich mich im nächsten Augenblick am Piano sitzen, an dem Elvis viele seiner Songs aufzeichnete. Was für ein Erlebnis! Ich bin bis ins Mark ergriffen und spüre seine Magie. Es berührt mich mehr als alles andere. Über den Floor zur gehen, über den er viele Male ging. Sein Geist ist gegenwärtig. Das alles zu begreifen, wird noch ein bisschen dauern, das weiß ich sofort. Trennen möchte ich mich von diesem Ort jedenfalls nicht. Gerne möchte ich noch sitzen und fühlen. Doch wir müssen zurück. Angekommen am Museum, am Ausgangspunkt unserer Tour, suche ich noch einmal Susan auf. Ich gebe ihr etwas Trinkgeld und erzähle ihr von meiner Ergriffenheit. Die Tränen sprudeln nur so aus mir heraus. Ich kann kaum sprechen. Es arbeitet also – ENDLICH! Ich weiß, ich bin auf dem richtigen Weg. Susan beruhigt mich und gibt mir noch einen Filmtipp: »He Touched Me«. Und ja, so ist es – HE touched me. Warum auch immer, das ist mir noch nicht klar, aber das wird es werden. Klar ist bislang, dass ich mit ihm und seiner Geschichte sehr verbunden bin. Vielleicht kann ich dadurch auch für mich etwas erkennen.

Nun ja, ich beruhige mich dann doch wieder, indem ich durch Downtown spaziere und den Honky Tonk Highway von Nashville sehe. Viele Live-Bands schon jetzt am Vormittag und schon jetzt ziemlich catchy. Diese verrückte Stadt! Jetzt brauche ich etwas Warmes in den Magen und eine Pause.

SCHENKE DEINER LEIDENSCHAFT AUFMERKSAMKEIT.
SIE KENNT DEN WEG.

TROTZ ALLER FEHLER

Nach der Pause besuche ich die »Mutterkirche« der Country Music, das Ryman Auditorium. Ich buche eine self-guided Tour und lasse mich mitnehmen vom Spirit der Legenden. So viel Energie steckt in diesem Gebäude und ich lasse mich, ohne zu zögern, darauf ein. So sehr, dass ich dort spontan einen Song aufnehme. Er ist wahrlich nicht kraftvoll. Ich höre, wie mir die Praxis fehlt. Ich höre mich wacklig an, dünn und nicht wirklich überzeugend. But you know what? Ich überwinde meine Schüchternheit und singe trotz aller Aufregung. Ich liebe den Song trotz aller Fehler und auch deswegen. Er offenbart mein Herz. Und hey, ich erledige einen Punkt meiner Life Bucket List: Einmal einen Song aufnehmen. Wieso also nicht in Nashville?

Erneut stelle ich fest, dass diese Reise die Reise zu meinem Herzen ist. Ich schließe Frieden, ich hake wichtige Aufgaben ab und ich heile. Stück für Stück. Warum konnte ich es nicht schon viel früher? Warum durfte ich es nicht schon mit Anfang zwanzig erleben? Ich fühle (und denke), dass ich es vorher nicht verstanden hätte. Now is the right time, darling!

Nach meinem Abenteuer im Ryman »strolle« ich »around« und lande im ACME. Eine Bar von vielen am Honky Tonk Highway. Aber die mit der schönsten Aussicht. Ich erlebe die Happy Hour mit 2 for 1 beer, das sehr lecker schmeckt, und genieße die tatsächlich unglaublich schöne Aussicht von der Roof Top Bar. »Hier bleibe ich«, entscheide ich und slide mit meinen Beers gemächlich und angedüdelt in den Abend und Sonnenuntergang. Hoffentlich vergesse ich die Gefühle des Tages nicht. Sie sind viel zu wertvoll!

Ich bin in einer guten Gesellschaft groß geworden. Mein soziales Umfeld war überwiegend stabil und es gab schon immer ein Netz aus lieben Menschen, die mich auffingen und immer noch fangen. Geprägt ist diese Gesellschaft von alten und jungen Werten. Ein Wertewandel findet von Generation zu Generation statt. Es gibt ein bisschen hiervon und ein bisschen davon. Einige Werte, die sich nach wie vor lohnen, und einige Werte, die überholt sind. Werte, die ich gerne in die nächste Generation weitertragen möchte, und Werte, die ich mehr als gerne zurücklasse. Ich sage immer, dass meine Generation zu jenen Glücklichen gehört, die noch die Wahl haben. Weil bei uns so viele gute Ansichten übertragen wurden, wichtige Ansichten: ein Miteinander, Füreinander, Respekt, Verbindlichkeit, Manieren und viele mehr. Gut, es kann jeder für sich beurteilen. Für mich jedenfalls sind es einige wichtige Werte, auf die ich stolz bin, dass ich sie von meinen Vorfahren übernehmen durfte.

Gleichzeitig sind da auch Verwurzelungen, die eher störend sind: sich einordnen, nicht auffallen, das gute alte Ja- (bzw. Nein-)Sagen, sich zurückhalten, dieses »tut man nicht«. Das sind Werte, für die es lohnt, sich einzusetzen, dass man sie überwindet. Hier hat jeder seine eigene Bandbreite an Hürden. Vorausgesetzt, du erkennst sie.

Ein Wert, der auch in meiner Generation noch sehr verankert ist, ist die Vorstellung, eine Familie, ein Haus und vielleicht auch ein Haustier zu besitzen. Das Wohneigentum möchte ich an dieser Stelle ganz besonders aufgreifen. Denn ich glaube, dass dieser Gedanke das Leben vieler Menschen bewusst und unbewusst prägt, mit oder ohne Familie. Das Haus kann schließlich auch ohne PartnerIn und Kinder bewohnt werden. Und es prägt vor allem für unser Thema, nie zu wissen, du weißt schon.

BRAUCHE ICH EIN HAUS –
BRAUCHE ICH EINEN ORT?

Was mich und womöglich auch dich beschäftigt, ist die Frage, ob ich ein Haus brauche, das ich an einem bestimmten Ort errichte, um das Gefühl zu erlangen, angekommen zu sein. Hier spielen die Werte eine wichtige Rolle. »In die Wiege gelegt«, sagt der Volksmund ja so schön. Und genau der Volksmund ist es auch, der einem regelmäßig ins Ohr flüstert: »Du brauchst ein Eigenheim, du musst dir einen Platz suchen, an dem du es errichtest, du musst sehen, dass du es vor deinem 30. Lebensjahr richtig machst, du musst dir ein Vermögen ansparen, um es zu schaffen, du sollst dich niederlassen ...« Es sind viele Aussagen und sie zeigen sich in allen möglichen Varianten. Entweder höre ich sie stumm in mir drin oder ich begegne ihnen bei Tischgesprächen oder ich lese es in den Augen von flüchtigen Bekannten.

Wo auch immer dieses Mantra herkommt, es schleicht sich ungefiltert in das Nest in mir drin ein, in dem sich alle Glaubenssätze sammeln und ein rauschendes Fest feiern, so dass mir regelmäßig der Kopf platzt und der Nacken sich bis aufs Äußerste anspannt. Ja, es sind körperliche Beschwerden, die daraus resultieren, dass ich mit dem Gefühl lebe, nicht zu wissen, wohin ich gehöre.

Muss ich ein Haus bauen (oder besitzen), das an einem ganz bestimmten Platz steht und in das ich jeden Tag nach Hause kommen kann, damit ich endlich meinen Frieden finde und den Wirbel in mir zum Stillstand bringe? Finde ich mein Zuhause in diesem Haus? An diesem Ort, an dem es steht? Gehöre ich dann endlich irgendwo hin? Helfen mir die traditionellen Werte in diesem Fall weiter? Woran halte ich fest?

Um diese Frage zu beantworten, möchte ich eine kurze Wortschleife einbauen und einen Blick auf die derzeitige Entwicklung auf der Welt werfen. Globalisierung ist hier das Stichwort. Der Anfang des 21. Jahrhunderts ist davon geprägt, dass ganze Völkergruppen wandern. Grenzen sind nicht mehr da, um bewundert zu werden, sondern um sie zu überwinden. Völker verbinden und vermischen sich gewollt und unerwünscht. Die Gesichter der Länder verändern sich. Das Temperament und die Kulturen finden zueinander und entzweien sich. Das Kleid unserer Welt erhält ein neues Design. Dieser Strom an Wanderung und Überwindung bringt uns dazu, uns zu öffnen und unsere Werte ein weiteres Mal zu hinterfragen. Welches Recht habe ich, mich auf ein Stück Land zu setzen und es zu besitzen, wo uns doch die Erde überhaupt nicht gehört? Wem kaufe ich dieses Stück Land, dieses Stück Erde ab? Gibt mir Gott die Erlaubnis, mein Haus genau dort aufzustellen, wo ich es mir in den Kopf setze? Oder erteilt mir die Erlaubnis eine Konstitution, die sich vor langer Zeit einmal dazu ermächtigt hat, darüber zu entscheiden?

Das Land, die Welt, die Erde gehören in meinen Augen niemandem, und keiner hat ein Anrecht darauf, sie zu besitzen. Es ist in den Köpfen und Geldbeuteln von uns Menschen gespeichert und imaginiert. Ich möchte nicht sagen, dass es eine Illusion ist, jedoch eine verworrene Realität aus Sicht von Millionen von Augenpaaren. Heißt, wir halten an etwas fest, das wir uns einbilden und zu unserer eigenen Realität werden lassen.

Wie stabil können daher unser Haus und somit das Gefühl, angekommen zu sein, nur sein? Für ganz viele Menschen bringt es sicher Stabilität und Sicherheit. Mir persönlich bringt es weder noch in der Hinsicht, dass ich endlich fühlen und wissen kann, dass ich zu Hause bin. Hier braucht es andere Werte und eine fundamentalere Antwort.

Was also kann die Lösung in dieser Fragestellung sein? Ich habe es erkannt und weiß, dass ich meine Werte kritisch beleuchten darf, um herauszufinden, welche tatsächlich meine ganz eigenen sind und welche ich mit jeder Faser verkörpern möchte. Damit verbunden ist selbstverständlich erneut die Aufgabe, meinem Herzen zu lauschen. Um meinen Kopf und meinen Nacken zu entlasten, richte ich meinen Blick nach innen. Und was tue ich dann in mir drin?

Ich biete mir selbst in mir ein Zuhause an, ja – genau das kann ich sein, ein Zuhause für mich selbst. Ich öffne mir die Tür, bitte mich freundlich herein, biete mir einen warmen Platz an und bin in liebevoller Gastfreundschaft für mich selbst. Ich versorge mich mit allem, was ich brauche, und achte meine Bedürfnisse. Und ich tanke in diesem Zuhause auf. Habe ich genug aufgetankt und mich umsorgt, gehe ich voller neuer Energie hinaus und erobere die Welt – mein einziges Zuhause.

Und so wie sich das Kleid der Welt ändert, so kann sich auch mein Zuhause verändern und wandeln. Mein Zuhause zeigt sich in allen denkbaren Facetten. Es kann jahrelang klein und gemütlich sein, nur um dann wieder großzügig und geräumig zu sein. Ich selbst entscheide, wie das Haus hinter dieser Türe erscheint. Doch ich allein weiß, hinter dieser Tür befindet sich ein harmonisches, friedvolles Zuhause in einem stabilen und sicheren Haus. Und ich weiß, dass dieses Haus nicht irgendwo da draußen an einem fixen Ort stehen muss. Ich weiß, dass ich dieses Haus in mir erbaut habe.

Was ich dir mitgeben möchte, ist ganz leicht zu beantworten. Hinterfrage deine Werte und dann konzentriere dich auf die Arbeit deines Herzens. Fühle in dich hinein und versuche zu verstehen, welche Überzeugungen zu dir gehören und welche Glaubenssätze dir nur auferlegt wurden. Beleuchte deine Innenwelt und durchforste sie nach brauchbaren und verlässlichen Werten.

Habe keine Angst davor, dass du auf etwas stoßen könntest, was unangenehm ist. Alles in dir ist stets FÜR dich. Auch wenn du dafür kurzzeitig durch die Dunkelheit musst und orientierungslos bist. Es wird immer ein Licht am Ende des Tunnels geben oder es wird immer eine kleine Flamme in dir leuchten, die für dich brennt. Solange du am Leben bist, wird dich dein Licht führen und schützen. Vertraue darauf, dass es zu dir findet. Wenn nicht gleich sofort, dann sei geduldig und warte ab.

Wichtig ist, dass du dich auf den Weg machst, zu deiner Tür und in dein Zuhause. Stets mit der Offenheit im Gepäck, um auch Ungewohntem gegenüberzutreten und Veränderungen annehmen zu können. Stets mit dem Wissen, egal was dir begegnet, du kannst es für dich gestalten, dass es zu dir, deinen Werten und deinen Vorstellungen passt. Du kreierst dir den Ort und das Haus, das dir das Gefühl gibt, wo hinzugehören.

TIPPS FÜR DEN WEG NACH INNEN

♥ DEN WEG FINDEN

Manchmal gehen wir einen Weg aus dem Grund nicht, weil wir ihn übersehen oder vergessen haben. Daher darfst du dich auf die Suche nach deinem Weg nach innen machen. Dem wohl wichtigsten Weg überhaupt.

Schließe die Augen, atme mehrere Male tief ein und aus – so oft bzw. so lange, wie du brauchst. Gib dir die Zeit. Dann blicke mit geschlossenen Augen auf deine Nasenwurzel. Ich weiß, du schielst dabei, aber es wird niemand sehen, da du ja die Augen geschlossen hast.

Atme weiter. Auch wieder so lange, wie es dir guttut.

Nun »rutsche« (gedanklich) innerlich in dich hinab, vielleicht entlang deines Halses. Schau, was sich für dich gut anfühlt. Verinnerliche dabei das Gefühl, dass du tief in dich hineinsinkst. Dort bleibe so lange, wie du nur möchtest.

♥ AUSHALTEN

Das Aushalten ist eine Möglichkeit, die sicherlich etwas Übung erfordert. Dabei geht es darum, ein bestimmtes Gefühl wahrzunehmen und in diesem Gefühl zu verweilen, es auszuhalten.

Nimm das Gefühl, das dir gerade am nächsten ist. Bist du etwas mutiger, dann das Gefühl, das du seit Tagen und Wochen versuchst auszublenden und wegzuschieben.

Setze oder lege dich dazu gemütlich ab. Schließe die Augen. Hole dir das Gefühl in Gedanken her; wenn du möchtest, auch die Situation dazu, in der es sich in deinem Alltag bemerkbar macht.

Dann lass das Gefühl durch deinen Körper wandern. Bis es sich an einer bestimmten Stelle niederlässt. Es wird sich automatisch setzen. Du musst hier gar nichts kontrollieren oder steuern. Lass es seinen natürlichen Gang gehen.

Nun beobachte die Stelle, an der sich das Gefühl zeigt, zum Beispiel im Bauchraum oder in deinen Beinen. Sei achtsam, nimm wahr, wie es sich anfühlt. Vielleicht erkennst du, ob es eher ein Schmerz ist, ein Wohlgefühl oder unangenehm.

Halte dieses Fühlen aus, folge ihm und höre zu – etwas wird es dir verraten. Zum Beispiel ein weiteres Gefühl oder eine Erkenntnis. Was es auch ist – lasse es zu und halte es aus. So gibst du ihm die Chance zu heilen.

♥ DEIN HEILIGER TEMPEL

Wusstest du von dem heiligen Tempel in dir? Es lohnt sich, ihn aufzusuchen. Denn dort bist du tatsächlich im tiefsten Sein angekommen. Vor allem befinden sich dort alle Energien, die aus nichts als Liebe, Freundlichkeit, Verständnis und liebevoller Aufrichtigkeit bestehen.

Dazu nimm den Weg nach innen (siehe Tipp 1) und dann stell dir vor deinem inneren Auge eine Tür vor, die sich tief in deinem Inneren öffnet.

Ich nenne sie die Tür zum Herzraum. Zögere nicht, tritt sofort hindurch und betritt deinen persönlichen Herzraum!

Lass vor deinem inneren Auge einen Raum entstehen, der dir Geborgenheit, Sicherheit und Wärme schenkt.

In diesem Raum können auf dich warten: dein inneres Kind, das sich freut, dich zu sehen. Deine Seele, die zufrieden vor sich hinschlummert, dein Schutzengel oder andere Wegbegleiter. Dein Raum kann aber auch leer sein. Er ist immer so, wie du ihn gerade brauchst und wie du das Gefühl hast, dass er sein muss, damit du aufgefangen wirst.

Dein heiliger Tempel gehört ganz allein dir und ihn wird niemals jemand anders betreten als du selbst. Du kannst ihn aufsuchen, wann immer dir danach ist, ob in freudigen oder traurigen Momenten. Um Atem zu holen oder um Kraft zu tanken. Er wird immer bei dir sein und dir das Gefühl von Zuhause vermitteln. Egal, wie fern du von zu Hause bist. Dein Herzraum ist dein heiliger Ort.

PASSION

Unglaublich! Heute ist Tag fünf auf meiner Reise. Was wird hier noch kommen? Ich bin voller Spannung und auch offen für alles. Ich will nicht weniger, als meine Träume leben. Nicht weniger als meine Passion, nicht weniger, als mein Herz braucht. Ich denke, dass ich diese Sache noch nicht zulasse, weil sie zu absurd ist. Doch auch Chris Stapleton dachte damals, dass Songwriting kein Full-time-Job ist. Here we are – er ist ein erfolgreicher Musiker!

Ich verspreche, ich werde meine Passion zulassen und leben. Dafür bin ich hier!

Inzwischen leuchtet und blinkt der Honky Tonk in allen erdenklichen Farben und ich habe das Gefühl, dass ich mehrere Leben auf einmal heile, hier in dieser Stadt. Ganz, ganz alte und auch Leben der vergangenen Jahrzehnte. Ich möchte eines loswerden: You all can live through me! That's what I am here for!

Nashville you got me!!! Wie kann eine Stadt so verrückt und gleichzeitig so entspannt sein! Vielleicht liegt sie auch am vierten Bier – diese Leichtigkeit. Gleichzeitig brenne ich für diese Authentizität. Hier darf jeder sein, wie er ist. Anders als in Deutschland kann hier das Herz atmen. Niemand urteilt. Niemand schaut schräg. Meine Gedanken teile ich mit Laurel und ihrem Mann. Sie sind Locals und sie sagen mir nach unserem Kennenlernen, dass ich nicht nach Hause zurückkehren werde. Eine Bestätigung meiner eigenen Gefühle? We will see. Fakt ist, dass ich genau hier sein muss. Wenn nicht nur heute und morgen, dann werde ich auf jeden Fall wiederkommen.

In regelmäßigen Abständen taucht dieses Gefühl auf, das mich traurig stimmt und mich verzweifeln lässt. Gedanken, die mich nach unten ziehen, anstatt mich zu beflügeln. Ich denke, ich gehöre woanders hin als dorthin, wo ich zu diesem Zeitpunkt der aufwühlenden

Gedanken bin. Und dann erwacht die Sehnsucht, gleichzeitig mit den Stimmen in meinem Kopf, dass ich in meinem bisherigen Leben so viele Möglichkeiten ausgelassen und Chancen verpasst habe. »Warum?«, frage ich mich unmittelbar danach. Warum war ich nicht fähig, all meinen Mut zusammenzunehmen, der Angst entschlossen ins Gesicht zu blicken und mein Leben in die Hand zu nehmen? Ich hätte es können. Ich lag meist nur eine Entscheidung davon entfernt, meiner Geschichte eine neue Wendung zu verleihen. Nichts dergleichen passierte – außer dass ich mich auf die andere Seite drehte, die Decke über meine Gedanken und Gefühle zog und darauf hoffte, dass schon alles gut werden würde.

Nur ...

Wie soll ich somit jemals mein Potenzial entdecken, wenn sich mir die Möglichkeiten nicht bieten? Wie soll ich jemals meine Grenzen überschreiten – vor allem die mentalen –, wenn ich nicht an meine Grenzen stoße? Wie soll ich mich jemals dorthin entwickeln, wo ich sein möchte, wenn ich nicht meiner wahren Größe begegne? Es mündet immer in eine einzige Antwort: Ich muss ausziehen, um nach Hause zurückkehren zu können.

ICH GEHÖRE WEDER ZU A NOCH ZU B

Tatsächlich ist AUSZIEHEN ein vielschichtiges Wort, mit dem ich hier einen kleinen Exkurs machen möchte, bevor es mit der Entwicklung weitergeht. Damit verbunden ein Angebot an dich: Sprich dir das Wort AUSZIEHEN einmal laut vor und beobachte, was mit dir passiert.

Welche Assoziation schiebt sich dir als Erstes ins Bild?
Welche Gefühle treten damit verbunden auf? Unsicherheit, Angst, Scham ...?
Wie gehst du mit diesen Gefühlen um? Stehst du mutig dagegen, schiebst du sie weg, wirst du stutzig?
Wie fühlst du dich dann? Mit welchen Gedanken begegnest du dir und deinem Selbst?

Für mich hat Ausziehen unmittelbar etwas mit dem Verlassen des Elternhauses zu tun. Und das habe ich schon ein paar Mal gemacht. Viermal, um genau zu sein. Vier Anläufe habe ich benötigt, um meine Chance zu ergreifen, den Weg zu gehen, der richtig ist. Dreimal bin ich wieder zurückgekehrt, »nach Hause«, wohl wissend, dass es nicht der Platz ist, wohin ich gehöre. So breitete sich die Tatsache aus, dass ich weder zu A noch zu B gehöre und mich nirgends zu Hause fühlte. Dass ich keinen Zugang fand zu meinem Vertrauen, zu Hause anzukommen – weder hier noch dort. Und wie wird mein Leben sein, wenn ich mich niemals wo zugehörig fühle?

Meiner Meinung nach gibt es keine zwingende Verbindung zwischen Nach-Hause-Kommen und dem Ort, zu dem man sich zugehörig fühlt. Und doch haben diese beiden so viel Übereinstimmung.

Nur habe ich diese Stimmung bisher nicht gefunden. Also bin ich weiter auf der Suche danach. Nach diesem Ort, einem Platz, an den ich nach Hause komme und mich genauso fühle. Damit verbunden stellt sich mir unweigerlich die Frage: Ist dieses Gefühl zu wissen, wo man hingehört, ein Gefühl, das – wenn man es einmal entdeckt – für immer bleibt? Oder ist es unstet wie das Leben selbst? Unterliegt es dem Wandel, so wie es immer schon war und weiterhin sein wird?

Ich stelle mir noch weitere Fragen: Wie schaffe ich es, mir selbst ein Zuhause zu sein? Werde ich jemals nach Hause finden?

Ich weiß genau, da ist ein Ort. Ich weiß, da ist noch so viel Potenzial, das auf mich wartet, ausgekostet und gelebt zu werden. Ich weiß, es gibt einen Platz für mich in diesem Leben. Ich muss nur den Mut haben zu folgen und mich einzulassen. Das Wichtigste dabei ist, dass ich dabei keinen der Umwege auslasse. Wichtig ist, dass ich ruhig bleibe und mich nicht stressen lasse, nicht denke, dass mir die Zeit davonläuft oder es zu spät für den richtigen Weg sei. Das Nach-Hause-Zurückkehren bedeutet, Ruhe zu bewahren und mir jeden Tag vor Augen zu führen, jeden Tag aufs Neue in meine Mitte zurück-zukehren. Mich zu zentrieren, mich zu erden, meinen Kopf frei zu machen von allem Unrat. Genau das bedeutet, nach Hause zurück-zukehren und den Platz zu finden, nach dem ich so lange gesucht habe. Mich verloren zu fühlen hat damit zu tun, dass ich nicht bei mir bin und zu oft mit meinen Gedanken ganz woanders bin, bei Nebensächlichkeiten und Unwichtigem. Ich vergesse mich selbst und den Blick zurück zu mir selbst.

Das ist immer mein erster Schritt, um dorthin zu gelangen, wohin ich gehöre: Erdung, Besinnung, Ruhig-Werden. Einmal verinnerlicht, ge-lingt es mir immer wieder, diese Routine zu leben. Es war nicht einfach, diese Routine ins Leben zu rufen. Allein bis mir das große Ganze und alle Zusammenhänge bewusst wurden, hat es Jahre gedauert. Und ich konnte es auch erst erkennen, als ich losgezogen bin. Damit ich das schaffe, musste alles zusammenpassen. Der richtige Moment, die Chance und ein Mut, der groß genug war, um sich dem Unbekannten zu stellen und sich dem Lauf des Lebens zu öffnen.

Aber nun herrscht Klarheit darüber, dass der Wandel in meinen Gedanken, in meinem Herzen, in meinem Körper nur dadurch möglich wurde, weil ich aufmerksam genug war. Weil ich genügend Vertrauen aufbringen konnte – von ganz allein, ohne Zwang. Weil ich reif genug war. Weil die Chance, ganz zu werden, größer war als die Gefahr, mich selbst zu enttäuschen.

An dieser Stelle möchte ich dir einen entscheidenden Rat mitgeben: Verurteile dich niemals dafür, was du nicht gemacht hast, oder für die Chancen, die du liegengelassen hast. Die Erfahrung zeigt, dass die Chancen wiederkommen werden. Auch wenn es eine lange Zeit braucht, bis dies geschieht – sie werden wiederkommen. Denn vielleicht waren sie beim ersten Mal keine echte Chance, sondern die eine Weggabelung, an der du dich gegen diese Option entschieden hattest. Vielleicht unbewusst und vielleicht auch bewusst, wegen der Anwesenheit von Angst und der Abwesenheit von Mut. Was auch immer es ist, das dich unwohl stimmt: Lass nicht zu, dass dir diese – vor allem – vergangenen Momente deinen künftigen Weg steinig machen. Wenn damals schon nicht leicht, dann lass es wenigstens jetzt für dich leicht werden. Baue nicht auf die Verzweiflung aus der Vergangenheit, sondern schaffe dir ein Fundament aus Leichtigkeit und förderlichen Gedanken, baue auf eine gesunde Basis.

Das zweite wichtige Prinzip lautet, dich so oft wie möglich auszuprobieren und zu versuchen herauszufinden, was zu dir passt. Verweile dabei immer in deiner Mitte und lass dich nicht von deinen Gedanken auf den Irrweg führen. Lass die Zerstreuung und Verzweiflung darüber, nirgendwo bleiben zu können, nicht das kaputt machen, was du dir über Jahre schon aufbauen konntest. Bleib stark und stehe zu dem, was du geworden bist. Alles davon ist wichtig.

Spüre, dass du nach Hause zurückkehrst, wenn du ruhig wirst und es schaffst, deine Mitte zu finden. Dann wirst du dieses Gefühl, das du dir so sehnlichst wünschst, auch ganz schnell finden. Dann wirst du das Gefühl haben, nach Hause zu kommen – nirgendwo da draußen. Sondern ganz nah bei dir. Es liegt in dir. Dein Zuhause liegt in dir.

Nach Hause zu kommen erfordert Mut. Sei mutig.
Nach Hause zu kommen erfordert Durchhaltevermögen. Halte durch.
Nach Hause zu kommen erfordert Verständnis. Hab Verständnis für dich.
Nach Hause zu kommen erfordert Liebe. Immer wieder Liebe. Liebe dich, und die Welt liebt dich zurück.

TIPPS, UM DIR SELBST EIN ZUHAUSE ZU SEIN

♥ SEI LIEBEVOLL
Ein großes Geheimnis, das ich eines Tages entschlüsseln konnte, war, dass es sich so sehr lohnt, sich ausschließlich liebevoll zu begegnen. In der Begegnung mit anderen, doch vor allem mit uns selbst.
Rufe ein liebevolles Gefühl in dir hoch.
Halte dich in deinen Armen, drück dich liebevoll.
Sei sanftmütig im Umgang mit deinen Gedanken.
Sei liebevoll in deinen Taten für dich selbst.
Wähle liebevolle Worte für dich selbst.
Immer und überall, gehe durch die liebevolle Tür, um dir selbst zu begegnen.
Fülle dein Herz mit Liebe, bevor du es über dir ausschüttest.

Rücke »liebevoll« in den Mittelpunkt deines Alltags. Schaffe damit eine Routine.

Sie wird sich auch für dich lohnen.

♥ PFLEGE DEIN ZUHAUSE

Damit du dir selbst ein Zuhause sein kannst, muss es sich für dich gut anfühlen. Gut fühlt sich dann gut an, wenn es in Ordnung ist. Wenn man sich kümmert, Verantwortung übernimmt, dafür einsteht, es sauber hält, es pflegt.

Daher mein Tipp an dich: Kümmere dich um dein Zuhause.

Wohne so, dass du dich wohlfühlst. In einer ordentlichen, sauberen und verantwortungsvollen Umgebung.

Und halte auch in dir Ordnung. Übernimm Verantwortung für die Schubladen, die gerade unordentlich sind oder die du schon lange ignorierst. Kümmere dich darum, räume auf. Schaffe zur Not auch Platz.

Und pflege auch deinen Körper. Geh gut mit ihm um. Gib ihm gute Nahrung, gib ihm ausreichend Schlaf, ausreichend Wasser – Gott sei es gedankt, dass viele so privilegiert sind und nur den Wasserhahn aufdrehen müssen. Bewege deinen Körper in einem gesunden Maß und versorge ihn sonst mit allem, wonach er sich sehnt.

Übernimm Verantwortung für das Zuhause in dir und um dich.

Du wirst fühlen, welchen Unterschied es macht, wenn du dich darum kümmerst.

Du wirst dich viel mehr zu Hause fühlen, als du es dir momentan vorstellen kannst.

♥ SPIEGLE DICH

Spiegelarbeit ist so wertvoll: Stelle oder setze dich vor den Spiegel und schaue dich für einige Minuten »einfach« nur an. Versuche, dich nicht zu bewerten. Wenn Gedanken zu dem auftauchen, was du

gerade siehst, dann schieb sie ganz sacht weiter bzw. lass sie weiter-
ziehen. Sie wollen gerade sowieso nicht bei dir bleiben.

Komme aber immer wieder zurück zu deinem Spiegelbild. Betrachte
es – ohne zu werten, was du siehst. Sieh es nur.

Scanne dich überall. Blicke auf jede einzelne Körperstelle. Dabei
beginne ganz langsam, innerlich zu lächeln. Dieses Lächeln steigt
direkt aus deinem Herzen auf. Du hast eigentlich gar keine Ahnung,
woher es plötzlich kommt, doch es ist da.

Mit diesem Lächeln scanne dich und deinen Körper nochmal. Betrachte alles nochmal. Betrachte dich.

Beende die Übung in deinem Gesicht.

Dort zaubere dir nun ein äußeres Lächeln hervor.

Denke bei der Spiegelarbeit immer daran, wie du anderen Menschen
begegnen möchtest. Wünschst du dir nicht auch, dass sie dir mit einem
Lächeln begegnen? Gibt dir das nicht ein schönes Gefühl? Und darum
lächelst ja auch du, wenn du anderen Menschen begegnest.

Wieso solltest du dir selbst dieses Lächeln verwehren? Es bist du, die
das Lächeln als Allererstes verdient.

EIN ZAUBERHAFTER KATER

Dieser Tag, Tag drei in Nashville, startet träge und die Hochstimmung ist wieder gefallen. Aber es kann nicht jeder Tag gleich sein. Zumal noch ein kleiner Minikater hinter mir herläuft. Ich merke, dass mir heute auch etwas der Plan fehlt und es etwas ist, woran ich nicht gewöhnt bin und was mir Unbehagen beschert. Wen wundert's. Daher auch das Gefühl, etwas verloren zu sein.

Doch woher kommt eigentlich der Kater? Ich erinnere mich ...

Nach der Roof-Top-Bar bin ich doch noch an der Live-Band im Erdgeschoss der Bar hängengeblieben. Mit mir ein Cocktail. Später laden mich Charly und Tom an ihren Tisch ein. (Beim dritten Nicken in ihre Richtung habe ich mich dann doch fallen lassen und bin zu ihnen rüber. Ach, du liebe deutsche Manier ...). Gott sei Dank ist mir das gelungen. Sie kommen aus Boston und sind in Nashville, um Urlaub zu machen. Sie beide sind Ingenieure und Charly erzählt mir, dass ihr Vater – ebenfalls Ingenieur – eine wichtige Entwicklung für die Raumfahrt verantwortet. Wie aufregend!

Es sind zauberhafte Menschen. Wir reden, lachen, tanzen und verbinden uns an diesem so freigeistigen Abend. Alles brennt und alles leuchtet. Wir tauschen Nummern aus und ich darf mich jederzeit melden, sollte ich während meines Trips in Schwierigkeiten geraten. Und ich weiß, eines Tages werden wir uns wiedersehen.

Gegen halb zehn verabschieden wir uns und ich muss den Bus nehmen. Mein Handy ist tot und kein Ladegerät in Sicht. Dieses Abenteuer: Bushaltestelle ansteuern, warten, hoffen, dass noch ein Bus fährt, mitfahren – in ein Viertel, in dem gerne auch mal um sich geschossen wird (erzählt mir der Straßenbauwachmeister) – inmitten dunkler, im wahrsten Sinne des Wortes, Gestalten, als einzige weiße Frau. Es grenzt an ein Wunder, dass ich es heil nach Hause schaffe. Ich vermute, ich habe ein paar Schutzengel mehr als sonst. Bis ich dann endlich einschlafe, ist es Mitternacht. Ein langer Tag von fünf Uhr morgens und ohne Unterbrechung unterwegs.

Ich wache also um sechs Uhr morgens auf, träge und etwas verloren, weil ich keinen Plan habe, was ich heute genau machen möchte. Vielleicht liegt es auch am Wetter. Der Himmel ist bedeckt. Zum Frühstück marschiere ich drei Blocks, gemäß eindringlichem Ratschlag von Michel. Das Frühstück ist so lecker, ich schmelze mit ihm dahin!

Anschließend geht es mit dem Bus – bei Tag! – zurück in die Innenstadt, zum Music Square. Ich muss nochmal zu Studio B. Muss es nochmal spüren. Damit verbunden schlendere ich auch an allen anderen Recording Studios vorbei. Mittendrin in der Musikgeschichte – eine Erfahrung, die immer bleibt.

Dann ein Spaziergang durch den Campus der berühmten Vanderbilt University. Ich wusste gar nicht, dass sich diese in Nashville befindet. Jetzt weiß ich es umso besser. Nach einem kurzen Abstecher zum Parthenon überwältigt mich die Müdigkeit. Also back mit dem Bus, zurück zum Haus. Ich erledige noch ein paar Ladungen Wäsche, lese, ruhe, schlafe.

Ausgeruht und frisch geduscht geht's ins Wild Cow, das um die Ecke gelegen ist. Ein kleines Veggie-Restaurant, in dem ich die besten Linsen mit Reis meines Lebens esse. Es schmeckt himmlisch und die Bowl tut meiner Seele gut. Währenddessen entscheide ich mich kurzerhand doch noch für ein Ticket im Ryman, in dem an diesem Abend Morgan Wade spielt. Ich muss dort noch einmal hin und es zieht mich auch noch einmal in die Innenstadt. Ich habe wohl noch nicht alles erledigt. Los geht's – mit dem Bus! – ein letztes Mal!

In der Stadt spüre ich, wie ich immer noch müde bin. Doch diesen letzten Abend lasse ich mir nicht mehr nehmen. Denn ich weiß: Ich werde Nashville vermissen. Und momentan kann ich mir nicht vorstellen, was da noch kommen soll. Wird alles im Schatten stehen?

Verblasst alles neben Music City? »Nashville, Nashville!« Ich sage es mir immer wieder vor, um zu begreifen, dass ich wirklich hier bin. Und gerade wünsche ich mir, dass ich mit einem guten Freund hier bin, um das Gefühl zu teilen. Doch ich weiß, dass dieser Wunsch kommt und geht. Also lasse ich meine Gefühle auch kommen und gehen. Nur so kann alles an seinen Platz finden. Eben so, wie es sein soll. Gleichzeitig versuche ich sie zu lassen: meine Gedanken und mein schlechtes Gewissen, weil mein Genießen so viel Geld kostet, ich mir so viel leiste. Ich hoffe, dass es sich während der kommenden Tage legt. Ich werde es beobachten. Was mich am Ende nicht davon abhält, mir doch diesen weichen, flauschigen Hoodie als Andenken mitzunehmen. Er ist wirklich besonders, und er darf mit.

Zum Abschluss sitze ich im Ryman, genieße ein weiteres Mal live Country, bevor es am nächsten Tag nach Memphis, in die Heimatstadt von Elvis, geht. Ich weiß schon jetzt: Es wird emotional. Und wieder geht ein Schmerz …

WOHIN MIT ALL DEM SCHMERZ?

Zur Gruppe der Menschen zu gehören, die sich danach sehnen, einen Ort zu finden, an dem sie ankommen können, führt unweigerlich dazu, regelmäßig Seelenschmerz zu empfinden. Was unmittelbar mit der Frage verbunden ist, ob man verrückt ist. Bin ich verrückt, weil es mir schlecht geht, obwohl es offensichtlich gar keinen Grund dafür gibt? Doch gibt es auch das nicht Offensichtliche, das Verborgene, das in der Dunkelheit Liegende. Etwas, das andere Menschen nicht sehen können. Oder etwas, das andere Menschen sehen, aber wir selbst oft nicht. Etwas, das verdeckt schlummert und dennoch drückt. Es drückt auf die Seele und macht sie schwer. Je mehr Druck entsteht, desto größer wird der Schmerz, den wir empfinden. Und dann kommt der Tag, an dem wir nicht mehr weiterwissen und keine Ahnung haben, wohin wir all diesen Schmerz bringen können. Nur, um ihn von uns zu nehmen.

Da ich ein äußerst sensibler Mensch bin – ich denke, ich bin sogar hochsensibel –, brauche ich viel Raum für mich. Viel Ruhe darf es sein und auch viel Zurückgezogenheit, um alle Emotionen und Eindrücke zu verarbeiten und zu kanalisieren. In guten Zeiten ist das überhaupt kein Problem. Da wirble ich zu guter Musik durch den Raum, bin glücklich im Moment und mit mir selbst. Glücklich mit dem, was ich schaffe, und zufrieden mit dem, was gerade ist. Vermutlich siehst du dich eben in der gleichen Situation.

Geht es mir hingegen schlecht und der Druck ist so groß, dass er kaum auszuhalten ist, dass der Seelenschmerz mich fast um den Verstand bringt, weil ich ihn weder mit Worten noch mit Taten zu beschreiben vermag, dann kippt dieser Raum. Dann wird der Raum ebenso dunkel wie die Tiefe, aus der der Schmerz kommt. Dann wird der Raum träge, schwer, stickig und hinderlich. Dann bewege ich mich kaum und ziehe mir die Decke über den Kopf. Wenn ich aus der Decke herausluge, dann läuft ein Film nach dem anderen und auf dem Herd steht nur das Essen, das mir in dieser Zeit zum besten Freund wird. Für den Moment die allerbeste Möglichkeit, um mit meinem Schmerz klarzukommen. Allerdings bleibt es in den seltensten Fällen bei einer kurzen Distanz. Für gewöhnlich dauert dieses Klarkommen mehrere Tage bis Wochen. Ein Zustand, auf den ich schneller, als ich es mir wünschen kann, aus Sicht meines heutigen Ichs antworten möchte. Gleich, die Antwort folgt gleich. Eines noch: Dort »unten« lässt es sich gut leben. Da ist niemand, der einen stört oder einem in die Quere kommt. Es fühlt sich toll an – eine gewisse Zeit lang. Bisher ist es mir noch nicht häufig gelungen, diesen Zustand rechtzeitig zu erkennen, um Lebensverlust zu verhindern. Doch die Häufigkeit nimmt zu und ich freue mich darauf zu erleben, ob es ein ständiges Wachstum ist oder ein regelmäßiges Up and Down.

Und doch weiß ich heute schon – und das ist das Tollste –, wie dieses Spiel läuft. Ich habe die Spielregeln verstanden und mir ist klar, was mit mir passiert, wann immer der Schmerz auftaucht. Es bedeutet nicht, dass ich mich dem Schmerz nicht hingeben werde. Ich werde die Dunkelheit aufsuchen und mich verkriechen. Mit dem Unterschied, dass ich dort nicht die Verzweiflung suche, sondern die Klarheit.

Die Klarheit brauche ich, um zu erkennen, warum meine Seele ruft. Der Seelenschmerz weist mir den Weg zu einer ganz bestimmten Lösung: Ich darf achtsamer sein mit mir selbst und mit meinen Bedürfnissen, mit meinen Wünschen und mit meinen Zielen.

Was ich noch nicht hundertprozentig gefunden habe, ist die Alarmlampe, die aufleuchtet, wenn ich gerade wieder abdrifte. Gleichzeitig bin ich voll wundervoller Dinge, dass dies mit den weiteren Jahren der Entwicklung immer deutlicher wird. Zudem zeigt es mir, dass ich nicht vollkommen bin und meine Hausaufgaben zu erledigen habe.

Ich werde nie auslernen und ich werde immer wieder neue Themen finden, die mir fremd sind und die es zu erforschen gilt.

Bis dahin habe ich für mich entdeckt, dass es gut so ist, dass ich den Schmerz spüre, dass ich mir den Raum gebe und mir eine Pause gönne. (Das kommt bei mir wirklich häufig vor.) Es gibt so viel zu verarbeiten und auch das ist gut. Ich mache es auf meine Weise und das ist richtig. Ich lasse mich von niemandem davon abbringen. Nur von mir selbst lasse ich mich abbringen, wenn es wieder an der Zeit ist, den Lebensverlust zu vermeiden. Dann bringe ich mich zurück in die Spur und finde Klarheit. Und ich habe schon jetzt die Klarheit in mir, dass ich mir mit jedem Sonnenauf- und jedem Sonnenuntergang ein Stückchen mehr begegne. Was kann schöner sein?

Und am Ende gibt es noch etwas, das ich weiß: Was mir hilft, aus diesem dunklen Sog auszusteigen. Ich kenne meinen Anker, der mich zurückzieht in den Hafen aus Licht und Lebensfreude.

Es kommt darauf an, was du aus der Dunkelheit machst und wie du sie dir zunutze machst. Du gestaltest dir dein Zuhause und alle Rückzugsorte auf die Weise, wie sie dir dienlich sind. Du gestaltest sie, sooft du willst und wann du willst. Du gestaltest den Tag, an dem der Seelenschmerz groß ist. Du entscheidest, was dich dabei unterstützen kannst. Du entscheidest, wo du sein willst. Du entscheidest, was du brauchst. Du entscheidest, wen du brauchst. Du entscheidest über oberflächliche Dinge, wie die Lieblingsdecke oder die Tafel Schokolade. Du entscheidest über ideelle Faktoren, wie die Menge der Zeit, die du für dich sein willst. Du sollst aber auch darüber entscheiden, was dein Anker sein kann, der dich davor bewahrt, zu lange in deinem Schmerz zu verweilen.

Dazu ist es notwendig, dass du dich in den schmerzvollen Phasen so oft wie möglich beobachtest und mit der Zeit erkennst, was dich hochziehen kann. Es muss dein Bewusstsein dafür wachsen. Bei mir ist es Bewegung. Wann immer ich genug Schmerz zugelassen habe und die Erkenntnis aufscheint, dass es an der Zeit ist, an einer Lösung zu arbeiten, dann hilft mir, in die Bewegung zu gehen. Sei es körperlich durch Sport oder durch die aktive Veränderung meiner Situation. Auch das braucht Bewusstsein, was genau ich verändern möchte und wie es für mich weitergehen soll.

Wie du liest, kommst du an deinem Bewusstsein nicht vorüber. Es will trainiert werden, wenn es dir eine starke Stütze im Umgang mit deinem Seelenschmerz sein soll. Ist es stark wie deine Körpermuskulatur, kann es dich ausreichend stützen. Konzentriere dich darauf. Beschäftige dich mit deinem Bewusstsein und der Klarheit darüber, was wann mit dir und deiner Seele geschieht. Folge deinem Schmerz, denn er weist dir den Weg zur Lösung. Sich die Decke über den Kopf ziehen verlangt vermutlich danach, genau das Gegenteil zu tun (nachdem du ausreichend pausiert hast). Dann liegt die Lösung vermutlich darin, aufzustehen, rauszugehen und deinem Leben zu begegnen, anstatt die Augen davor zu verschließen.

Folge deiner Seele in die Dunkelheit, folge dem Schmerz. Genau dort liegt die Freiheit verborgen. Du musst durch den Schmerz hindurch, um die (Er-)Lösung zu finden.

TIPPS, UM DEIN BEWUSSTSEIN ZU TRAINIEREN

♥ ÄRGERLICHE MOMENTE

Mir wurde das Bewusstsein besonders durch die Momente greifbar, in denen ich verärgert oder wütend war. Es ist ein ziemlich einfacher Tipp und gleichzeitig so schwierig. Doch wenn du es dir einmal klar vor Augen geführt hast und damit gearbeitet hast, dann wird es leichter werden.

Die Situationen, in welchen die anstrengenden Emotionen in dir arbeiten, das sind die Situationen, die dir am meisten zu erzählen haben. Vielleicht sind es Werte, die von den deinigen abweichen. Oder es sind Menschen, die nicht mehr mit deinen Werten harmonieren. Oder es sind Menschen, die deine Grenzen überschreiten, was du, ohne es zu wissen, zulässt. Oder es sind Aufgaben, die du längst nicht mehr erledigen möchtest. Oder es sind Augenblicke, in welchen du dich über dich selbst ärgerst, weil du reagiert hast, wie du eben reagiert hast.

Fakt ist, die Momente, die dich aus deiner Balance bringen, das sind genau die richtigen Momente, um dein Bewusstsein zu trainieren. Es geht hier darum, aufmerksam zu werden. Nicht mehr, aber auch nicht weniger. Es geht um die Aufmerksamkeit.

♥ WERTE LERNEN

Werte sind etwas, das dich so gut dabei unterstützt, bewusster zu werden und insbesondere ein erfülltes Leben zu führen. Denn nur wenn du deine Werte kennst – den Wert deines Lebens –, kannst du überprüfen, ob sie erfüllt sind oder nicht. So kannst du dich aufmachen, um deine persönlichen Werte kennenzulernen. Finde heraus, was dir am Herzen liegt, was für dich wertvoll ist und was dir viel Energie verleiht. Das kann die Natur sein, das kann Ehrlichkeit sein, ausreichend Ruhe, ein sauberes Zuhause, immer frische Blumen auf dem Tisch, ein liebevolles Miteinander, die aufrichtige Kommunikation, Disziplin, Herzlichkeit, Kreativität, jede Menge Freiraum. Es gibt so viele Werte, mit welchen du deinen Wertekompass erstellen kannst. Ein Wegweiser, der dir stets die Richtung zu einem erfüllten Leben zeigt. Doch du darfst sie erst einmal kennenlernen, deine Werte. Damit es dir leichter fällt, können dir folgende Kategorien dabei helfen, jeweils drei Werte zu bestimmen: du selbst, Familie und Freunde, Beruf und Arbeit, Körper und Gesundheit, Freizeit sowie Umwelt und Allgemeinheit. Aus allen Werten priorisiere die fünf dir wichtigsten. Und dann arbeite mit diesem

Kompass. Natürlich darf und kann dieser sich immer wieder ändern. Je nach Lebenssituation und -phase. Bleib hier einfach offen.

♥ DU SELBST BIST ES

Du liest richtig! Du selbst bist das Bewusstsein. Es muss nicht erst zu dir kommen. Es ist bereits da. Es ist nicht ein Warten auf etwas, das eintritt. Es ist ein Lauschen auf etwas, das längst zu dir spricht. Setzt du dich nach einem ereignisreichen Arbeitstag in deinen Lieblings-sessel, dann höre zu, wenn dein Selbst dir erzählen möchte, wie es diese oder jene Situation wahrgenommen hat. Was ist im Gespräch mit einem Kollegen passiert? Wie erging es dir danach? Welche Re-aktion, welche Emotion oder welche Verhaltensweise hatte dies zur Folge? Das sind alles Fragen, die dir dein Bewusstsein beantworten kann. Es erfordert deine Zeit und deinen Mut, dich diesem Gespräch zu stellen. Bewusstseinsarbeit darf unangenehm sein, darf dich durch die Mangel drehen. Doch je mehr du es versuchst, desto mehr wirst du den Beweis dafür bekommen, dass du davon profitierst. Weil du dann kein weiteres Mal in dein altes Muster zurückfallen und dem Kollegen unangebrachtes Kontra geben wirst. In dem Moment, in dem du in einer dir bekannten Situation anders denkst, fühlst und handelst, in diesem Moment hast du dein Muster durchbrochen und bist einen Schritt weiter.

AB NACH HAUSE

Der letzte Morgen in Nashville. Einerseits freue ich mich nun wieder auf Neues. Andererseits hält mich hier auch etwas. Vielleicht, weil ich ein Stück meines Herzens hierlasse. Gleichzeitig denke ich, dass es mit der Weiterfahrt auch mit der Reiselust wieder nach oben geht – heute würde ich nämlich am liebsten nach Hause fliegen. Doch ich halte an meinem Weg fest. Und so geht es gleich auf nach Memphis, Tennessee. Ich habe Angst. Weniger eine Furcht als eine Beklemmung vor dem, was ich dort erfahre und spüre. Es ist spannend zu beobachten, welches Ziel mir welche Emotion offenbart. Let's see, how Memphis is having me ...

WIESO FÜHLT SICH ALLES SO LEER AN?

Nicht zu wissen, wo man hingehört – und das eine sehr lange Zeit –, ist eng mit dem Gefühl der Leere verknüpft. Oder lasse es mich anders erklären. Du weißt, du hast in deinem Leben viel Gutes und vieles erreicht, du weißt, du kannst glücklich sein. Du schließt die Augen, um dieses Gefühl heraufzubeschwören, und es kommt: nichts. Es regt sich nichts in dir. Dieses Empfinden von Dankbarkeit, verknüpft mit Freude und einem herzlichen Lachen – nichts.

Genau jenes Gefühl ist es auch, wenn ich mich an die Suche nach diesem Ankommen erinnere. Es geschieht nichts. Kein Empfinden, das mir den Weg nach Hause weist. Nicht einmal Negatives zeigt sich, geschweige denn etwas Gutes. Alle sprechen davon: »Du musst Fülle empfinden!« Aber ich empfinde es einfach nicht. Es ist eine große Leere in mir und ich habe keine Ahnung davon, wie ich diese ausfüllen soll und vor allem, womit. Ich habe doch keinen Schimmer davon, wohin ich gehöre. Wie also kann ich die Antwort finden, woraus meine Fülle gemacht ist?

Es fühlt sich grau an, staubig, diesig, hoffnungslos. Da ist nichts, was mich aus dieser Leere führen kann. Nur ich und diese Situation, dass ich eine große Leere in mir spüre. Resultierend aus der Erkenntnis, dass ich andere Sichtweisen in mir trage, andere Interessen, andere Werte und dass mir der Sinn nach etwas anderem steht als meinen Mitmenschen. Wem vertraue ich mich denn an, wenn niemand sonst auf meinem Weg wandelt?

Heute frage ich mich schon, wie ich es all die Jahre ausgehalten habe, so zu leben. Natürlich konnte ich mir damals keine Antwort geben, denn ich war mir meines »Zustandes« ja überhaupt nicht bewusst. Ich hatte keinen Vergleich und auch keine Ahnung davon, dass ich auch anders leben kann – anders leben darf. Dass es eine Tür gibt, durch die ich hindurchgehen darf und hinter der andere Empfindungen warten. Und dass es danach noch eine weitere Tür gibt, hinter welcher noch schönere Gefühle bereit sind, von mir eingesammelt zu werden. Nein, dieses Bewusstsein hatte ich weder im Kindes- noch im Teenager-Alter. Noch hatte ich es in den Zwanzigern. Es gab nun mal keinen Lebensanleiter, der an meiner Haustüre klingelte, als ich 17 war, um mir mitzuteilen, dass ich ab sofort doch besser mit mehr positiven Vibes durch den Tag gehen sollte. Also war diese Leere normal und ich kannte nichts anderes.

Doch dann kommt mir ganz langsam die Erkenntnis. Mir dämmert, dass das nicht so gemeint sein kann – dieser stupide Gefühle hervorbringende Alltag.

Ich persönlich habe viele meiner Erkenntnisse in meinem Glauben gefunden. Dieser Glaube hat sicher nichts mit Religion oder Konfession zu tun. Es ist mein ganz eigener, gewachsener Glaube, den ich aus vielen verschiedenen Bausteinen erschaffen habe. Die Bausteine kommen aus meiner Erziehung, aus meiner Bildung, aus meiner Familie, von meinen Freunden und am allermeisten und als allergrößter Baustein aus der Natur. Daraus schöpfe ich viel Kraft, generiere ich jede Menge Erkenntnisse und finde ich Halt.

Was hat das nun mit der Leere zu tun, fragst du dich sicherlich. Selbstverständlich lasse ich dich das wissen und schlage hier unmittelbar die Brücke. Lass uns dazu nochmal zu meinem Weg zurückkehren. Auf diesem Weg wandle ich, Anja, und ich habe es lange Zeit nicht gesehen: Ich selbst kann dieser Mensch auf meinem Weg sein, dem ich Vertrauen schenke und der mir zuhört. Ich selbst bin dieser Mensch, der meinen Lebenssinn begreift, der meine Werte versteht und der die gleichen Interessen wie ich hegt. Ich sollte, ja ich muss diesem

Menschen einmal zuhören, wenn er davon spricht, wo der Quell seiner Fülle liegt. Er kann mir sagen, wie es sich anfühlt, wenn man mit Fülle durchflutet wird. Also liegt meine einzige Aufgabe darin, zuzuhören, zu lauschen, und dazu muss es ruhig werden, muss ich ruhig werden. Dann erhellt sich die Umgebung, wird von grau zu bunt, bewegt sich von diesig zu klar, wird frisch und saftig. Liegt es nicht jetzt schon auf der Hand, dass nur daraus Fülle entstehen kann? Und dann lasse ich mich sprechen und hänge meinem Ich an den Lippen. Was es mir zu sagen hat, wirft mich regelrecht um.

Es sind keine Meisterschaften zu gewinnen, keine Schlachten zu schlagen, keine Monumente zu bauen, kein Olymp zu erklimmen und keine Schätze zu bergen. Es braucht weder große Lehren noch noch größere Meister. Ich allein kann es für mich beantworten. Meine Fülle ist die Liebe. Diese Fülle kostet nichts und ist doch von unschätzbarem Wert. Diese Fülle liegt mir ohne Umwege direkt zu Füßen. Diese Fülle ist so leicht greifbar und doch so schwer zu fassen. Also ist die Antwort auch die Zeit. Das mag zwar auf den ersten Blick demotivierend klingen, aber es hat auch sein Gutes: Ich kann mir so viel Zeit lassen, wie ich möchte, denn die Liebe wird nie weg sein, sie wird mir immer zu Füßen liegen. Wann immer ich bereit dazu bin, greife ich zu.

Na, dann greife ich zu und nehme sie mir zu Herzen, diese Liebe, die mir zur Fülle verhilft und die mein Leben plötzlich bunt anstreicht. Ich beginne damit, alles an mir dem Spiegel der Liebe zu präsentieren. Dabei kommen auf den Prüfstand Körperteile, Mimik, Gestik, Denkmuster, Verhaltensweisen, Reaktionen und Aktionen, Hab und Gut und Glaubenssätze. Und ich warte auf Antworten. Manche bekomme ich schnell, ja manche Seiten an mir liebe ich schon bedingslos. Andere wiederum muss ich viele hunderte Male vor den Spiegel halten, bis ich am Ende höre: »Du bist die Schönste im ganzen Land!« Und auf manche Antworten warte ich noch heute. Aber ja, es braucht Zeit, doch ich bin sehr zufrieden damit, wie weit ich schon gekommen bin und dass ich dem Blick nicht mehr ausweiche. Sondern dass ich hin-schaue und erkenne, mit jedem liebevollen Blick, den ich mir schenke, schenke ich mir die Fülle. Ich schenke mir den bedeutendsten Ersatz für meine Leere: Ich schenke mir Liebe. Diese Fülle wird nichts und niemand jemals ersetzen können und darum werde ich mich nie wieder leer fühlen.

Vermutlich kannst du dir schon denken, was ich dir an dieser Stelle nun mitgeben möchte. Ja, es ist die Liebe. Zuerst ist es die Liebe von mir zu dir. Ich öffne mein Herz ganz weit und lasse sie fließen. Ohne Zögern, ohne Unterlass und in rauen Mengen. Und wenn du das Gefühl hast, vor Liebe längst überzulaufen, dann lass ich sie noch etwas mehr strömen. Du wirst niemals genug davon haben. Wozu also sollte ich damit aufhören, dir unendlich Liebe zukommen zu lassen? Ich denke nicht im Traum daran. Du wundervoller Mensch, du einzigartige Seele – du darfst vor Liebe überquellen und du darfst dich darin köstlich fühlen, geliebt und wie etwas ganz Besonderes. Denn genau das bist du!

Ich würde lügen, wenn ich mit meiner Gabe der Liebe nicht auch ein nützliches Ziel verfolge. Mein Ziel ist es, dass du, indem ich dir ganz viel Liebe zusende, davon angesteckt wirst. Dass du umhüllt und sogar durchdrungen wirst von dieser so schönen Energie. Indem ich dir zeige, dass ich dich liebe und dich schätze, kommst du hoffentlich ganz schnell auf den Geschmack. Du möchtest es nicht mehr missen. Und du hast vielleicht Lust dazu, es selbst auszuprobieren. Dir selbst das zu geben, was du am allernötigsten brauchst, wenn du dich wieder einmal leer fühlst.

Was hältst du davon, wenn wir es einfach gemeinsam machen? Doppelt hält in diesem Fall tatsächlich besser. Je mehr Liebe du empfängst, desto erfüllter wirst du dich fühlen. Je öfter wir das gemeinsam machen, desto öfter wirst du es auch alleine für dich machen. Du wirst dich vor den Spiegel stellen und auch einmal ein Auge zudrücken können. Du wirst mal ein Schmunzeln für dich übrig haben und beim nächsten Mal sogar schon ein Lächeln. Du wirst dich ein wenig drehen, dich näher inspizieren. Es werden Gedanken durch deinen Kopf ziehen, die dich daran erinnern, dass du doch gar nicht so übel bist. Heiße diese Gedanken mehr als alles andere willkommen und lade sie unbedingt zu einem zweiten und dritten Besuch ein. Wiederhole es, sooft es dir danach ist, doch auch gerne so oft wie möglich.

Es ist die Liebe, die deine Leere fühlt. Vergiss das nicht und behalte dir diesen Satz wie ein kleines Mantra im Geist und im Herzen. Du findest darin schnell Hilfe, wenn es brennt, und du findest darin ein langfristiges, äußerst stabiles Fundament, auf das du ganz groß bauen kannst.

Es ist die Liebe, die dich trägt, wenn du wieder einmal in die Leere stürzt und das Gefühl hast, dass alles verloren ist – dass du verloren bist und du nirgendwo mehr Halt findest.

Es ist die Liebe, zu der du jederzeit sprechen kannst, zu deiner Stimme in dir, wenn du dunkle Zeiten durchlebst und im freien Fall jegliche Orientierung verlierst.

Ja, es ist die Liebe, die dazu da ist, deren einzige Aufgabe es ist, in Momenten, in denen du dich einfach nur leer fühlst, jede einzelne Nische in dir zu füllen. So lange, bis du wieder auf die Beine kommst, bis du wieder bei dir selbst, auf deinem Weg und bei deinen Vorhaben ankommst. Sie wird dich führen.

Was ich dir also mitgeben möchte, ist Folgendes: Schaue dir zu, betrachte dich. Gib dir ausreichend Zeit, bis das Schmunzeln hochkommt. Hab Geduld, bis sich die Wärme in dir ausbreitet, weil du etwas an dir gefunden hast, woran du dich orientieren kannst. Halte durch, bis sich das Lächeln zeigt. Es zeigt dir den Weg nach Hause.

Es zeigt dir den Weg zu deiner Liebe für dich selbst. Und es zeigt dir, wo ganz viel Fülle ist.

Dabei vergiss nie: »Perfektion ist nicht dann erreicht, wenn man nichts mehr hinzufügen, sondern wenn man nichts mehr weglassen kann.« (Antoine de Saint-Exupéry)

– Du bist doch schon ganz!

TIPPS, UM FÜLLE SPÜREN ZU KÖNNEN

♥ DEN REICHTUM UNTERSCHEIDEN

Damit du die Fülle in deinem Leben spüren kannst, musst du sie für dich erst einmal definieren. Auch kann es dienlich sein, wenn du lernst, den Reichtum zu unterscheiden. Was ist für dich wahrer Reichtum? Ist es etwas Ideelles oder etwas Materielles? Bist zu zufrieden und glücklich, wenn dein Bankkonto gefüllt ist, oder immer dann, wenn dich möglichst viele Freunde am Tag anrufen? Wärst du genauso glücklich, wenn du beides hast? Oder eines davon niemals? Auch hier geht es darum, Soll und Ist miteinander abzugleichen. Wie möchtest du dich erfüllt fühlen, wenn du nicht weißt, womit das Leben dich füllen soll? Demnach ist es wichtig, dass du deine Fülle-Indikatoren kennenlernst.

Im nächsten Schritt kannst du prüfen, wie sehr sie erfüllt sind. Ich habe mal von einer Frau gelesen, dass für sie wahre Fülle ist, wenn sie sich eine Schale Himbeeren gönnt. Du siehst, Fülle muss nicht im Großen und Üppigen passieren. Fülle können wir und kannst du auch in den kleinen Dingen wahrnehmen. Alltägliche Dinge, die für gewöhnlich unbewusst an dir vorbeiziehen.

♥ DIESE EINE SACHE

Dieser Tipp kann dir als Folge vom vorhergehenden Tipp helfen. Wenn du einmal weißt, welche Dinge dir das Gefühl von Fülle vermitteln, dann kannst du – wieder einmal – Schritt für Schritt vorgehen und dich auf diese eine Sache konzentrieren. Die Schale Himbeeren zum Beispiel. Oder was auch immer es ist, das dich ganz werden lässt und dich durch und durch erfüllt. Ein Vollbad, das du dir einmal in der Woche gönnst. Das Essen mit Freunden einmal pro Monat. Die Sonne, die dir ins Gesicht scheint. Ein ausgiebiger Waldspaziergang, der dich zurück zu dir selbst führt. Es gibt so viele Möglichkeiten. Sie sind so unbegrenzt wie das Universum und so einzigartig wie du. Such du dir diese eine Sache aus, aus der du aus dem Vollen schöpfen kannst und bei der dir das Herz aufgeht. Hast du sie gefunden, dann versuche dabei dein Herz möglichst lange offen zu halten, atme tief ein und aus, behalte diese eine Sache fest im Blick, in Gedanken, im Herzen – und spüre, wie du dich nährst und wie du dich auffüllst. Und noch ein kleiner Tipp hinterher: Es zeigt sich häufig als wärmendes Gefühl in deiner Bauchgegend oder als verstärkter Herzschlag.

♥ IM AUGE DES BETRACHTERS

Wenn du auf Erkundungstour zu deiner Fülle bist, dann lass dich nicht von anderen Menschen oder Dingen ablenken oder dich davon beeinflussen, wie es sein sollte. Fülle liegt im Auge und auch im Herzen des Betrachters – in diesem Fall in deinem. Dort, wo du Fülle erkennst, ist es längst uninteressant für andere Menschen. Dort, wo du dich ergriffen fühlst, sind es andere Menschen noch lange nicht. Deine Fülle siehst nur du. Die Himbeeren – erinnere dich.

Wichtig ist immer: Was dein Auge sieht, das darf dann den Weg zu deinem Herzen finden. Du wirst es spüren, wenn du dir deine richtigen Fülle-Indikatoren ausgewählt hast. Auch, wenn du entsprechend deinen Werten suchst und findest.

EIN ABSCHIED MIT WIEDERKEHR

Die Anreise nach Memphis verläuft reibungslos. Wenn auch mit starker Müdigkeit. Was sich auf dieser Reise als grundlegender Zustand zu offenbaren scheint. Ziel Nummer eins in Memphis ist Graceland. Ich biege rechts ab, parke den Audi und finde mich zurecht. Bis zur Tour habe ich eine gute Stunde Zeit. Dabei schaue ich mir verschiedene Ausstellungen über den King an. Aber eigentlich warte ich nur auf den Besuch seines Hauses. Ich bin über alle Maßen aufgeregt und ich fasse es nicht, was gerade passiert. Ich bin wahrhaftig an dem Ort, an dem Elvis lebte und an dem er am glücklichsten war. Sein Haus, das er mit allem, was er hatte, beschützte. Mein Herz fasst es kaum. Dieser Ort, diese Geschichte, diesen Menschen und seinen so außergewöhnlichen Auftrag hier auf Erden. Ich weiß nicht, was genau es ist, das mich so an Elvis fesselt. Aber ich hoffe, dass es mich irgendwann wieder loslässt, mich freigibt und ich es verarbeiten kann.

Ich frage mich, wie kann ein Mensch so viele Facetten leben. Aus so ärmlichen Verhältnissen stammen. Milliarden von Platten verkaufen. Einen Hit nach dem anderen produzieren, so humanitär und hilfsbereit sein, so begeisternd, zielstrebig. Und auch so verschwenderisch, Luxus- und Ruhm-orientiert sein. Er realisierte den amerikanischen Traum. Er kämpfte für seine Musik – mit großem Erfolg. Eine begnadete Stimme, ein großartiger Produzent. Doch immer am glücklichsten in seinem Zuhause – in Graceland. Er gab es nie auf. Er hielt daran fest und wählte im Gegenzug den goldenen Käfig. In Graceland lebte und liebte er und war dem am nächsten, was für ihn der Traum seines Lebens war.

So stehe ich also am Grab dieses Menschen und fühle seine Präsenz. Als wäre er nie gegangen. Und ich spüre um die Wahrheit im Slogan: Elvis lebt. Er ergreift mich. Zu gern würde ich seine leibhaftige Präsenz spüren. Einmal mit ihm durch seinen Meditationsgarten wandeln und über den Sinn des Lebens und seine Musik sprechen. Eine Musik, die meine Seele berührt. Vielleicht hätte er mir auch gezeigt, wie man auf der Bühne stark auftreten kann. Es wäre jedenfalls eine Begegnung zweier Seelen gewesen, die suchend sind. Ein Privileg für alle, die mit Elvis leben durften.

Dieser Tag ist so aufregend. Es passiert alles wirklich und mein Gehirn spielt alles tausendfach durch. Ich begreife es noch immer nicht. Hopefully one day. Nach dieser Achterbahnfahrt der Gefühle schlendere ich nochmal durch die Ausstellung und versuche mich Stück für Stück zu verabschieden. Es fällt mir nicht leicht. Dennoch erreiche ich erleichtert das Hostel. Ein friedlicher Ort. Ein Zimmer ganz für mich. Kurze Orientierung und ich gehe im Viertel noch etwas essen. Schade, dass ich so müde bin. Es ist ein lauer Freitagabend mit Live-Musik. Aber ich kann mich kaum noch auf den Beinen halten.

Menschen wie du und ich, die sich mit dieser Frage herumschlagen, wohin zur Hölle wir nun gehören, rollen bei diesem Thema nur mit den Augen. Wir sollen unser Herz öffnen. Ja, genau! Das ist es, was ich tun möchte, aber ich habe absolut keinen Schimmer davon, wie es gehen soll. Wir und auch ich sind doch in die absolut entgegengesetzte Richtung unterwegs.

Ich wühle mich durch den Dreck, schlage mich durchs Gebüsch, grabe nach Wasser und versuche mich am Feuermachen. Ich bin so sehr damit beschäftigt, in meinem eigenen Brachland etwas zu finden, was mir Halt gibt und mir auf irgendeine Weise Indizien liefert. Hinweise, dir mir helfen, mit mir und meinen Leben klarzukommen. Immer in dem Wissen, dass all die anderen Menschen in meinem Leben ein glückliches, erfülltes und zufriedenes Leben führen.

Ich sag's dir, dieses Eremitendasein ist Fluch und Segen zugleich. Ich liebe es doch, allein für mich zu sein und meinen Lebens-Forschungen nachzugehen. So viel Zeit für meine Gedanken und das Spiegeln meines Bewusstseins. Keiner, der da reinredet und mich unterbricht. Niemand, der mich in meiner Melancholie stört. Niemand, der mich schief anblickt, weil ich gerade nicht in Stimmung bin. Keiner, der mich aus dem Haus scheucht, um etwas zu unternehmen.

Ja richtig – niemand. Keiner.

Da frage ich mich doch, ist es dieses ständige Suchen überhaupt wert, dass ich nie an einen Ort komme, an dem ich mich ausruhen und anlehnen kann? Bringt es mich weiter, immer von allen losgelöst zu sein? Es ist mir vor Kurzem bewusst geworden: Ich tu mir so unendlich schwer, mein Herz auszuschütten. So sehr versuche ich es zu schützen. So sehr verkrampft ist es. Dieses erste Wort zu sprechen, diesen ersten Satz. Meistens kommt dann: »Ich weiß nicht, wo ich anfangen soll.« Dabei liegen verstreut tausend Stränge, die danach schreien, angepackt und verbunden zu werden.

Und hier kommt die Herausforderung. Hier braucht es Unterstützung und Offenheit. Genau hier darf ich genau diese Richtung einschlagen.

WIE ÖFFNE ICH MEIN HERZ?

Soweit ich mich zurückerinnern kann, war ich am glücklichsten, wenn ich allein für mich spielen, arbeiten und unterwegs sein konnte. Ich war sicher. Ich konnte mein Wesen ins Freie befördern und es tun lassen, was es wollte. Wann immer ich in Gesellschaft war, war ich still. Ich war zurückhaltend. Leise. Ich sagte eher weniger als mehr. Ich stand immer etwas am Rand oder eben außer Sichtweite. Immer mit der Möglichkeit, möglichst schnell verschwinden zu können. Das alles ganz besonders, wenn fremde Menschen anwesend waren. Und wenn es mal in die andere Richtung ging, dann war ich überzogen anders, aneckend. Eher die Rebellin. Das kam eher weniger vor und mein kleines Ich wusste sicherlich, weshalb. Denn wenn ich auffällig war, dann konnte ich sicher davon ausgehen, hierfür einen Stempel zu kassieren. Mein sogenannter Dickkopf sei es, der mich aus der Reihe tanzen ließe. Was bin ich froh, dass ich es heute besser weiß!

Doch damals und viele Jahre, die darauf folgten, konnte ich das nicht sortieren. So blieb ich zurück mit einem schlechten Gefühl, einem miesen Gewissen und einem gewissen Stigma an mir. Dass das mein Selbstvertrauen nicht unbedingt stärkte, muss ich nicht weiter erklären.

Je mehr ich also bewertet wurde, desto mehr zog sich mein Herz zurück und schützte sich selbst. So wurde ich erwachsen und trug dieses kostbare Ding gut behütet in mir. Nichts ahnend, dass es mit jedem Schritt eine Schutzschicht mehr bekam. Bei schmerzhaften Erfahrungen sogar eine doppelte. Schmerzhaft setze ich gleich mit kleinen Sticheleien bis hin zu gebrochenen Herzen. Ja, schön einwickeln, dieses kräftige und doch so empfindsame Organ. Es ist mein überlebenswichtiges Organ, ohne das ich nicht am Leben sein kann. Ob es gut war, dass ich, andere und die Zeit es so derartig abschotten?

Schade, dass man nicht schon in jungen Jahren erkennt, wohin dieses Sich-Zurückziehen führt. Sondern erst einige Jahrzehnte Leben durchwandert werden müssen, bis es Klick macht. Ich hoffe sehr, dass es bei dir eher früher als später Klick macht.

Mein Herz weiß von Tag eins, wohin es gehört. Aber sein Herz zu schützen, resultiert aus der Prägung. Ein Problem unserer Gesellschaft, unserer Konstitutionen, unserer historischen Verstrickungen. Dabei geht es nicht um Schuldzuweisung, sondern darum, dass man seinen Weg versteht und dadurch auch die Herausforderungen, die einem im Jetzt gegenüberstehen.

Heute frage ich mich, wie ein derart vakuumiertes Herz überhaupt atmen kann und welche Folgen, ja eventuell auch Schäden es genommen hat. Heute habe ich aber auch eine ultrawichtige Erkenntnis gewonnen: Nie zu wissen, wo man hingehört, kann daran liegen, dass man sich nicht traut, sich zu öffnen und Verbindungen zu schaffen.

Nur in Verbindung können wir leben. Ohne Verbindung gehen wir ein. Wie das Netzwerk aller Lebewesen haben auch wir das Bedürfnis oder vielmehr den Bedarf, angeschlossen zu sein. Als ewig Suchende unterwegs zu sein kann nicht unser Ziel sein und kann auch nicht mein Ziel sein. Ich möchte eine Findende sein. Und etwas zu finden, braucht weitere Fixpunkte. Sei es da draußen an einem Baum, der mir Antworten gibt. Sei es bei einem anderen Menschen, der mir ein schönes Gefühl gibt. Sei es am anderen Ende der Welt, an dem ich meine verloren geglaubte Würde wiederfinde. Sei es in mir selbst, wo ich Halt finde. Dieser andere Punkt, den ich finde, dieser Punkt stellt die Verbindung her. Damit ein Seil gespannt werden kann, muss es sich mit einem Ende lösen, um auf der anderen Seite angebunden werden zu können. Eine Seite muss sich öffnen.

Ich muss mich öffnen, mein Herz öffnen, um einen Punkt zu finden, der mir Anbindung vermittelt und an dem ich festhalten kann. Dann kann ich Halt finden, mich selbst finden – an einem Punkt, an den ich gehöre.

Um dich zu finden, musst du andere finden. Dadurch kommst du in Kontakt. Dadurch kannst du festhalten. Dadurch kannst du aber auch wieder loslassen. Beides ist wichtig. Durch beides kannst du herausfinden, was das Richtige für dich ist.

Gleichzeitig darf auch dein Glaube an die Größe deines eigenen Herzens wachsen. Du darfst erkennen, wie wertvoll du bist und wie stark deine Herzenskraft ist. So wirst du auch Kraft finden, um dein Herz für andere zu öffnen.

Gib dir die Power und die Erlaubnis, in die Größe deines eigenen Herzens hineinzuwachsen. Spüre diese große unendliche Macht in dir. Eine Macht, dich und alles miteinander zu verbinden. Eine Macht, die dir ermöglicht, dich überall auf dieser Welt angebunden zu fühlen. Immer dann, wenn du dein Herz öffnest und die Welt hereinbittest. Lass dich von der Energie der Gemeinschaft mittragen, dich emporheben und surfe auf dieser Welle des Glücks. Denn genau dieses Glück ist es, das dir das Gefühl gibt, wo hinzugehören.

TIPPS FÜR DEIN OFFENES HERZ

♥ MUTIG GENUG SEIN

Um dein Herz öffnen zu können, brauchst du ein kleines bisschen Mut. Denn ein offenes Herz ist immer auch offen dafür, verletzt zu werden. Hältst du es stets verschlossen, bist du auf der sicheren Seite. Doch damit niemals auf der Seite, auf der du die Wunder des Lebens erfährst. Diese erlebst du immer dann, wenn dein Herz weit offen ist. Um dir quasi ein Herz zu fassen, um dein Herz zu öffnen, kannst du dich mit dieser Tatsache anfreunden. Es ist eine tägliche Entscheidung dafür oder dagegen, ob du das wahre Leben spüren möchtest oder nicht. Triff jeden Tag und immer wieder die Entscheidung, mit welcher Intensität du eine bestimmte Situation erleben möchtest und was du bereit bist, dafür zu geben.

Es nicht ein Hinnehmen dessen, was in deinem Leben passiert, sondern eine ständige mutige Entscheidung, die allein du treffen kannst.

♥ VOLLE BEREITSCHAFT

Sein Herz zu öffnen, braucht volle Bereitschaft. Neben der bewussten Entscheidung, mutig zu sein und es zu öffnen, musst du dich auch bereit dazu erklären. Das ist auch eine Art Entscheidung. Doch nicht immer ist man bereit dazu, sein Herz zu öffnen. Sei es aus weniger guten Erfahrungen in der Vergangenheit, sei es aus Prägungen in unserer Kindheit, sei es aus karmischen Überresten. Du weißt am besten, wann dein Herz lieber verschlossen bleiben soll.

Es bedeutet, dass du immer diejenige sein wirst, die die Bereitschaft dazu offenbart, das Herz zu öffnen. Mit diesem Tipp möchte ich allerdings mitgeben, dass du lieber einmal mehr als weniger bereit dazu sein solltest. Die Chance, die Erfüllung zu finden und zu leben, ist immer größer als das Risiko, verletzt zu werden. Auch wenn du es noch so oft wurdest. Zeige die Bereitschaft immer wieder neu. Denn aus eigener Erfahrung weiß ich auch, dass am Ende eines Lebens die Reue darüber, es nicht gewagt zu haben, meist sehr viel größer ist als die Sicherheit, die man im jeweiligen Moment empfindet, in dem das Herz verschlossen bleibt.

♥ VISUALISIERUNG

Die Herzöffnung kannst du sehr gut trainieren, indem du sie dir vorstellst. Dazu schließe deine Augen und atme einige Mal tief ein und aus oder eben so lange, bis du das Gefühl hast, ruhiger zu werden, und sich deine Konzentration auf den Moment legt.

Dann lass vor deinem inneren Auge ein Herz entstehen. Das kann direkt vor dir sein. Alternativ kannst du dich auf dein Herzorgan konzentrieren. Schau hier, was sich für dich besser anfühlt.

Nähre dieses Herz, indem du auch hier noch einige Male fokussiert atmest.

Nun spüre, wie dein Herz im aktuellen »Zustand« kommuniziert. Welche Gefühle kannst du wahrnehmen? Fühlst du dich leicht, bedrückt, kraftlos oder energisch? In welchem Zustand fühlst du dich selbst? Nimm so gut wie möglich wahr, wie es dir geht.

Hast du ein umfassendes Bild davon bekommen, dann stelle dir als Nächstes vor, wie sich ein Tor mit zwei Flügeln in deinem Herzen öffnet. Diese Öffnung darf gerne Zeit in Anspruch nehmen. Beobachte es einfach.

Ist das Tor weit offen, dann lass alles fließen, was geschieht. Vielleicht kommen Bilder hoch oder Gesichter und Namen von Menschen. Vielleicht hast du eine Vision von etwas in der Zukunft. Worauf auch immer sich dein Herz einstellt, gehe mit.

Und im letzten Schritt geht es darum zu überprüfen, welche Gefühle nun hochkommen.

Fühlst du einen Unterschied?

FEELING LOST

Heute Morgen der Aufbruch zum Arcade – dem ältesten Restaurant in Memphis, seit 1919 –, in dem auch Elvis früher häufig zugegen war. Es hat noch immer den Style von damals und ich liebe es. Dann geht es mit dem alten Trolley (Straßenbahn) und zu Fuß zum Sun Studio. Das Studio, in dem Elvis seine allererste Platte aufnahm: 1953 für Mama Gladys zum Geburtstag. In 1954 dann die Platte »That's allright Mama«. Der Durchbruch. Das Studio ist toll. Ich stehe genau dort auf dem Fleckchen Vinyl, auf dem er stand. Ich halte exakt das Mikrophon, das er hielt, und bin ein weiteres Mal eingenommen von seinem Wesen. Er hat so sehr dafür gekämpft, bis sein Erfolg ihm recht gab. Die Führung ist kurzweilig, spannend, faktenreich und ich bin glücklich, auch diesen historischen Ort gesehen zu haben. Du gabst dein Leben der Musik, du großartiger Mensch.

Zurück nach Downtown Memphis. Es steht das Lorraine Motel an. Der Platz, an dem Dr. Martin Luther King erschossen wurde. In diesem Memphis steckt so viel Historie. Man kann es in jeder Straße spüren. Auch durch die vielen niedrigen Gebäude lässt sich der Spirit von damals erahnen. An vielen Ecken steht die Zeit noch still und auch hier stelle ich mir vor, wie Elvis als junger Mann durch die Straßen fuhr. Er lässt mich einfach nicht los. Und ich weiß heute, während ich diese Zeilen schreibe, dass es auch noch etwas dauern wird, bis sich dieser Geist löst.

Das Motel wurde unmittelbar nach dem Attentat auf Dr. Martin Luther King geschlossen und ist heute ein Museum. Man sieht am Gebäude gegenüber, von welchem Fenster der Schütze seinen Schuss abfeuerte – das Attentat-Fenster. Grauenhaft, dieses Verbrechen. Warum müssen die Besten wahrlich immer jung sterben? Dies ist auch ein Ort mit starker Energie. Memphis ergreift mich auf eine viel tiefere Art als Nashville.

Weiterschlendernd finde ich mein Wunschmitbringsel: einen Country-Hut. Ich schlendere zum Mississippi und in eine Bibliothek – um mich von der Schwüle zu erholen. Dort sitze ich, bis es weitergeht in Richtung Beale Street – das Herz von Memphis. Auf dem Weg dorthin wird mir eines klar: Ich weiß, welches Gefühl mich in dieser Stadt bedrückt. Diese Stadt, so beeindruckend sie auch ist, sie ist so leer ohne den King. Es fehlt etwas, ein Gefühl, als würde alles und jeder die Luft anhalten. Bis er mit seinem Cadillac wieder um die Ecke cruist. Die Stadt fühlt sich ein wenig nach einer Geisterstadt an, ohne ihren berühmtesten Sohn. Noch einmal in dieser Stadt sein, im Jahr 1954. Meine Seele ruft nach diesem Jahrzehnt. Doch warum auch immer, ich bin jetzt auf dieser Welt. Warum? Ich komme der Antwort immer näher.

Beale Street. Diese Straße killt mich. Hier fallen alle meine Zweifel bezüglich meiner »nicht perfekten« Figur über Bord. Ich fühle mich frei. Sicher. No matter what I am looking like. Es tut so gut. I am feeling lost but I wanted to stay much longer.

WELCHE HILFE BRAUCHE ICH?

Was mich am allermeisten beschäftigt, ist die Frage danach, wer mir denn in all meinem Wirrwarr und all meinen Unklarheiten helfen kann. Wen kann ich befragen und konsultieren, um Antworten zu bekommen? Ich habe absolut keine Ahnung, wer das sein kann. Wovon ich jedoch sehr viel Ahnung habe, ist die Gewissheit, dass ich es mit jemandem teilen muss. Ich muss meine Gedanken loswerden und darüber sprechen. Ich brauche Erfahrungswerte, altes Wissen, neue Erkenntnisse. Es muss da draußen doch jemanden geben, dem es genauso ergeht wie mir – dieses ständige Suchen.

Ich habe Phasen, da zerreißt es mich innerlich beinahe. Die Unsicherheit, die unbeantworteten Fragen dehnen sich so sehr aus, dass es weh tut. Es sind sehr schwere und dunkle Phasen in meinem Leben. Meine Strategie, auf die ich mich tausendfach verlassen kann, greift: Rückzug, Schweigen, Essen. Das kenne ich und das nutze ich selbstverständlich auch. Nur liefert mir diese Strategie keine Antworten. Das weiß ich zum jeweiligen Zeitpunkt natürlich nicht. Ich weiß es jetzt. Damals aber war es das Einzige, das mich ... ich möchte nicht sagen: überleben ließ, das wäre zu extrem. Aber es hielt mich im Alltag aufrecht. Diese Strategie war der einzige Energielieferant, um den Tag meistern zu können.

Also weit davon entfernt, von außen Hilfe zu bekommen, manövrierte ich mich so gut wie möglich selbst durch die verlorenen Täler in meinem Leben – ohne Antworten. Doch immer weiter auf der Suche nach jemandem oder etwas, das mir dabei hilft, mich dorthin zu führen, wohin ich gehöre. Auch wenn ich nicht einmal sagen konnte, wie genau diese Hilfe aussehen soll. Ich wusste nur, ich brauche einen Anker, um nicht für immer verloren zu gehen.

Es ist gut möglich, dass ich all die Jahre zu weit über den Horizont hinausgeblickt habe. Den Blick dorthin gerichtet, die Augen mit der Hand gegen die Sonne abgeschirmt, sehnsüchtig, dass dort hinten irgendwo das ersehnte Rettungsschiff erscheint und mich endlich von meiner einsamen Insel holt.

Und wie ich aus Erfahrung inzwischen weiß, ist es zwar immer gut, den Weitblick nicht zu verlieren. Doch ist es am wichtigsten, den Blick vor die Füße und den nächsten Schritt zu richten – im Hier und Jetzt sein und erkennen, was gerade am bedeutsamsten ist.

Mit jedem Mal, in dem das Schiff am Horizont nicht erscheint, wird es deutlicher: Da wird niemand kommen. Dieser Ozean gebührt mir allein. Diesen Ozean muss ich allein bewältigen. Ich verstehe! Also stelle ich mir die Frage: Kann ich mir selbst helfen?

Ja! Ja! Und ob ich kann! So klar bin ich zwar nicht unmittelbar, doch mit der Zeit kommt die Klarheit an die Oberfläche. Wie eine Rettungsboje, die für eine lange Zeit sehr tief unter Wasser gedrückt wurde, durchbricht sie eines Tages die Wasseroberfläche, schießt in den Himmel, gemäß allen physikalischen Gesetzen. Sie bahnt sich ihren Weg in die Freiheit und treibt nun ganz gemächlich vor sich hin. Genauso klar bin ich im Hinblick auf die Hilfe, die ich benötige.

Ich helfe mir ab sofort selbst! Ich baue mir aus allem, was mir auf meiner Insel zur Verfügung steht, ein Rettungsboot und paddle in die Freiheit. So easy und so lustig das auch klingen mag, es ist genau das, was ich brauche, um weiterzukommen.

Easy ist es natürlich keineswegs. Das ist mir bewusst und ich denke, dir auch. Doch ich kenne mich und weiß, alles, was ich mir in den

Kopf setze und in der phänomenalen Verbindung zu meinem Herzen steht, kann nur funktionieren. Es besteht kein Zweifel und es existieren keinerlei Gedanken, dass es schiefgehen könnte. Deutlich vor Augen, dass ich mir selbst die beste Hilfe bin in meiner Suche nach dem Ort, an den ich gehöre, beginne ich damit, meine Erkenntnisse in die Tat umzusetzen.

Eines kann ich dir garantieren: Du kannst dir viele Monate und Jahre der Suche nach Hilfe sparen und stattdessen schlichtweg eines tun: dir selbst helfen.

Wenn du dich jetzt fragst, wie genau diese Hilfe aussehen kann, möchte ich dir einen Teil davon ans Herz legen:

VERGIB DIR!
Vergib dir für alles, wovon du glaubst, dass du es nicht richtig machst.
Vergib dir für alles, das du getan hast und nie wieder machen wirst.
Vergib dir für alles, das du getan hast und immer wieder machen wirst.
Vergib dir für die schwachen Tage.
Vergib dir für die Tage, an denen du nicht so nett zu anderen warst.
Vergib dir für die Tage, an denen du vor allem nicht so nett zu dir selbst warst.

Diese Liste könnte ich ewig fortführen. Am besten ist es, wenn du alle weiteren Punkte für dich selbst findest und sie ergänzt. Denn die Vergebung ist die beste Hilfe, die du dir auf deiner Suche geben kannst.

Wann immer dir schwer wird ums Herz und du traurig bist, dich alleingelassen fühlst, du zornig bist, weil du einfach nicht vorwärtskommst, du gefangen bist in deinen Wünschen und Erwartungen und es keinen Ausweg gibt. Wann immer du über viele Felsen klettern musst, dir dabei das Knie aufschlägst und fluchst. Wann immer du aneckst und über unnachgiebige Dinge stolperst, wann immer du nicht damit umgehen kannst und nicht so (re)agierst, wie du es dir vorgenommen hast. Wann immer du bei allen anderen die Schuld finden möchtest. Wann immer du fernab von dir selbst handelst, denkst und fühlst: Vergib dir!

Diese Vergebung weckt ein tiefes Verständnis für dich, deine Verletzlichkeit und vor allem für deine Menschlichkeit. Du wirst weich und liebevoll im Umgang mit dir selbst. Dein eigenes Meer wird still und somit auch klar. Du wirst besser sehen und besser verstehen. Du wirst besser hören, was du brauchst, und du wirst dir von Verständnis zu Verständnis näher kommen. Bis am Ende der letzte Schritt sein wird, ganz und gar bei dir zu sein. Und das ist doch die Erfüllung, nach der du strebst. Dann wirst du dich annehmen und du wirst erkennen, dass du gar nicht so weit entfernt davon bist, anzukommen.

Also auf deiner Reise hin zu deinem Ort, zu deinem Zuhause, lerne dir selbst zu vergeben. Für all das, was deiner Meinung nach nicht so gut an dir und in deinem Leben ist. Vergib und du wirst die negative Energie auflösen sowie die positive in dein Leben einladen. Und was brauchst du mehr als eine ordentliche Portion Energie, um dir dein Rettungsboot zu bauen?

TIPPS, UM DIR SELBST ZU VERGEBEN

Um dir selbst vergeben zu können, braucht es aus meiner Sicht drei wesentliche Werte, die in einem aufblühen. Das sind Liebe, Güte und Verständnis. Ist es schon eine wesentliche Aufgabe, diese Energien anderen zukommen zu lassen, so ist es erst recht eine Aufgabe, sie dir selbst zu schenken. Doch ich finde, nun ist es endgültig an der Zeit, dass du dir dieses Geschenk machst.

♥ 1. LIEBE

Die Liebe. Schon in der Bibel steht, dass sie die größte unter den dreien ist. Auch hier möchte ich diese Stärke zuallererst erwähnen. Die Liebe in dir selbst zu säen, sie zu pflegen und sie groß werden zu lassen – das ist etwas, das dein Leben von Grund auf ändern wird. Sobald es dir gelingt, die Liebe in dir aufblühen zu lassen, wirst du spüren, was es heißt zu leben. Doch wie kommt diese Liebe zu dir?

Etwas, das mich auf meinem Weg ununterbrochen dabei begleitet hat, war, meine Gewohnheit zu ändern. Und es war tatsächlich ein Kraftakt für mich als alte Zweiflerin und Schwarzseherin (man glaubt kaum, dass ich in allem auch immer das Positive sehen kann).

Jedenfalls ist der Schlüssel zu meinem Liebesglück der, dass ich mich immer und immer und immer wieder darauf besinne, den Pfad der Liebe zu wählen. Oder den Kanal. Oder das Sprachrohr. Oder das Fenster. Schau, welche Metapher sich für dich am besten eignet. Betrachte dich selbst, und wenn du so weit bist, auch gerne andere – oder andersherum, wenn dir das leichter fällt – in Liebe. Frage dich dabei: Was würde die Liebe sagen?

Und du wirst dich nach und nach damit anfreunden, dein Leben in Liebe zu leben.

♥ 2. GÜTE

Die zweite große Stütze auf deinem Weg, dir selbst zu vergeben, ist die Güte. Sie wird dir helfen, dich zu fragen, wie andere dir begegnen sollen. Möchtest du von deinen Mitmenschen lieber beschimpft werden oder doch lieber Freundlichkeit spüren? Sollen sie dir mit missmutigem Gesicht entgegentreten oder dich mit Wohlwollen empfangen? Ein rauer Umgangston oder ein offenes Herz – was spricht dich mehr an?

Und genauso, wie du dir die Begegnung mit anderen wünschst, so darfst du dir selbst begegnen. Die Gutmütigkeit zu kultivieren ist etwas, das so viel mehr Leichtigkeit und Freude in dein Leben bringt. Gütig zu sein ist etwas, das so häufig übersehen wird. Und doch so mächtig ist. Güte ist eine Tugend, die in deinem Herzen groß werden darf. Erkenne sie als Nachsicht mit dir selbst, die du immer dann anwendest, wenn dir eine bestimmte Sache, eine Unterhaltung, eine Aufgabe absolut misslungen ist. Setze dir dafür einen Reminder, der dich daran erinnert. Das kann ein Gegenstand sein, ein Kalendereintrag, z. B. einmal in der Woche, ein Bild, ein Foto oder ein Tattoo – das du dir eh schon längst hast stechen lassen wollen. Lass so die Güte groß werden und zu einer festen Routine in deinem Leben.

♥ 3. VERSTÄNDNIS

Die dritte fundamentale Komponente ist das Verständnis. Vielleicht rollst du jetzt mit den Augen oder denkst dir: »Oh Mann, das weiß ich ja eigentlich.« Gut, dass ich dich nun nochmal daran erinnern kann. Denn Verständnis, meine Liebe, ist so bedeutend auf deinem Weg zur Vergebung. Denn wenn du nicht verstehst, was deine Beweggründe und die Trigger sind, die deinen Taten und Handlungen zugrunde liegen, wie sollst du dann verstehen, wie du deinen Weg gehst?

In einem sehr wertvollen Buch, in dem es um Schattenarbeit geht, habe ich gelesen, dass in jedem von uns ein Mörder steckt. Allein dieser Satz hat mir so sehr die Augen dafür geöffnet, dass Verständnis unabdingbar ist. Es mag dir im ersten Moment verwerflich vorkommen, einen Mörder verstehen zu wollen. Doch zu verstehen, dass dieselbe Weiche auch in dir existiert und dass es oft nur eine Nuance ist, die darüber entscheidet, ob du als Mörder lebst oder ob du als gütiger Mensch durchs Leben gehst – diese Erkenntnis ist überwältigend.

In jedem Schritt erkennen zu können, warum man ihn geht, wird dein

Leben verändern. Auch in jedem Schritt deines Gegenübers darfst du dieses Verständnis finden.

Mag sein, dass du nicht immer alles durch und durch verstehen wirst, doch das darf dich nicht davon abhalten, es zumindest zu versuchen. Damit fest verknüpft ist die Gewohnheit des Urteilens. Und an diesem Punkt beginnt deine Veränderung. Wann immer du über dich selbst urteilst, weil du etwas nicht in der dir vorgenommenen Zeit erledigt hast, weil du vielleicht nicht einmal damit begonnen hast und du dir lieber eine Auszeit von allem genommen hast – dann stoppe diese destruktive Routine und ersetze sie durch dein Verständnis. Beginne damit, zu verstehen, warum du gehandelt hast, wie du eben gehandelt hast. Findest du die Antwort nicht in deinem Kopf, dann höre auf dein Herz. Was wollte es tatsächlich, als es dich in die Auszeit schickte? Findest du die Antwort nicht in deinem Herzen, dann höre auf deinen Körper. Ist er müde und war nicht fähig, noch weitere vier Stunden zu ackern? Findest du die Antwort nicht in deinem Körper, lausche deiner Seele. Möchte sie längst einen ganz anderen Weg einschlagen, als immer nur im Hamsterrad gefangen zu sein? Befrage dein gesamtes System – es wird dir antworten.

Brauchst du noch eine Hilfestellung für das Unterbrechen der Routine? Blättere zurück zu den TIPPS für dein Bewusstsein.

MITTEN IM STURM

Während der Fahrt von Memphis nach Natchez wird mir ganz deutlich bewusst, dass ich so ein langweiliges Leben führe. Es passiert in meinem Alltag nichts, was annähernd meiner Kreativität, meiner Passion und meiner Leidenschaft entspricht. Und ich will verdammt sein, wenn ich jetzt nicht all das dort hineinlege und mich darauf fokussiere, was mich erfüllt, mir Energie gibt. Es wird sich etwas ändern, das weiß ich und das spüre ich. Es muss sich nur noch in mir zeigen und offenbaren.

Der letzte Abend in Memphis war übrigens superaufregend. In der Beale Street. Bevor ich in den Uber steige, der mich zurück zum Hostel bringt, durchquere ich noch einmal die Straße und besuche eine Fotoausstellung eines sehr bekannten Fotografen der Stadt, der die lange Geschichte der Rassentrennung, Musik und vieles mehr mit seinen Bildern dokumentierte. Es ergreift mich ein weiteres Mal und ich weine um all die Seelen, die leiden mussten und müssen. Eine wirklich unbegreifliche Geschichte. Diese letzte Berührung dieser Straße werde ich nie vergessen. Zurück im Hostel, gerade rechtzeitig vor dem Gewittersturm, lese ich mich in den Schlaf.

Am 16. April 2023 breche ich sehr früh auf, denn eine lange Strecke wartet auf mich. Ich möchte mich nicht von Elvis' Zuhause verabschieden. Eine letzte Fahrt vorbei an Graceland, dann ein trauriges »Goodbye« in Worten und in meinem Herzen. Die Fahrt voller Sehnsucht dauert sieben Stunden, inklusive einer Stunde Pause in Vicksburg – etwas essen, vor der letzten Stunde Fahrt nach Natchez. In dieser Stunde komme ich durch den Ort Rolling Fork. Nachdem ich anfänglich fleißige Müllsammler identifiziert habe, wird mir mit jedem Meter, den ich durch diesen Ort fahre, mehr bewusst: »Das sind keine Müllsammler, das war der Tornado.« Rolling Fork ist die Stadt, die während eines schweren, außergewöhnlichen Tornados im

März 2023 am schlimmsten getroffen wurde. Was ich sehe, trifft mich mitten ins Herz. So ein Schlachtfeld habe ich noch nie gesehen. Es ist grauenhaft, diese Zerstörung zu erleben. Aber es ist Zufall, dass ich durch diesen Ort fahre. Oder muss es so sein?

IM STURM DES LEBENS GEHT ES DARUM, MITTENDRIN ZU
STEHEN – IM AUGE.

A DAY TO REST

In Natchez und im Bed & Breakfast angekommen, bin ich sehr erschöpft, traurig, müde. Vom wenigen Schlaf, von der langen Autofahrt, von den vielen Emotionen. »Heute heitert mich nichts mehr auf«, denke ich mir. Ich lese noch einige Stories zu Elvis, um das Verarbeiten anzukurbeln. Es scheint zu wirken. Ich verfalle in ein Nickerchen.

Wieder wach, wieder bei Sinnen, um zu begreifen, wo ich bin. Das Haus ist wunderschön gelegen. Direkt oberhalb des Mississippi River. Daher lässt es sich auf der Terrasse wunderbar aushalten. Dort bleibe ich auch, bis die Sonne untergegangen ist. Das Highlight: eine weitere Begegnung der besonderen Art. Die Eigentümer des Hauses, in dem ich wohne, sind gerade auch hier und heißen mich so herzlich willkommen, wie es mein müdes Herz an diesem Tag nur vertragen kann. Es heilt. Es soll an diesem Abend genauso sein. Eine Schicksalsbegegnung. Es ist das Haus der Großeltern von Eric und er ist dort aufgewachsen. Jetzt, wo beide in Rente sind, können sie, sooft sie wollen, herkommen und ihre freie Zeit genießen. Was für ein Glück! Gemeinsam genießen wir den Sonnenuntergang und unterhalten uns über alles Mögliche. Barbara drückt mir noch Stadtpläne in die Hand – und ein Bier. Sie sieht, dass ich es gebrauchen kann. Durch diese Begegnung etwas beruhigt und beseelt, gehe ich schlafen.

Der Morgen danach ist ruhig, entspannt und ich spaziere zum Frühstücks-Spot. Das Klima ist wundervoll und ich genieße diesen unglaublich sonnigen und erholsamen Tag. Er tut gut nach all den Menschen der vergangenen Woche. Ich bin sehr dankbar. Diese Stadt ist so schön. Die Geschichte ist an jeder Ecke greif- und sichtbar. So viel Zeit, die uns etwas zu erzählen hat. An jeder Ecke eine große Villa aus den Millionärstagen vor dem Bürgerkrieg. Die Einwohner von Natchez tun alles, um die Geschichte zu erhalten. Man spürt ihr Glück. Und nochmal: Das Klima ist herrlich, weich, warm und klar. Ein wundervoller Ort, um die Seele zu klären und das Herz zu füllen.

WANN ERREICHE ICH DAS ENDE DES TUNNELS?

Es ist gerade ein paar Tage her, dass ich mit meiner Mama darüber sprach, welche Zeiten denn nun für mich kommen würden. Sie meinte, ich hätte harte Jahre hinter mir. Klar, es gibt Menschen, die trifft es wesentlich härter. Doch locker flockig leicht war mein Weg bis hierher auch nicht wirklich. Ich erinnere mich an kein Jahr, das einfach mal so dahinzog, ohne dass ich irgendwelche Brocken hinter mir herziehen durfte. Meistens waren dies emotionale, seelische Brocken. Doch sind das nicht die schlimmsten von allen?

Jedenfalls gilt für mich Jahr für Jahr das Credo, es wird Licht am Ende des Tunnels kommen. Nur noch einmal durchhalten. Nur noch einmal durch diese dunkle Zeit hindurch. Ein bisschen noch aushalten, dass sich die Schulden auftürmen. Es wird eine Zeit kommen, in der ich den Zenit überschreite, ich bin sicher. Nur noch ein einziges Mal durch den schlimmsten Liebeskummer meines Lebens, einmal noch akzeptieren, dass der Mensch, in den ich verliebt bin, mich nicht möchte. Noch ein bisschen durchhalten, dann kommen die Aufträge und ich entferne mich vom Existenzminimum. Nur noch einmal etwas Neues wagen, alles zurücklassen, alles aufs Spiel setzen, um meinem Herzen und meinen Leidenschaften zu folgen. Nur noch einmal verzweifelt, mutlos und depressiv unter der Bettdecke liegen. Morgen kommt ein neuer Tag und es wird werden. Noch ein letztes Mal alle Kraft zusammennehmen, lächeln und der Welt begegnen – auch wenn ich innerlich am Zerbrechen bin. Einmal noch geduldig sein und hoffen, dass sich das Leben von seiner leichten und freundlichen Seite zeigt.

Bis dahin ist es ein weiteres ewiges Tappen im Dunkeln. Wo soll dieses vielbesagte Licht denn nun sein? Inzwischen frage ich mich schon, ob ich vorübergelaufen bin – daran vorbei? Habe ich es tatsächlich übersehen? Hatte ich keine Ahnung, dass das Licht bereits gewesen ist? Kann man das Licht übersehen? Ich bin mir, ehrlich gesagt, nicht sicher. Ein Tunnel ist doch eine Röhre, in der es wenig Spielraum nach links und rechts gibt. Ich kann doch nur geradeaus gehen, immer weiter. Wie konnte ich es also schaffen, daran vorbeizugehen?

Inzwischen weiß ich es besser. Man könnte vermuten, dass ich immer die Augen verschlossen hielt, um ja in der Dunkelheit sein zu können. Weil es sich ja doch irgendwie sicher anfühlt, Gewohnheit ist. Und wer mich kennt, der weiß auch, dass ich gerne in der Dunkelheit unterwegs bin. Es könnte somit durchaus sein, dass ich das Licht überhaupt nicht finden wollte. Doch wer will schon sein ganzes Leben im Tunnel und im Dunkeln verbringen? Das wäre selbst für mich zu viel.

Doch lass mich dir eines verraten: Du kannst selbst, wenn du an der Oberfläche bist, am Tag über eine Wiese wanderst, selbst dann kannst du dich in einem Tunnel befinden. Ich löse mich somit los von der Konstruktion selbst und verändere meine Perspektive. Ich breite meine Schwingen aus und erhebe mich wie ein Adler hinauf in die Lüfte, um mir das Bild »des Tunnels« von dort aus anzusehen, es auf mich wirken zu lassen und um die Situation ganz neu zu bewerten.

Siehe da, was ich von oben aus der Luft sehe, ist gar nicht so schlimm, wie es sich anfangs anfühlte. Ein anderes Mal erkenne ich, dass ich mich nur ein klein wenig abseits meines eigentlichen Weges befinde. Ein weiteres Mal wird mir bewusst, dass so viele andere Menschen um mich herum sind, die mir eine Laterne entgegenstrecken, sodass ich nur zugreifen muss. Und beim nächsten Mal sehe ich plötzlich das, was mich über alle Maßen begeistert und was mich aus meinem Tunnel für immer erlösen wird.

Von weit oben sehe ich das schwache Flimmern in mir selbst. Etwas, das wie eine kleine Leuchtquelle erscheint. Kann das möglich sein? Ist in mir etwa Licht? Aus meiner Perspektive aus höchster Höhe gleite ich etwas tiefer hinab und versuche ein klares Bild davon zu bekommen, worum es sich hierbei handelt. Und Tatsache, es ist ein kleines Licht in mir. Wie konnte ich es all die Jahre übersehen und hoffnungslos durch die Tunnel stolpern! Da ist etwas in mir, das mir Wärme, Licht und Zuversicht schenkt, und ich habe es die ganze Zeit missachtet.

Doch heute weiß ich, es ist das Leuchten in mir, das ich zulassen muss, um meine anspruchsvollen und herausfordernden Wege meistern zu können. Es ist ein Licht, das ich groß werden lassen darf. Es ist das Strahlen, das den Pfad vor mir erhellt und mich führt. Ich brauche kein Licht am Ende des Tunnels, um zu wissen, wohin es geht. Ich brauche schlichtweg nur meinem inneren Leuchten zu folgen. Es ist hell genug, um stets die nächsten möglichen Schritte vorzugeben. Und mehr braucht es nicht. Alles, was ich wissen muss, liegt direkt vor mir. Die Chance, es zu greifen, liegt in jedem einzelnen Moment. Kein sehnsuchtsvolles Blicken nach vorne in die Zukunft. Ein vertrauensvolles Blicken direkt vor die Füße und in mich hinein. Der richtige Moment, um den Schalter umzulegen, der das hellste Leuchten in mir entfacht.

Bitte, ich bin mir sehr bewusst, dass ich eines Tages sinnbildlich wieder am Eingang eines Tunnels stehen werde. Diese Zeit wird definitiv kommen. Denn neben dem Licht muss auch die Dunkelheit existieren – damit beide existieren können. Mit dem kleinen Unterschied, dass ich beim nächsten Mal den Schalter in mir umlegen kann, um mein eigenes Leuchten zu entfachen, das mich durch diese schwere Zeit führen wird. Ohne stets darauf zu hoffen, dass das Licht am Ende des Tunnels doch irgendwann einmal erscheinen wird.

Für dich wird es immer wieder Momente geben, in welchen du keinen Ausweg mehr siehst. Zeiten, von denen du glaubst, dass sie dich immer noch mehr in die Dunkelheit führen anstatt hinaus ans Licht. Genau in diesen Phasen erinnere dich daran, dass nichts ausweglos ist. Du kannst dich ebenso hinauf in die Lüfte begeben und deine Perspektive wechseln. Du kannst aus dir herausgehen, eine andere Position einnehmen und deine Situation von neuem betrachten. Gibt es wirklich keinen Weg heraus aus deiner Misere? Ist da wirklich keine andere Möglichkeit? Oder erkennst du aus deinem anderen Blickwinkel die eine oder andere Lösungsmöglichkeit, die dich weiterführt, hinaus aus dem Dunkel? Die Perspektive zu wechseln kann dir immer wieder dabei helfen, dich aus der Enge zu befreien. Es kann dir das Gefühl geben, dass du noch immer handlungsfähig bist und dein Leben lenken kannst.

Behalte dir immer als kleine Notiz, ob das nun in deinem Geldbeutel ist, an deinem Armgelenk oder in deinem Herzen: Was sehe ich aus einer anderen Perspektive? In jedem Fall wird es dir einen neuen Horizont eröffnen und du wirst dadurch beflügelt, nach neuen Ideen und kreativen Auswegen zu suchen.

Damit dir das gelingt, ist eine weitere Sache unabdingbar und wird dich auf deinen hell erleuchteten Weg führen: Blicke nicht wie ich in die Zukunft, um das erhoffte Licht am Ende des Tunnels zu finden. Trachte nach dem Moment. Erkenne ihn direkt vor dir und besonders dann, wenn du dich verloren fühlst. Genau dann erinnere dich daran:

Steige hoch hinauf und wechsle deine Perspektive.

Erkenne, was sich verändern kann.

Und dann kehre zurück in den Moment und finde genau dort genau das, was du brauchst.

In den meisten Fällen wirst das du selbst sein. Finde im Moment, in dir selbst das Licht. Es ist immer da. Du brauchst es dir nur zu nehmen und deinen Weg auszuleuchten.

Du findest es immer im Moment.

TIPPS, WIE DU DICH AUS DEM TUNNEL BEFREIST

♥ EINE GEDANKENREISE MACHEN

Wie schön, nun dürfen auch einmal unsere Gedanken die Hauptrolle spielen. Und du wirst dabei sehen, wie mächtig sie sind. Vielleicht kannst du dich in Momenten daran erinnern, in welchen du weniger produktive Gedanken produzierst. Dass sie auch hier ganz schön mächtig sind und dich in die entsprechende Richtung schieben.

Für diese Übung sollst du dir allerdings die schönen Gedanken auswählen. Wenn dich der Tunnel zu erdrücken droht, es dir zu eng wird, du einfach nur ausbrechen willst – es gerade aber (noch) nicht geht, sondern du noch ein Stück zu gehen hast, dann male dir die schönsten, buntesten und wildesten Gedanken aus. Sie bringen dich an einen Ort, an dem du aus ganzem Herzen glücklich bist. Einen Platz, an dem du völlig entspannt sein kannst. Ein Weg, der dich zur Ruhe kommen lässt. Eine Aktion, die dir Frieden schenkt. Eine Sache, die dich vor Freude lachen und strahlen lässt. Etwas, das dich tief im Herzen berührt. Genau diese Gedanken lässt du groß werden, du lässt große Bilder dazu entstehen. Kreiere dir so viel Weite, Freiheit und Leichtigkeit, wie du nur brauchst. Es sind deine Gedanken, hier gibt es keine Grenzen und du kannst in ihnen »baden«, solange du möchtest und solange es dir Kraft gibt. Wenn du dabei die Augen schließt, dann intensivierst du deine Bilder und deine Erfahrung noch. Mit dem Atem kannst du in deine Gedankenreise ein- und aussteigen. Er hilft dir stets, dich auf deine Absicht zu fokussieren.

♥ PERSPEKTIVE WECHSELN

Wenn wir durch einen langen Tunnel gehen, dann kann das mit der Zeit ziemlich anstrengend werden. Wir warten immer – und dabei erinnere ich mich tatsächlich an eine Fahrt durch einen langen Tunnel –, bis am Ende der Lichtkegel auftaucht, und wir wissen, dass nach der nächsten Biegung der Ausgang auf uns wartet. Doch es gibt Tunnel, die beinahe unendlich sind. (Der Gotthard-Tunnel ist beinahe 60 Kilometer lang!)

Das heißt, wir benötigen noch die eine oder andere Strategie, damit wir es hindurchschaffen. Ablenkung zum Beispiel. Da hilft die Gedankenreise. Oder es kann dir helfen, wenn du die Perspektive wechselst. Finde in deinem Durchhalten eine Sichtweise, die dir dabei hilft. Möglicherweise kann es für dich auch ganz gemütlich sein. Oder du fühlst dich für eine gewisse Zeit geborgen und geschützt – vor den Blicken anderer, vor der Welt, vor all den Reizen, die draußen auf dich warten. Ein Tunnel kann dir eine Verschnaufpause bieten, wenn du einmal nicht gesehen und gehört werden willst, wenn dir nach Rückzug ist. Oder der Tunnel nimmt dir die Notwendigkeit zur Entscheidung ab, wohin du gehen sollst – denn er leitet dich auf einem vorbestimmten Weg. Der Tunnel ist dein Freund, nicht dein Feind. Er umschließt dich mit Wohlwollen, er umfängt dich, lässt dich in einer schweren Zeit nicht los, gibt auf dich Acht.

Es ist an dir. Welches Bild sich dir auch immer zeigt und welche Sichtweise du auch immer einnehmen möchtest. Versuche es in den Augenblicken, wenn du das Gefühl hast, dass es dir zu viel wird. Wechsle dann die Perspektive.

♥ IN DEN MOMENT KEHREN

Im Moment sein ist so kraftvoll, dass es dich aus jedem Loch zieht, in dem du dich gerade befindest. Fällt dir sozusagen der Tunnel auf den Kopf, dann kann es dir helfen, wenn du dich auf den Moment besinnst, dich in den Augenblick bringst und dich einzig und allein auf den Punkt vor dir konzentrierst.

Du schaffst das, indem du – du ahnst es vermutlich schon – atmest. Dein Atem ist dein stärkster Anker, um dich in den Moment zu holen.

Unterstützend dazu kannst du mit Ein- und Ausatmen auch bestimmte Affirmationen mitsprechen.

Atme ein und sage dir: »Ich bin«.

Atme aus und sage dir: »hier«.

Gestalte dir das so einfach wie möglich, ohne dass du zeilenlange Affirmationen auswendig lernen musst. Nimm die Worte, die dir gerade in den Sinn kommen.

Brauchst du etwas mehr Kraft, dann füge mehr Kraft hinzu.

Ein, »hier und jetzt«, aus, »lass ich alle Anspannung los«.

Ein, »hier und jetzt«, aus, »bin ich in meiner Mitte«.

Ein, »Kraft«, aus, »durchströmt meinen Körper«.

Es gibt so viele Möglichkeiten, mit welchen du dich in den Moment holen und dich dabei verankern kannst. Sei hier frei und lass es natürlich fließen.

Je öfter du in den Moment kehrst, desto größer wird dein Bewusstsein und desto wacher wird dein Geist. In den Moment zu finden hilft dir also nicht nur dabei, gut durch deinen Tunnel zu kommen, sondern auch dabei, dein Bewusstsein zu stärken.

ROSALIE

Natchez, Rosalie. Ich will nicht länger gefangen sein in meinen Emotionen, die mich davon abhalten, so zu leben, wie ich eigentlich gemeint bin. Zu lange war die Handbremse angezogen. Ich will mich befreien, den Mut haben, mich auszuleben und meiner Seele freien Lauf zu lassen. Ohne mich davon abhalten zu lassen, was andere von mir denken. Ich gehe längst meinen Weg, aber bei weitem nicht so, wie ich sollte. Loslassen, mich gehen lassen – in einem positiven Sinne. All meine Ketten um meine Brust sprengen. Ich spüre, dass diese Zeit reif ist. Ich habe keine Angst davor, was danach kommt. Ich habe nur noch nicht den passenden Schlüssel gefunden.

WOHIN SOLL ICH GEHEN?

Eine der Fragen, die mich in meinem Leben am allermeisten beschäftigen. Und hier geht es um banale Dinge wie: »Soll ich heute in eines meiner Lieblingscafés fahren oder doch lieber zu Hause bleiben und lesen?«, bis hin zu »Soll ich tatsächlich nach Amerika fliegen oder doch lieber das Geld meinen Ersparnissen zufügen?«. Und dann sind da noch Fragen, auf die ich bis heute keine Antwort finden konnte. Große Fragen, die den Lauf meines Lebens für immer verändern würden. Es sind Fragen, die die Veränderung meines Körpers betreffen, ein Leben als Familie bedeuten. Keine Antwort bisher. Das alles verbinde ich mit der Frage danach, wohin ich gehen soll.

Schon oft habe ich davon gesprochen, dass ich gerne abseits der konventionellen Wege unterwegs bin, gerne meine eigenen Pfade finde und wie ein Welpe furchtlos alle Möglichkeiten ausloten möchte. Sobald ich aber auf diesen verlassenen oder noch nicht erschlossenen Pfaden unterwegs bin, kommen die Gedanken und die Zweifel. Bin ich hier tatsächlich auf dem Weg, der mich an einen Ort führt, der mich überrascht und begeistert? Was, wenn dieser Weg hier ins Nichts führt und ich ihn ganz umsonst gegangen bin? Was ist, wenn dieser Weg mich in Gefahr bringt? Damit will ich sagen, ich bin abenteuerlich, mutig und doch zweifelhaft und zögernd unterwegs.

Diese Art zu leben führt mich unweigerlich zu der Gewohnheit, die mich ständig hinterfragen lässt: »Was soll ich tun?« oder sinnbildlich »Wohin soll ich gehen?«. Es bedeutet eine ewige Zerrissenheit zwischen dem, was sein könnte, und dem, was wirklich passiert – nämlich nichts. So gehen Jahre und Jahrzehnte ins Land, in welchen ich mir selbst im Weg stehe und überhaupt nirgends hingehe. Natürlich komme ich vorwärts, entwickle mich weiter. Doch nicht mit dem Potenzial, das gut für mich ist. Woche für Woche oder Tag für Tag stehen mir alle Wege offen, kann ich wählen, bin ich frei in meinem Tun. Doch ich komme nicht weiter, weil ich mir keine Antwort geben kann. Überhaupt wäre es hundertmal schöner, wenn jemand des Weges käme und mir sagen würde, wohin es als Nächstes geht.

Doch nein, noch nicht. Noch bin ich nicht so weit, all das zu verstehen und zu sehen, woran es scheitert. Noch haken sich meine tausend und abertausend Gedanken in mein Leben ein und erschweren mir jeden einzelnen Schritt. Noch lebe ich jeden Tag auf die Weise, dass ich mir über alle Entscheidungen so sehr den Kopf zerbreche, dass ich so gut wie gar nicht vorwärtskomme. Noch möchte ich wissen, was ich von einer Sache habe, bevor ich überhaupt damit begonnen habe. Noch will ich davon überzeugt sein, dass das Gras auf der anderen Seite viel grüner und saftiger ist, bevor ich es überhaupt sehen kann. Noch sitze ich an der Weggabelung, versunken in mein Zerdenken meiner möglichen Zukunftsbilder. Noch raffe ich es schlichtweg nicht, wie manipulativ ich mir selbst gegenüber bin. Noch ist mir nicht klar, welche Erlebnisse in einer Vielzahl an mir vorüberziehen, dass ich damit drei Leben füllen könnte. All das, weil ich mir aus meiner versichernden Gewohnheit heraus immer wieder die Frage stelle, wohin ich gehen soll.

Das führt so weit, dass ich bislang sehr viel mehr Zeit für alles aufbringen musste als viele der Menschen in meinem Freundes- und Bekanntenkreis. Eben weil der Zweifel so groß ist, dass er mich wie eine überdimensionale Klette zurückhält. Das ist sicher gesund, wenn man sein Leben lang in überhaupt keinen Fettnapf treten, in keine Pfütze springen und in kein Chaos stürzen möchte. Doch ist es weniger gesund, wenn man erleben möchte, wie sich die pure Kraft des Lebens über einen ergießt – wie eine Welle, die über uns bricht, uns herumwirbelt, ausspuckt, wieder gefangen nimmt, um uns am Ende durcheinander und dennoch glücklich an Land zu spülen?

Wohin soll ich also gehen? Wo liegen die größten Abenteuer und wo empfinde ich die größte Lebensfreude? Wo bin ich inmitten meiner ganz eigenen Kraft? Welchen Weg muss ich dafür wählen? Alles Fragen, auf die ich keine Antwort finde, solange es mir nicht gelingt, meine Routine, meine Klette abzuschütteln und mich an etwas Neues zu gewöhnen.

Noch besser sogar! Heute ist mir klar: Wenn ich nicht damit aufhöre, alle Antworten immer schon vorher wissen zu wollen, werde ich diese Frage niemals beantworten können. Wenn ich nicht in der Lage bin, meine Gewohnheit aufzugeben, von allem immer schon ein Bild im Voraus zu bekommen, dann werde ich eine Menge davon verpassen, was mich leben lässt. Dann werden viele Abenteuer im Nichts verschwinden und ich werde sie niemals wiedersehen. Es werden viele Menschen an mir vorübergehen, ohne dass ich sie bemerken konnte oder etwas von ihnen lernen durfte. Dieses gemeine Sicherheitsdenken in mir, das mir vorgaukelt, in Watte gepackt zu sein, dass nichts weh tun wird, wenn wir nur gut genug darauf vorbereitet sind, indem wir die Antworten kennen. Es darf sich ändern und es darf sich nach und nach verabschieden. Das Leben darf scharf um die Ecke kommen, ohne dass ich davon wusste. Situationen dürfen mich anrempeln und mich kräftig durchschütteln. Ich darf ausrutschen, straucheln und auch auf den Hintern knallen. Meine Gedanken, ob ich wohl den richtigen Weg wähle, werden mich davon nicht abhalten. Ich darf den Abenteuern in die Arme laufen, die schon sehr lange auf mich gewartet haben. Ich darf mich verlaufen, ohne Plan, um über Umwege dort zu landen, wo Seelenpartner auf mich warten.

Was ich als Alternative nun tue, ist, mich für die Absicht zu entscheiden, mehr von dieser Ungewissheit hereinzulassen und auszuprobieren, was sie mit mir anstellt. Kein leichtes Unterfangen für mich, auf diesem unbekannten Terrain. Es ist etwas komplett Neues und ich bin noch etwas wackelig auf den Beinen. Allerdings habe ich bereits die eine oder andere Kostprobe dieser ungewohnten Form des Lebens erhaschen können und weiß nun, dass ich nichts anderes mehr möchte. Selbstverständlich greift mein Verstand noch immer zu den Häppchen, die uns gut schmecken. Doch da ist ja noch mein Herz, das den neuen Geschmack kennt und das nun auch ein Wörtchen mitzureden hat. Mehr als alles andere möchte ich eine Geschmacksexplosion erleben. Also tue ich alles dafür, um mich immer wieder herauszulocken, in die ungewohnte Zone, auf das unbekannte Terrain, in die Ungewissheit. Um meine unsicheren Schritte Tag für Tag sicherer werden zu lassen. Um mich immer wieder herauszufordern und mich neue Gewohnheiten prägen zu lassen.

Ich verbinde mich mit meinem Bewusstsein und halte mir meine Situation klar vor Augen. Ich verstehe, dass ich wieder einmal mein Vorwärtskommen sabotiere, weil ich Antworten will. Und ich habe Klarheit darüber, dass hier nicht wieder der Modus abzuspielen ist, sondern dass ich mich nun austoben und ausprobieren kann. Ich bin in der Lage, mich einfach nur einlassen zu können. Ohne wissen zu müssen, was als Nächstes passiert. Ich entscheide mich einfach dafür, heute ins Café zu fahren, ohne die Gedanken von links nach rechts und wieder zurück rollen zu lassen, was ich verpasse, wenn ich es nicht tue. Denn was verpasse ich, wenn ich nicht fahre? Eine Chance, dass das Leben mich mitreißt. Das ist es, was an mir vorüberzieht.

Dies ist eines meiner anspruchsvollsten Learnings in meinem Leben. Hier gibt es für mich noch eine Menge zu tun. Doch einmal damit angefangen, folgt das Verständnis. Es ist wie ein Rausch, den ich nie wieder missen möchte. Heute ist mir mehr denn je bewusst: Um das Leben in all seinen Facetten auskosten zu können, um den Wind der Freiheit zu spüren, um zu spüren, was Leben ist, braucht es die totale Abgabe der absoluten Kontrolle. Kein »Was wäre, wenn« und kein »Ich könnte doch«. Hier kommt es darauf an, mutig zu sein, loszulassen, einfach zu machen. Einmal mehr die Kontrolle abzugeben und darauf zu vertrauen, dass meine Intuition mich dorthin führt, wo mein Leben mich gerade braucht.

Meine Intention für dich ist klar! Ich möchte dich darin bestärken, einmal mehr die verrückteste Aktion deines Lebens zu starten. Einmal mehr den Unbekannten anzusprechen. Einmal mehr in die Stadt deiner Träume zu reisen oder alles dafür zu tun, dass es für dich möglich ist. Einmal mehr groß zu denken, auszuflippen und etwas zu tun, worüber alle anderen den Kopf schütteln. Zu kurz ist die Zeit, die uns hier bleibt.

In einem Seminar lernte ich einmal, das Ikea-Papiermaßband herzunehmen und mir vorzustellen, dass dies die Spanne meines Lebens ist. Dann sollte ich den Teil abreißen, den ich schon lebte. Blieben davon nur noch zwei Drittel des Maßbandes. Dies vor Augen geführt zu bekommen, war so ernüchternd wie ein Eimer Eiswasser im Gesicht. Vielleicht möchtest du es auch einmal versuchen. Auch wenn der Knoten in der Magengegend größer wird, wenn du daran denkst, es wird dir helfen aufzuwachen. Und genau diese Wachheit brauchst du, um dein Leben in vollsten Zügen auszukosten. Blicke auf das Stück Zeit, das dir noch bleibt. Mache dir bewusst, dass das Stück, das du abreißt, niemals wiederkommen wird. Hab immer vor Augen, dass es absolut unwiederbringlich ist – deine Lebenszeit, die an dir vorbeizieht.

Sie ist definitiv viel zu kostbar, um wie ich ratlos an einem gewissen Punkt sitzen zu bleiben und darauf zu warten, dass die Erleuchtung vom Himmel fällt. Damit verbunden diese vermeintliche Sicherheit, zu wissen, was als Nächstes kommt. Genau das ist eine Farce, die dich Zentimeter deines Lebens kostet, als Gegenleistung allerdings nichts Nennenswertes vorzuweisen hat.

Verschwende dein Vertrauen nicht an deine Gedanken, sondern schenke es deiner Intuition, deinem Herzen und genau den Dingen, die dir unbekannt sind. Dort warten das wahre Abenteuer und das Leben, das du leben sollst. Und hier gibt es kein Limit. All das, was du zulässt und wofür du offen bist, all das wird dir begegnen. Je größer deine Offenheit, desto größer werden die Möglichkeiten, die du ausschöpfen kannst. Nicht musst, doch jederzeit kannst.

Lenke dein Bewusstsein dorthin, wo du zögerst, wo du auf Nummer sicher gehen willst. Denn genau dort wartet eine Aufgabe auf dich, hauchdünn, wie eine Scheibe Glas zwischen dir und der Welt. Doch genau das Hindernis, das dich vom vollkommensten Geschmack deines Lebens trennt. Forme deine Gedanken neu. Schreibe deine Routine neu. Durchbrich dein Zögern, dein Zweifeln und deine Angst. Brich durch und greife nach deinem Leben!

TIPPS, UM DIE KONTROLLE ABZUGEBEN

♥ WIE EIN LUFTBALLON

Ein Luftballon ist ein tolles Beispiel dafür, Kontrolle abzugeben. Er kann dir eine starke Metapher sein, wenn du in Momenten bist, in welchen du dich verbeißt und aus schierem Kontrollverhalten nicht mehr weißt, wie es geht, zu leben. Ein Luftballon bringt per se Leichtigkeit mit sich und das kann er auch dir bringen. Du kannst dir deinen Luftballon als inneres Bild vorstellen, wenn du gerade geballte Leichtigkeit brauchst. Du kannst dir ein Bild eines Luftballons auf deinen Schreibtisch stellen oder an deinen Kühlschrank heften.

Oder du versuchst folgende Übung: Stelle dich hüftbreit auf, schließe die Augen. Dann stell dir vor, wie an deinem rechten Handgelenk plötzlich ein Luftballon befestigt ist, der langsam höher steigt. Einige Augenblicke später spürst du, wie an deinem linken Handgelenk ein Luftballon befestigt ist. Lass alles, was geschieht, einfach geschehen. Halte nicht dagegen oder strenge dich nicht an, etwas zu tun. Lass es passieren. Spüre die Leichtigkeit und gib dich dieser Leichtigkeit hin. Spüre, was er mit dir macht – dieser Zustand der

Kontrollabgabe. Es gibt nichts, was du tun musst. Du kannst dastehen und »fliegen«.

♥ DAS WAS – NICHT DAS WIE

Oft halten wir die Kontrolle über alles, indem wir stets wissen wollen, wie sich etwas entwickelt oder wie etwas ausgeht. Dieses Festhalten kann ganz schön anstrengend sein. Weil du gedanklich immer daran haftest und deine Gedanken dadurch nicht frei werden. Auch dein Herz ist dadurch nicht frei. Daher ist ein Tipp, um dir diese Befreiung zu holen und auch zu behalten, dass du dich darauf fokussierst, nach dem »Was« Ausschau zu halten, nicht nach dem »Wie«. Das Was ist wichtiger als alles andere. Es ist unwichtig, wie sich eine bestimmte Sache erfüllt. Du musst allein wissen, was sich erfüllen soll. Der Rest wird sich ergeben, das verspreche ich dir. Wenn du nur mutig genug bist und das Wie nicht länger ins Zentrum deiner Gedanken rückst. Schaue auf das Was. Das Wie wird sich dir ganz automatisch zeigen. Was und Wie – es macht den Unterschied in deinem Leben und darin, wie sehr du es genießen kannst.

♥ LEBENSBAUM

Der Baum wird dich bei deinem Prozess, die Kontrolle abzugeben, sehr gut unterstützen. Der Baum ist ein genialer Freund, wenn es darum geht, zu den Wurzeln zurückzukehren. Denn dort steckt das Urvertrauen. Und genau das ist es, was wir benötigen, um die Kontrolle abgeben zu können. Das Urvertrauen. Es ist ein Vertrauen, das uns all unsere Gedanken über Bord werfen lässt. Wenn wir ein tiefes, echtes Vertrauen in das Leben und seinen Fluss entwickeln, dann haben wir keine Notwendigkeit mehr, uns Gedanken und Sorgen zu machen, wie bestimmte Dinge und Situationen verlaufen werden. Dann können wir selbst uns fallen lassen. In dem Wissen, dass es so kommen wird, dass es zu uns passt.

Daher tritt in deiner Entwicklung gerne in den Kontakt mit dem Lebensbaum. Werde eins mit ihm und spüre, was seine tiefen, starken Wurzeln dir zu sagen haben.

Vielleicht findest du eine schöne, geführte Meditation dazu oder du liest eine bezaubernde Poesie darüber. Vielleicht darf es auch ein neues Bild an deiner Wand sein. Oder du findest eine Baumperle, draußen in deinem Lieblingswald. Es gibt so viele Wege, um dich mit dem Lebensbaum und dem Urvertrauen zu verbinden.

GENUG

Dienstag, ja, ich denke, es ist Dienstag. Diese Reise nimmt mir jegliches Zeitgefühl. Ich breche morgens von Natchez auf und bin mittags schon in Gonzales. Dort vertreibe ich mir mit Essen etwas die Zeit. Bis zum Time Slot, in dem ich die Houmas House Plantation besichtigen darf. Eine Villa aus dem 18. Jahrhundert, eine Plantage, auf der Zucker angebaut wurde. Es tut gut, wieder etwas Stille und Natur zu erleben. Eine 600 Jahre alte Eiche zieht mich in ihren Bann. Atemberaubend und das erste Mal auf dieser Reise, dass ich sie sehen kann – diese uralten, knorrigen, ausladenden Bäume der Südstaaten, die alle ihre Geschichte zu erzählen haben. Auf dem Anwesen, inklusive einer geführten Tour durch das Haus, bleibe ich eine Weile, bis ich ans Hotel fahre. Zu mehr Erzählung bin ich heute nicht mehr imstande. Doch es genügt mir, denn im Herzen bin ich dankbar.

DEIN WEG FÜHRT DICH SO OFT IN DIE IRRE,
WIE ES EBEN NOTWENDIG IST.

MAGIE UND DOCH NICHT

Neumond, Sonnenfinsternis, New Orleans. Wie viel Magie kann es an einem Tag geben! Von der Kraft am Himmel spüre ich (noch) nicht viel. Aber gegen alle Prognosen, dass man nicht klar sehen kann an diesem Tag – zu verschleiert ist die Zeit während Finsternissen –, sehe ich und fühle ich mich so klar. Ich weiß, dass ich mehr kann, mehr leben darf, mehr das tun darf, was mich wirklich erfüllt ... Ich möchte mich voll und ganz lieben und ich möchte ausbrechen aus meinem Kokon. Endlich! Zu viel Zeit habe ich darin verbracht. Ich weiß, es wird sich realisieren und ich werde den Weg sehr deutlich vor Augen haben. Es lohnt sich, dafür einzustehen, was für mich im Leben bestimmt ist. Dafür muss ich mutig sein und mich sichtbar machen. Doch genau das werde ich schaffen. Durch das engste Nadelöhr bin ich längst durch, das weiß ich. Vor mir ein lichtvoller Pfad und ich möchte ihn nie wieder verlassen.

In New Orleans angekommen, erschlagen von der Hitze, dem Trubel der Großstadt. Check-in im Hostel, durch die City, das French Quarter mit seiner berühmt-berüchtigten Bourbon Street marschiert. Am Nachmittag überkommt mich ein ungutes Gefühl. Werde ich krank? Bin ich einfach nur zu sehr überwältigt? Am frühen Abend gehe ich zurück ins Hostel. Eine Dusche und mein Bett retten mich vor der Ohnmacht. Ich bleibe dort mit Lesestoff, Amazon Prime und Aspirin Plus C. Bis zum nächsten Morgen. Während dieser Auszeit lerne ich zwei Mädels in meinem Hostel-»Bunk« kennen. Beide sehr lieb und Anfang dreißig, sehr lebendig. Eigentlich will ich gerade vor allem flüchten, aber ich zwinge mich, das durchzuhalten. Es gehört so sehr dazu. Also halte ich durch.

Gott sei Dank schlafe ich auch einmal sieben Stunden einigermaßen durch. Höre wenig vom Kommen und Gehen in unserem Zimmer. Und so starte ich in diesen astrologisch ehrwürdigen Tag und erkunde den Garden District. Die alten Gebäude und Bäume hauen mich regelrecht um. Unglaublich schön. Ich mache ein Foto ums andere.

Apropos Bäume: Auf dem Weg nach »Nola« besuche ich die Oak Alley Plantation. Achtundzwanzig lebende und mehrere hundert Jahre alte Eichen säumen die Allee beim Haupthaus, der sogenannten Mansion. Gigantisch. Ich liebe diesen Anblick. Sie wurden damals im Alter zwischen zehn und zwanzig Jahren genau dorthin gepflanzt, wo sie heute noch immer stehen. Eine gute Wahl, wie ich finde. Eine weniger gute Wahl ist die Geschichte, auf welcher dieser Ort gründet: Sklaverei im 18. und 19. Jahrhundert. So viele Menschen leiden und schuften, um diese Herrlichkeit zu erschaffen. Backsteine für die Mansion selbst brennen, setzen und verbauen. Für jede einzelne Säule und jedes einzelne Stockwerk. Prunk und Pein in ein und demselben Blickwinkel. Außerdem traurig dabei: Wir haben uns davon in keinster Weise wegbewegt. Es nur auf ein anderes Level gehoben. Trotz allem, ich behalte sie in Erinnerung, diesen Besuch und den Stopp direkt neben dem Mississippi River.

Heute bin ich zudem etwas wehmütig, denn morgen verlasse ich die Orte und Regionen des Ursprungs der Musik. Ich werde sie hinter mir lassen und mehr in die Küstengegend eintauchen. Welche Geschichte dort auf mich wartet – ich werde es sehen. Aber der Ursprung von Blues wird mir fehlen. Ich habe Sehnsucht … mal wieder!

Doch zuvor bleibt mir noch eine kleine Weile in dieser großartigen Stadt. Ich marschiere nach dem Garden District zu einem der bekannten Nola-Friedhöfe. Schön schaurig in der Nacht. Bei Tag kaum zu fassen, welche Kultur hier herrscht. Die Grabstätten sind einzigartig. Anschließend geht's in die Frenchmen Street – die kleine Schwester der Bourbon Street und so viel sympathischer. Ich genieße in einer Bar zwei Live-Bands, lerne ein weiteres älteres Ehepaar kennen, habe zwei Bier (für jeden Gig eines) und sauge Nola ein letztes Mal auf. Ich verlasse diese Stadt mit gemischten Gefühlen.

Ich meine, diese Stadt ist zum Feiern wunderbar. Zum Sightseeing muss man wohl länger dort sein, um die Schätze zu entdecken. Ich bin happy mit der Entscheidung, »nur« zwei Nächte dort zu sein.

WIE KANN ICH RUHIG WERDEN?

Eine Frage, die durchaus berechtigt ist, denn seien wir doch mal ehrlich: Jedem von uns gehen täglich tausende von Gedanken durch den Kopf. Gedanken von Plänen, Vorhaben, Pflichten, Aufgaben, Menschen, Gesprächen, Einengungen, Träumen, Wünschen und To-dos. Wenn jeden Tag tausende von Legosteinen um unseren Kopf wirbeln, wie können wir da jemals ruhig werden? Daher ist die Frage danach, wie es uns gelingt, ruhig zu werden, ein wesentlicher Bestandteil auf unserer Suche nach dem Ort, an den wir gehören.

Ich selbst kann aus bester Erfahrung sprechen, was es heißt, mit dem Kopf beschäftigt zu sein. Ich mache mir über jedes kleinste Detail Gedanken. Warum? Weil ich immer alles ergründen möchte. Ich möchte jede Situation so tief erörtern, bis ich sie verstanden habe. Dabei ist mein Herz längst dort. Doch mein Organ ein paar Stockwerke weiter oben eben nicht. Und es gibt keine Ruhe, bis es klickt und ich das System durchschaut habe. Warum sagt meine Oma das? Wieso schleicht sich heute dieser alte Bekannte in meinen Kopf? Aus welchem Grund fällt mir heute alles aus der Hand? Ich will sie alle – ich will alle Antworten! Dass der Kopf da niemals zur Ruhe kommt, ist klar. Klar ist auch, dass der Rest meines Körpers ebenso nicht zur Ruhe kommt.

Im Zusammenhang mit meiner Suche nach diesem Ankommen zeigt sich diese Gewohnheit nicht minder nachsichtig. Im Gegenteil, hier legt sie noch ein paar Kilo mehr mit auf die Waage. Sie wiegt schwer und sie beschäftigt mich. Wie könnte ich sie auch übersehen und überhören! Ist es doch eine Frage, die ich mehr als alle andere ergründen möchte.

Angetrieben durch das ständige Hinterfragen, steuere ich oder, besser ausgedrückt, werde ich gesteuert, um nach all den Jahren endlich von der Antwort empfangen zu werden. Ich gebe keine Ruhe, bis ich verstanden habe, wohin ich gehöre. Es wird ziemlich schnell deutlich, dass es sich um einen Teufelskreis handelt. Ich jage etwas hinterher, das mir Ruhe bringen soll, das sich aber partout nicht finden lässt. Von Ausruhen ist daher noch lange nicht die Rede. Von Ruhefinden auch nicht. Ich halte verbissen daran fest, mich weiter auszupowern, meinem Kopf keine Ruhe zu gönnen und meinem Leben erst recht nicht.

Diese ewige Suche führt mich letzten Endes an den Punkt, an dem ich mein Leben durchtakte, schon Jahre im Voraus weiß, welche Pläne ich verwirklichen will. Ich weiß es noch wie heute, wie ich damals entschied, gerade einmal vier Wochen im Bachelor-Studium, dass ich drei Jahre später das Master-Studium beginnen würde. Was im ersten Moment nicht verwerflich ist. Die Gesellschaft betet uns förmlich vor, dass wir Ziele haben müssen, um nicht zu verdummen. Und dass wir unsere Fünf- und Zehnjahrespläne an unseren Bürowänden manifestieren müssen. Davon lasse ich mich gerne mitreißen, klar! Sonst wäre ich ja nicht in der Lage, Karriere zu machen.

Nur, wo es mich tatsächlich hinführt – dorthin, wohin ich gehöre –, dabei hilft mir dieser ganze Planungs- und Ergründungswahnsinn nicht unbedingt. Im Gegenteil, er treibt mich immer weiter von der Antwort weg, wie ein Stück Holz im Meer. Ja, lass uns hier tatsächlich von einem wilden Meer sprechen, das nicht zur Ruhe kommt, das den Meeresboden aufwirbelt und noch lange keine klare Sicht ermöglicht. Ich sage es doch: ein Teufelskreis!

Doch es gibt eine wunderschöne Seite an meinem ewigen Suchen, Hinterfragen und Zerpflücken. Ich bin beharrlich und ich grabe so tief, bis ich förmlich am anderen Ende wieder herauskomme und plötzlich wieder auf Licht stoße – die Erleuchtung. Das bedeutet in der Regel, dass es dann auch Klick macht, ich die Situation verstanden habe, kapiert habe, was meine Omi mir gerade sagen wollte.

Die Erleuchtung in diesem Fall soll nicht zwingend Beharrlichkeit sein. Vielmehr soll es die Erkenntnis an und für sich sein. Heute weiß ich, dass ich schlichtweg meinen Weg gehen soll. Ohne dabei ständig darauf herumzureiten, dass ich »schon wieder« alles zerdenke. Es gehört zu mir, zu meinem Forscherinnendrang, zu meiner Leidenschaft fürs Ergründen. Zu mir als Mensch, der ganz genau wissen will, wieso sich die Dinge formen, wie sie sich eben formen.

Ruhig zu werden ist unabdingbar. Auch ich muss von Zeit zu Zeit ein wenig meine Gedanken auf den Nachttisch legen und den Kopf still werden lassen. Dabei muss ich allerdings nicht damit aufhören, das Leben ergründen zu wollen. Sondern ich muss ganz einfach damit aufhören, mich dafür zu verurteilen und darüber nachzudenken, dass ich nachdenke. Wieder einmal übernimmt hier das Herz die Führung. Wieder einmal darf ich mich in den Arm nehmen, mich verstehen und so annehmen, wie ich bin. Allein der Gedanke daran, wie ich mich selbst umarme und gernhabe, lässt das Gewässer ruhig werden. Es legt sich der Sturm, die Wasseroberfläche glättet sich und der Meeresboden wird sichtbar.

Ruhig zu werden ist wichtig. Doch ruhig zu werden bedeutet nicht, unweigerlich alles fallen zu lassen und mit dem aufzuhören, mit dem wir beschäftigt sind und was uns fasziniert. Ruhig zu werden bedeutet in dieser Hinsicht, dass wir den Sturm in uns beruhigen müssen. Für mich bedeutet es, dass ich mit meiner Selbstsabotage ein Ende finde, dass ich es mir abgewöhne, meine Gedanken selbstzerstörerisch und destruktiv einzusetzen. Wenn ich mich nicht selbst von einem Makel zum anderen jage, ja, dann kann ich ruhig werden. Ohne dass ich damit aufhören muss, meinen Leidenschaften hinterherzujagen.

Und genau das ist es, was ich dir mitgeben möchte: Jage deinen Leidenschaften hinterher. Höre nicht auf damit, das zu tun, was dich glücklich macht und dein Herz leuchten lässt. Es sind exakt die Motive, die dir Energie geben, anstatt dich müde zu machen. Wenn du der

Sache folgst, die dich erfüllt, dann wirst du sehr viel wacher und kraftvoller sein.

Die Kunst liegt nun darin, dass du damit deinen Frieden findest. Was ich dir hiermit wärmstens empfehle. Finde deine Leidenschaft. Sei mutig und stehe dafür ein. Sei liebevoll gegenüber dir selbst und umarme dich für das, was du bist. Für deine großartige Seele, die du bist. Arbeite daran, genau das zu kultivieren. Dann wirst du in ruhigen Gewässern unterwegs sein und bis auf den Grund sehen. Du wirst dich noch weiter entdecken und du wirst dich noch besser verstehen können. Wenn es dir gelingt, dass du dich kräftig in den Arm nehmen kannst, ohne zu zögern und ohne kritisch zu sein, dann gelingt es dir auch, dich und dein Wesen zu feiern. Und dann beginnt die Ruhe in dir.

Für den Fall, dass du dich nun fragst, was das alles mit unserer zentralen Frage zu tun hat, wohin wir gehören, lass mich dir gerne ein weiteres Mal versichern: alles!

Hier nochmal eine klitzekleine Hilfestellung: Du möchtest wissen, wohin du gehörst. Dazu musst du erst einmal verstehen, wer du durch und durch bist. Hast du es einmal durchleuchtet – du erinnerst dich, ich grabe, bis ich am anderen Ende wieder durchbreche –, dann kennst du all deine Facetten, guten Seiten, Stärken, Kanten, Fehler und Schwächen. Kennst du all diese, dann kommt der wohl schwierigste und sogleich mutigste Schritt: die Akzeptanz deiner selbst. Und dann beginnt die Reise dorthin, wohin du gehörst.

TIPPS, WIE DU DEIN WESEN FEIERST

♥ NO REGRETS

Ein wunderschöner Tipp, der zugegeben etwas Zeit benötigen könnte, am Ende aber das Beste ist, was du tun kann: nichts zu bereuen. Und zwar überhaupt nichts. Sicher gibt es etwas in deiner Vergangenheit, das du bereust. Etwas nicht getan zu haben, etwas getan zu haben, etwas gesagt oder nicht gesagt zu haben. Das darf sein und das ist in Ordnung – daraus lernst du. Diese Angelegenheiten des Bereuens kannst du mit Übungen des Verzeihens loslassen.

Doch ab sofort geht es darum, nichts mehr zu bereuen, weil du alles, was du tust und sagst, aus ganzem Herzen tun wirst. Wenn du durch dein Herz denkst und agierst, dann wirst du nichts bereuen müssen, denn dann handelst du nach den allerbesten Absichten. Alles, was du durch den Kanal deines Herzens schickst, wird in liebevoller Absicht geschehen und dadurch erübrigt sich die Absicht des Bereuens. Alles ist klar und rein.

Um dich also zu feiern, übe dich darin, nichts zu bereuen. Und um nichts bereuen zu müssen, übe dich darin, deine Taten und Worte durch den Kanal des Herzens zu senden. Nicht durch den Kanal des Denkens. Das, was du empfindest, in dir fühlst und spürst, darauf konzentriere dich. So kommst du zur Stärke, nichts mehr bereuen zu wollen.

In dem Moment, in dem du nichts mehr bereust, bist du in der ausgezeichneten Lage, dich zu feiern. Du feierst dich dafür, dass du dein Leben bedingungslos lebst. Dass nichts zwischen dir und deinem Leben steht. Denn du bist mit dir selbst, mit deinem Herzen verbunden. Und das ist wohl der beste Anlass, um dich selbst zu feiern. Schätze und hüte diese Momente, in welchen dir bewusst wird, dass du es geschafft hast. Du spürst es in den Augenblicken, in denen du nichts mehr zu bereuen hast.

♥ UMGIB DICH MIT SCHÖNHEIT

Dich und dein Wesen zu feiern hängt damit zusammen, wie viel Wert du dir selbst beimisst. Und wie weit du dein Herz für dich selbst öffnest. Und wie du all das im Gesamten zusammenbringst. Du hast nicht weniger verdient als pure Schönheit in deinem Leben. Daher darfst, sollst und musst du dich mit Schönheit umgeben. Das ist die Wertschätzung für dich selbst und deine wunderschöne Seele. Spiegele deine Seele auch im Außen. Das muss nicht immer in etwas Materielles münden. Auch wenn ich dir dies in keinem Fall ausreden möchte. Du findest hier sicherlich die besten Wege: ein neuer Mantel, ein tolles Bild, frische Blumen, ein neuer Haarschnitt, das außergewöhnliche Sportoutfit, abgefahrene Schuhe oder reizvolle Unterwäsche.

Du kannst Schönheit allerdings auch in allem anderen erkennen. Im Flügelschlag eines Schmetterlings, im Ruf eines Vogels, in der Silhouette einer Wolke, im Fallen eines Regentropfens, in einem schiefen Dach, einem Riss in der Wand, einer Macke an deiner Lieblingstasse. In der Begegnung mit einem Fremden, in der Art, wie du heute den Punkt auf dein i gesetzt hast. Im Funkeln des Wassers in einer Vollmondnacht. In einem Projekt, das du vollendest. Und in diesem einen Moment, wenn du in den Spiegel blickst und erkennst, dass du dir gefällst.

Umgib dich mit all den Dingen, die für dich Schönheit verkörpern. Dazu fokussiere dich auf das Stärken deines Bewusstseins. Damit du auch feststellen kannst, was du schön findest.

Schenke dir Schönheit. Tu es die ganze Zeit, ununterbrochen. Schenke dir die Wertschätzung, indem du dir Schönheit schenkst. Damit feierst du dich selbst und deine wunderschöne Seele.

♥ TIEFSTE WERTSCHÄTZUNG

Und weil es so wichtig ist, hier gleich nochmal: Damit du dich selbst und dein Wesen feiern kannst, habe tiefste Wertschätzung für dich selbst. Dabei auch für alles, was du tust. Erkenne an, was du leistest und jeden einzelnen Tag erreichst.

Auch hier kann es für dich schwierig sein, einen Zugang zu finden – einen Zugang zu deiner Wertschätzung für dich selbst. Ein großartiger Weg kann sein, dir bei allem, was du tust, Mühe zu geben. Etwas nicht halbherzig zu erledigen. Sondern es bewusst und mit Bedacht zu tun. Fokussiert zu bleiben und wahrzunehmen, was passiert. So hast du beste Möglichkeiten, um deine Arbeitsschritte oder Handlungen anzupassen, es besser zu machen, es beherzter anzugehen. Indem du Wert in deine Arbeit, dein Tun und dein Handeln legst, weil du dabei aufmerksam bist, wirst du das Ergebnis in einem völlig anderen Licht sehen und es mehr schätzen. Es wird nicht einfach so nebenbei passieren, wie vielleicht auch du ganz nebenbei passierst.

Wenn du dich feiern willst, dann musst du im Mittelpunkt stehen. Dazu musst du dich entsprechend zu schätzen wissen. Dazu musst du den Fokus auf dich legen. Und weil das am Anfang ganz schön viel sein kann, beginne damit, auf einzelne Tätigkeiten oder Handlungen zu fokussieren und sie schätzen zu lernen. Das setzt natürlich voraus, dass du Aufgaben findest, auf die du freiwillig und liebend gerne fokussieren möchtest.

Dein erster Schritt: Finde Aufgaben in deinem Leben, in die du gerne eintauchen willst. Sowohl im Berufs- als auch im privaten Leben. Dann gib dir Mühe. Dann schätze. Dann feiere! Und eines Tages dich.

Mehr gibt es für mich in dieser Stadt an diesen Tagen nicht zu erfahren. Ins Hostel zurück schlendere ich durch die Bourbon Street und lasse mich von der Verrücktheit begeistern. Gott sei Dank erhasche ich noch eine der Mardi-Gras-Ketten. Ohne sie – ausschließlich als Geschenk – sei man wohl nie in Nola gewesen. Glück gehabt. Im Hostel habe ich noch ein paar nette Unterhaltungen mit den Room Mates. Außerdem eine unruhige Nacht. Um 7 a.m. breche ich auf in Richtung Beach.

Um neun Uhr morgens erreiche ich Mobile zum Frühstück. Der »Spot of Tea« – eine Online-Empfehlung – ist supereklig. So schmuddelig. Ich habe anderes erwartet. Also schnell weiter. Und dann lande ich in Orange Beach und seiner berühmten Flora Bama Bar. Mehrere Bühnen mit Live-Musik-Programm, jeden Tag direkt am weißen Strand. Ich liiiiebe es! Schade, dass ich hier nicht eine Nacht bleibe. Zu gern hätte ich hier bis in die Nacht gelauscht. Einfach großartig. Man kann hier einfach sein, ohne dass jemand etwas von einem will. So unkompliziert, so leicht, so für sich und doch connected. Gut, dass mich in der nächsten Unterkunft niemand erwartet. Denn ich entscheide, noch etwas zu bleiben.

WELCHEN WEG DU AUCH IMMER GERADE GEHST,
GEH IHN FÜR DICH.

DEN SPASS VERSTEHEN

Die Fahrt bis nach Pensacola Beach gelingt trotz Cocktail. Ich stoppe bei einem Supermarkt, um mich für den Abend zu versorgen. Dort, im nächsten Airbnb, mache ich mich frisch, snacke und lasse den Tag ausklingen. Ziemlich früh starte ich dann in Richtung Tallahassee. Denn ich möchte den Tag am Beach beginnen. Einen Spot habe ich mir ausgesucht. Doch kurz davor entdecke ich einen nicht extra ausgeschriebenen Badeabschnitt. Ich stoppe intuitiv und bin des Lebens glücklich. Ein weißer Strand, türkisblaues Wasser, Frühstück im Gepäck und keine Termine. Wunderbar! Ich genieße diese Auszeit am Ozean, am Golf von Mexiko. Ja, ich bin in Florida angekommen. An einem Tag durch Louisiana, Mississippi, Alabama und Florida. Natürlich dreht sich hier alles um Wassersport und Angeln. Diese Amis! Den Morgen, Vormittag und Mittag spendiere ich mir am Beach, just watching nothing, watching waves and water, watching boys, und versuche, die Gedanken zu beruhigen.

Generell habe ich während dieser Reise wenige bedrückende Gedanken. Eher viele über Essen, Pläne fürs Sightseeing ... aber auch Pläne für die Zukunft: Was will ich, was will ich nicht? Ich habe hier so viel Freiheit, um dem nachzugehen. Und es tut so gut. Das erste Mal in meinem Leben habe ich Gelegenheit dazu. Ein weiteres Mal bin ich voller Dankbarkeit. Dass ich diesen Traum habe wahr werden lassen. Ich denke, dadurch komme ich all meinen anderen Träumen tausend Lichtjahre näher. Einige sind schon sehr konkret, andere dafür noch in Dunkelheit. Also dann, relax and enjoy am white Beach.

Nachmittags mache ich mich auf den Weg, um noch ein bisschen den Port-Flair aufzuschnappen. Ich stoppe in Destin und schlendere durch die Hafen-Vergnügungsmeile. Wieder einmal schüttle ich den Kopf. Womit sich diese Amerikaner alles vergnügen können! Eines muss man ihnen lassen: Sie wissen im Vergleich zu unserer deutschen Kultur sehr wohl, wie das Leben Spaß machen kann und wo sie diesen Spaß finden. Natürlich braucht dieses Bedürfnis auch viel Angebot. Aber auch das haben sie hier verstanden. Chapeau!

Nach etwas Kopfschütteln und Vergnügen mache ich mich auf zur nächsten Unterkunft. Mal sehen, ob ich das schaffe. Ich bin hundemüde und muss nur geradeaus fahren. Doch irgendwie gelingt es mir mit der Sonne im Rücken und einem coolen Eistee. Witzigerweise beschleicht mich das Gefühl, dass das mit der Unterkunft in Tallahassee kritisch werden könnte. Google sagt mir, das Inn sei dauerhaft geschlossen. Mein Reisebüro sagt mir, dort solle ich übernachten. Das nehme ich brav beim Wort und steuere die Adresse an. Als ich dort angekommen bin, steht dort nicht der Name der Unterkunft. Ich befrage Google erneut – inzwischen richtig erschöpft – und finde eine andere Adresse. Zurück durch die Stadt, an den Anfang, noch einmal kurz verfahren, dann angekommen: Es liegt keine Reservierung vor. Es war mir so klar! Innerlich bin ich erleichtert, denn so kann ich mich im Holiday Inn einmieten. Da weiß ich, dass mich ein feines und komfortables Zimmer erwartet. Das geplante ist so schmuddelig. Und ich brauche eine ausgiebige Körperpflege. Die hundertsechzig Dollar sind es mir wert und ich bin glückselig über diese Fügung. Um 9 p.m. falle ich frisch und fröhlich in die Federn. Das Zimmer befindet sich übrigens im sechsten Stock, mit einem wundervollen Sonnenuntergang und Mondblick.

Da stehe ich selbstverständlich motiviert auf. Ich genehmige mir ein Ein-Dollar-Frühstück und starte in den Tag auf der Interstate 10 in Richtung St. Augustine – der ältesten Stadt hier im Land. Die Fahrt dauert drei Stunden. Um 12 p.m. bin ich dort, will einchecken. Doch das Airbnb ist noch nicht bezugsfertig. Also ziehe ich los und suche mir etwas Essbares. Ich habe Kohldampf vom Feinsten. Mir gelingt sein Stillen ebenso vom Feinsten. Die Krönung: ein White Chocolate

Cheese Cake. Er schmeckt himmlisch und ich habe für die nächsten zehn Tage gegessen.

WIE KANN ICH MIR SELBST HELFEN?

Diese Frage ist in Wahrheit dazu da, um sie von der anderen Seite zu beleuchten. Es geht nicht darum, zu wissen, wie ich mir selbst helfen kann. Sondern es dreht sich vielmehr darum, wie ich mir nicht selbst helfen kann. Während all der Jahre meiner Suche bin ich im Inneren auf mich selbst gestellt. Ich kümmere mich penibel darum, meine Ängste, Sorgen und Nöte fein säuberlich zu zerpflücken, ohne dass jemand annähernd davon weiß. Da sind Gedanken an die nächsten Rechnungen, Gedanken an den Schwarm und Gedanken an meine unvollendete Figur. Dinge, mit denen ich mich viele Jahre ganz automatisch herumschlage – allein. Da hilft mir niemand dabei. Diese Gedanken wälze ich hin und her, hin und her, ohne dass ich dafür Unterstützung bekomme. Wieso auch, denke ich mir obendrein. Ich selbst muss ja damit zurechtkommen, unzulänglich zu sein. Ich selbst habe mir vieles davon eingebrockt.

So muss ich doch auch mir selbst helfen. Keinem von meinen größten Ängsten erzählen. Nichts davon erwähnen, was mich auffrisst, wenn ich nachts die Nachttischlampe ausknipse und meine Augen schließe. Niemandem erklären, warum mir morgens direkt nach dem Aufwachen bereits schlecht ist und ich mich am liebsten übergeben möchte. Keiner muss wissen, was ich mit meinem Lächeln überdecken möchte, wenn ich freundlich grüße und ein nettes Gespräch anstimme. Da ist keine Kenntnis beim Gegenüber, dass mir Tonnen von Ballast auf den Schultern liegen. »Gut geht es mir!«, ist die Antwort auf die passende Frage dazu. Gut ist die Allerweltsbezeichnung für einen durchschnittlichen Alltag voller Sorgen und Nöte, die jeder normale Bürger mit sich herumschleppt. Und sich dabei selbst fragt, wie er sich selbst denn noch helfen kann. So auch ich für eine ganz lange Zeit, während meiner Suche nach der Zugehörigkeit.

Je mehr ich mich in diesem Frage-Antwort-Spiel bewege, desto enger wird die Spirale und desto wilder wird der Strudel, der mich unweigerlich nach unten zieht. Ein Blick in die Tiefe verrät mir das: Je mehr ich versuche, niemand anderen an mich heranzulassen, der mich unterstützen und begleiten kann, desto dunkler und einsamer wird es werden. Hast du schon einmal versucht, ein Werkzeug im Werkzeugkasten deines Großvaters in einem Raum ohne Licht zu finden? Die Werkstatt kann ganz schön groß sein, mit vielen spitzen Ecken und Kanten, an denen man sich Schrammen und Narben zuziehen kann. Bis dann endlich jemand kommt, der den Lichtschalter betätigt und dich fragt, ob du denn Hilfe benötigst.

Ich frage mich heute, warum um alles in der Welt habe ich mich dazu entschieden, nicht selbst das Licht anzuknipsen? Warum tappe ich hier im Dunkeln und versuche etwas in Ordnung zu bringen, das sich so schlichtweg nicht ordnen lässt? Ich meine, ich habe immerhin ein kleines bisschen Grips, den ich dazu nutzen kann. Doch es ist ja nicht so, dass dieser Gedanke nicht auch einmal auftaucht, bevor ich die Werkstatt betrete. Der Gedanke daran, Licht zu machen, war sehr wohl in meinem Kopf. »Soll ich das Licht anmachen?«, schwirrt es umher. Gleich gefolgt von der Antwort: »Nein, das geht schon so.« Wobei wir beim Kern der Titelfrage sind: Wie kann ich mir selbst helfen?

Auf diese Weise jedenfalls nicht. Und es stellt sich gleich die nächste Frage: Wie kann ich davon ausgehen, mir selbst helfen zu können, wenn ich Alltagsangelegenheiten meistere wie ein Stück Brot? Wenn ich meine Erfahrung und mein Wissen nicht dafür einsetze, sondern schlichtweg in einen dunklen Raum spaziere und erwarte, ein Problem zu lösen, um mir stattdessen jede Menge blaue Flecken abzuholen.

Wie soll ich mir selbst helfen, wenn bei meinen eigenen Angelegenheiten meine Cleverness aussetzt? Die Antwort ist: überhaupt nicht. Darum möchte ich die Kurve bekommen und dafür plädieren, dass ich mir nicht weiter selbst helfe, zumindest nicht ausschließlich. Sondern dass ich dankend zustimme, wenn jemand für mich das Licht anknipsen möchte. Während mir diese sprichwörtliche Erleuchtung in den letzten Jahren bewusst wird, verstehe ich auch, aus welchem Grund ich dieses Spiel viele Jahre trieb. Niemand soll von meinen Schwächen erfahren. Keiner soll wahrnehmen, wo ich versage. Und schon gar nicht soll die Menschheit wissen, in welchen Belangen meine Fehler liegen. Denn davon habe ich eine ganze Menge und reite auch regelmäßig ausführlich darauf herum. Nur bringt es mich leider niemals dorthin, wo ich von ganzem Herzen sein möchte. Niemals dorthin, wo ich mich fühlen darf, wie ich mich fühlen will – angekommen.

Weder im Dunkeln zu tappen noch sich auf den Grund ziehen zu lassen noch es auf die eigene Faust durchzuboxen, hilft mir dabei, meine Antwort zu bekommen, wohin ich letztendlich gehöre. Es braucht mehr dazu. Es braucht die Bereitschaft, mir helfen zu lassen. Die Bereitschaft, mich zu öffnen und über meine Gedanken zu sprechen. Die Bereitschaft, andere Menschen in mein Leben zu lassen und ihnen zu erläutern, womit ich gerade hadere.

Und all das erfordert eine gehörige Portion Mut von mir. Glücklicherweise ist Mut etwas, das mir nicht so schwer fällt, wie Hilfe zuzulassen. Die Verbindung von einer Seite zur anderen, von Tatsache zu Erkenntnis, hat nur eine Weile gedauert. Doch einmal verstanden, ist es großartig. Jetzt geht es nicht mehr darum, mich allein durch den Strudel zu kämpfen, sondern nun kämpfe ich für die Bereitschaft, mich zu öffnen. Das ist selbstverständlich nicht weniger anspruchsvoll, doch verspricht es früher oder später die Lösung. Der Kampf mit mir selbst tat das nicht. Ich bewegte mich im Kreis. Doch der Mut ist der Ausgang, den ich finden konnte.

Was es auch ist, versuche es gerne alleine, doch betrachte immer auch die Möglichkeit, Hilfe hinzuzuziehen. Verachte diesen Weg nicht, denn es könnte auch dein Ausweg sein. Hinaus aus deinem ewigen Versuchen und Dich-Schelten für das, was du überhaupt nicht bist. Erinnere dich immer wieder daran: Derjenige betritt deinen Raum und macht dir Licht. Beleuchtet dir Chancen, die du vorher vielleicht gar nicht gesehen hast oder nicht in Erwägung ziehen konntest.

Erinnere dich, wonach du letztendlich suchst. Den Punkt, an dem du voll und ganz fühlst, dass du angekommen bist. Diesen Punkt wirst du klarer sehen, je mehr es dir gelingt, dich zu öffnen und deine Aufgaben zu teilen. Natürlich bist du immer Entscheidungsträgerin darüber, welche Angelegenheiten das sind. Du sortierst und bestimmst, welche Hilfe du annehmen möchtest. Aber beginne in jedem Fall damit, dir einen Überblick zu verschaffen, welche Ängste und Sorgen sich in deiner Dunkelheit tummeln. Geh du zuerst in deine Werkstatt, schalte das Licht ein, verschaffe dir den Überblick. Dann lösche das Licht wieder, gehe hinaus und denke darüber nach.

Für welche Themen bist du bereit, sie mit jemand anderem zu teilen?

Wo würde es dir guttun, wenn du endlich einmal mit jemandem darüber sprichst?

Wobei könntest du einen neuen Blickwinkel gut gebrauchen?

Wo steckst du fest und kommst überhaupt nicht vorwärts?

Damit hast du schon einen großen Schritt in die richtige Richtung getan. Nämlich dorthin, wohin du wahrlich gehörst.

Bist du gut sortiert, so bleibt noch die größte Aufgabe, die du in dieser Hinsicht bewältigen musst: dich zu fragen, was dich davon abhält, Hilfe zu erbitten. Was dich daran hindert, dich zu öffnen. Warum hast du so große Angst davor, mit einem anderen Menschen über deine Sorgen zu sprechen? Das ist die Klarheit, die nötig ist, damit du dir am Ende selbst am nächsten sein kannst. Damit dir alle Wege offen stehen, um anzukommen.

Sei mutig und öffne dich.

TIPPS, WIE DU DICH ÖFFNEN UND HILFE ANNEHMEN KANNST

♥ PERFEKT, UNPERFEKT

Der Weg, sich zu öffnen, bedarf eines kleinen bisschens Geduld und des Wissens darum, wie du auf diesen Weg kommst. Ein Schritt in die richtige Richtung kann sein, dass du dir eingestehst, nicht perfekt zu sein und vor allem: nicht perfekt sein zu müssen. Viele Menschen tragen diesen Antreiber in sich, perfekt sein zu müssen, und stehen sich damit selbst im Weg. Diese Hürde aus der Welt und deinem Leben zu schaffen, kann schweißtreibend und langwierig zu sein. Doch es wird sich lohnen, wenn du dich dranmachst. Wenn du deine mentalen Ärmel hochkrempelst und dich dieser Aufgabe stellst. Stell dir doch einmal vor, wie es ist, wenn du einfach nur sein kannst, ganz entspannt und ruhig, auch wenn der Kuchen eine Macke hat, der Nagellack abblättert, die Wäsche nicht gebügelt ist, die Wohnung nicht geputzt und ordentlich aufgeräumt, dein Arbeitsergebnis nicht fünfmal gecheckt. Wo auch immer dein Perfektionismus liegt – er darf weichen. Nicht aus Gründen des Trotzes oder aus Wut. Sondern auf liebevolle Weise darf er dir selbst Platz machen, damit du dich entfalten kannst – unperfekt. Dieses Lösen und das Zuwenden zu etwas, das nicht hundertprozentig sitzt, ist ein Lockern deiner Lebensart, ein Fördern deiner Gelassenheit und eine Akzeptanz dessen, was auf dich zukommen möchte. Einerseits.

Andererseits ist das Fokussieren auf das Nicht-perfekt-Sein ein Platz-Schaffen für Neues, für andere Menschen und für Hilfe, die dich auf deinem Weg erreichen und dich unterstützen kann. Indem du deine Imperfektion zulässt, bist du in der Lage, dich zu öffnen – zunächst für dich selbst, dann für andere. Und es wird dir leichter fallen, in schwierigen Momenten jemanden um Hilfe zu bitten.

♥ »IT'S WORTH THE TRY«

Du kannst es ganz praktisch angehen: Du startest den Versuch allein und überprüfst, wie weit du ohne fremde Hilfe kommst. Um danach abwägen zu können, ob es sich für dich auszahlt und du mit dem Ergebnis zufrieden bist. Zahlt es sich für dich aus, kannst du dich an deinem Resultat erfreuen.

Du kannst es aber auch von der anderen Seite aus angehen und etwas Neues wagen. Hast du schon mal jemand um Hilfe gebeten? Konntest du dich so weit öffnen und jemanden aktiv fragen, ob er dich bei einer Sache unterstützen kann? Lass es doch auf einen Versuch ankommen und schaue auch hier im Nachgang auf dein Ergebnis.

Ich kann mir gut vorstellen, dass das erste Mal sehr unangenehm für dich sein wird. Musst du damit doch zugeben, dass du etwas alleine nicht schaffst oder du eventuell als inkompetent wahrgenommen wirst. Doch lass mich dir einen wesentlichen Tipp mitgeben, der dir den Druck nehmen kann: Überlege dir im Vorfeld, wie du deine Bitte um Hilfe formulieren willst. Damit verschaffst du dir Sicherheit und die Fähigkeit, voll und ganz zu deiner Bitte zu stehen. Sei dir im Klaren darüber, WARUM du nach Hilfe fragst. Formuliere, WORAUS die Hilfe bestehen soll bzw. WIE diese Hilfestellung aussehen soll, was du dir vorstellst. Dazu kommen dann weitere Faktoren wie, WIE LANGE die Hilfe dauern soll, WOZU diese Hilfe führen wird und gegebenenfalls auch WIE VIEL Hilfe du forderst (wenn es um etwas Materielles geht).

Indem du dir diese Formulierungen zurechtlegst, wirst du eine Struktur in deine Bitte bekommen und es wird dir leichter fallen, diesen ersten ungewohnten Schritt zu gehen.

Denke auch daran, dass das erste Muskeltraining für deinen Körper auch immer unangenehm sein wird. Bis es nach ein paar Wiederholungen dann zur Routine und zu etwas Motivierendem wird.

♥ TEILEN LERNEN

Zu lernen, wie man teilt, ist für uns Erwachsene oftmals gar nicht so schwierig. Gerne geben wir etwas von unserem Lieblingsessen ab, von unserem Wohlfühlraum oder von unseren Erlebnissen. Wir teilen mit den Menschen, die uns am Herzen liegen, und vielleicht auch mit jenen, die viel weniger haben als wir. Teilen lernen wir mit zunehmendem Alter. Das setze ich jetzt einfach mal voraus.

Doch da, wo es nach innen geht, fällt uns das Teilen bei Weitem nicht ganz so leicht. Etwas aus unserem Inneren hinauszulassen und es mit jemandem zu teilen, ist eine Aufgabe, die wir auch als Erwachsene noch lernen – manchmal sogar von unseren Kindern abschauen dürfen.

Dabei muss es nicht immer nur um Sorgen gehen, die wir anderen preisgeben. Es können auch schöne Dinge sein. Ein Erlebnis, das uns bewegt. Eine Sichtweise, die uns inspiriert. Ein Prozess, den wir erfolgreich abgeschlossen haben. Ein Meilenstein, den wir nach langer Zeit erreichen konnten.

Und hier liegt der Schlüssel: Wenn du dir schwer damit tust, mit anderen Menschen dein Innerstes zu teilen, dann beginne bei den guten Dingen. Diese fallen meistens leichter als die Themen, die uns bedrücken und schwer im Magen liegen. Dann »steigere« dich von Mal zu Mal und wähle nach und nach Themen, die dir nicht so leicht über die Lippen kommen. Spüre dabei immer wieder in dich hinein, was es mit dir macht, wenn du Gedanken und Erlebnisse teilst. Gehe dabei immer so weit, dass du dich damit wohl fühlst.

Bis du eines Tages feststellen wirst, dass das Teilen mit anderen, egal auf welche Weise, etwas ist, das dir dabei hilft, dich zu öffnen und auch Hilfe zu empfangen.

Du kannst die bzw. der Erste sein, der sich öffnet, den Schritt auf den anderen zugeht und damit signalisiert: »Ich bin bereit.« Und so wirst du auch Inspiration für dein Gegenüber sein. Dass dieses sich öffnet und etwas mit dir teilt.

Das fördert ein Hand-in-Hand-Gehen, das in unserer Welt enorm an Wichtigkeit gewinnt. Das fördert ein Miteinander. Und das fördert die Offenheit in uns. Es ist an dir, dich zu trauen und auszuprobieren, wie es sich anfühlt zu teilen.

SONNTAGNACHMITTAG IM APRIL

Hier in St. Augustine fühle ich mich wieder viel leichter – oder besser? Von Nola bis hierher war das Gefühl nicht so befreit. Hier an der Ostküste ist mein Gefühl wieder ein besseres. Woher das auch immer kommt. Mal sehen, was die nächsten Tage bringen. Ich bin ja noch eine Weile an der Ostküste und habe Zeit zu reflektieren.

Nach dem Lunch stelle ich mein Auto am Airbnb ab und laufe in die Stadt, um sie ausgiebig zu entdecken. Sie gefällt mir jetzt schon sehr. Alles klein, süß, schnuckelig, alt und auch modern. Hier lässt es sich sicher super leben. Denn das Meer ist ja auch da. Hier also eine Mischung aus Natchez und Pensacola. Wunderschön. Hängen bleibe ich in einem Innenhof, bei Live-Musik und lausche der unbeschreiblich schönen Stimme einer lokalen Sängerin und Songwriterin. Da baumelt die Seele bis in den Himmel, und Flügel wachsen an Gedanken, tragen sie weit fort.

Ich lehne mich zurück und genieße die Zeit. Sonntagnachmittag im April 2023. Ich bin glücklich.

BIN ICH TATSÄCHLICH ALLEIN?

Hier sind wir nun bei der Frage angekommen, die mich bis heute schwer beschäftigt. Schaue ich mich um, sind viele meiner Freunde und Engsten in einer Partnerschaft, Ehe oder ihrer eigenen Familie, die sie gerade gründeten. Schaue ich mich um, sehe ich lächelnde Gesichter, freudestrahlende Mamis und besorgte Papis. Ich sehe viele Hände, die einander halten. Viele Arme, die umschließen. Viele Füße, die im Gleichschritt nebeneinanderher gehen. Ich sehe Verbundenheit, wohin auch immer ich blicke. Da ist sie, die traute Zweisamkeit oder Drei- und Viersamkeit.

Ich würde lügen, wenn ich sagte, dass es mich kaltlässt. Genauso würde ich lügen, wenn ich sagte, dass ich das Ticken nicht höre. Liegt es daran, dass ich eine Frau bin und die biologische Uhr unaufhörlich tickt, egal ob ich sie wahrnehme oder nicht? Oder liegt es tatsächlich daran, dass mir dieses Thema Schwierigkeiten bereitet? Natürlich weiß ich aus verlässlichen Quellen von lieben Freundinnen, dass Partnerschaft, Ehe, Kids und Family auch nicht ständig die Erfüllung sind. Gewiss gibt es Momente, in welchen sich meine Weggefährtinnen wünschten, sie wären in meiner Lage. Tja, was man nicht hat, das wünscht man sich eben. Ist es nicht so?

Doch was tue ich nun mit der Herausforderung Alleinsein? Wie gehe ich mit dem Gedanken um, dass ich für den Rest meines Lebens allein sein werde? Ein Gedanke, der lange Zeit vorherrschend war. Ein Gedanke, der mich immer wieder einholt. Ein Gedanke, der sich immer dann anschleicht, wenn mein Selbstwert und mein Selbstbewusstsein gerade auf Urlaub sind. Dann, wenn das Tor zu meiner sensiblen Gedankenwelt unbewacht ist und so gut wie alles Zugang findet. Diese Gedanken sind pures Gift für mein System, Übeltäter der schlimmsten Sorte. Sie verunreinigen mein Wohlbefinden und meine Aura. Doch sie sind da, sie schleichen sich ein und sie bleiben auch gerne mal über Nacht.

Haben sie es wieder einmal geschafft, sich einzunisten, wird es ziemlich trist und schwermütig. Der Tag oder die Stunde gleicht dann einem grauen, nebelverhangenen Dezembertag, an dem es das Tageslicht kaum durch die dicke Wolkendecke schafft. Dann dringen sie durch und durch, und ich kämpfe mit Tränen und schweren Knoten in meinem Herzen. Ich bekomme Panik und mich überwältigt eine Gewissheit, dass ich für immer allein sein werde. Ich frage mich, an wen kann ich meine Erfahrungen und meine Werte weitergeben, wenn da niemand sein wird, der nach mir kommt. Und dann überkommt mich eine sehr große Traurigkeit, die mich zum Rückzug drängt. Einfach nur die Decke über den Kopf ziehen, den Überzeugungen meines Egos zustimmen, dass da draußen niemand ist, der mich lieben wird, niemand, der mich dafür begehrt, wer und wie ich bin. Stets gefolgt von der Frage, was ich falsch mache beziehungsweise wo der Ausgang aus diesem Schlamassel ist – ich finde diese verdammte Tür einfach nicht.

Doch wer wäre ich, wenn ich mit all meiner Entwicklung nicht längst eine Lösung für diese Herausforderung hätte finden können? Was für eine Frau wäre ich, wenn ich mich dieser depressiven Phase ohne Gegenwehr hingeben würde? Ich würde mich meinen destruktiven Gedanken überlassen und wir beide wissen nur zu gut, dass Gedanken unsere Realität formen. Damit steht längst fest, dass ich diese verzerrte Wahrheit nicht leben möchte. Sondern eine Wahrheit, die sich wie ein Tag im Sommer anfühlt. Meine Aufgabe ist es daher immer wieder, diese Gedanken des Alleinseins loszuwerden.

Anfangs ist mir das gelungen, indem ich sie zum Teufel jagte und fein säuberlich unter den Teppich kehrte. Mit dem Nachteil, dass sie immer wieder unterm Teppich hervorkrochen. Verleumdung ist somit nicht des Rätsels Lösung und nicht der Schlüssel zur gesuchten Tür. Nein, ich darf etwas anderes finden, das mich aus dieser grauen Gedankenwelt befreit. Etwas, das mir mehr Licht bringt und mich in diese Leichtigkeit emporhebt, so wie ich es mir wünsche.

Wie gut, dass die Kraft dafür in mir selbst liegt, und wie gut, dass ich auf diesen Schlüsselgedanken eines Tages gestoßen bin. Kommt mir also heute der Gedanke, dass ich so lange allein bin, und die Frage danach, ob ich es für immer bleiben werde, dann beginne ich damit, diese Gedanken liebevoll und sanft aus meinem Kopf zu pflücken. Ich lege sie wertschätzend in eine Kiste und achte darauf, dass die Kisten sicher gestapelt werden. Nach getaner Arbeit begutachte ich meinen Stapel und spreche ein stilles Danke aus. Ja, richtig, ich bin dankbar für diese Ernte. Denn ohne sie würde mir der Ausgleich in meinem Leben fehlen. Dieser Stapel ist immer eine Erinnerung daran, was mir in meinem Leben derzeit vorenthalten ist. Was mich automatisch dazu führt, all das hervorzuheben und zu schätzen, was ich in meinem Leben genießen kann. Und glaube mir, dieser Stapel an Kisten ist weitaus höher und füllt mit all den anderen eine ganze Lagerhalle.

Da ist so viel mehr, was ich genießen darf und was an guten Dingen in meinem Leben existiert. Es wiegt das Gefühl des Alleinseins hundertmal auf. All das Schöne steht und fällt jedoch mit der Fähigkeit, es zu erkennen und es dem vorzuziehen, was gerade nicht in meinem Leben ist. So freue ich mich über die Freiheit, jeden Tag dort zu verbringen, wo es mir gefällt. Oder zu jeglicher Uhrzeit das Haus zu verlassen, ohne dass ich Rechenschaft ablegen muss. Ich muss keine anderen Stundenpläne berücksichtigen oder mich mit jemandem absprechen. Ich kann schon morgen in ein Flugzeug steigen und in meiner Lieblingsstadt sein. Ich kann übermorgen mein Lieblingsessen kochen und danach ins Kino gehen. Ich kann einen Tag lang im Bett verbringen und keiner verlangt meine Aufmerksamkeit. Ich kann einen Lesemarathon veranstalten, um anschließend direkt in den Filme-Marathon überzugehen.

Wer wäre ich, wenn ich all dies nicht sehen und wertschätzen würde? Was für eine Frau wäre ich, wenn ich darauf herumreiten würde, nicht verheiratet zu sein, obwohl ich doch sonst alles haben kann?

Es wird immer Situationen geben, in welchen du dich ganz allein auf dieser Welt fühlst. Das muss nicht einmal damit zusammenhängen, dass du nicht liiert bist. Selbst in einer Partnerschaft kannst du dich mutterseelenallein fühlen. Wir nennen es dann einsam.

Unabhängig vom Grund, warum sich dieses Gefühl bei dir einschleicht, möchte ich dir raten, den Fokus ausnahmsweise vom Gefühl auf deine Gedanken zu lenken. Reflektiere deine Gedanken, die dich diesbezüglich belasten. Welche Aussagen findest du in deinem Kopf wieder und was will dein Ego dir verklickern? Werde aufmerksam für die Gedankengänge, die dich belasten. Hast du sie einmal entschlüsselt, kannst du sie bewusst und dankbar archivieren. Denn sie werden dich nicht dorthin führen, wo du dich nicht mehr alleine fühlst. Sie werden dich sogar immer weiter davon abbringen.

Sind es dann auch die Vergleiche mit anderen Paaren und Familien, die dich in die Enge treiben? Oder ist es die Annahme, dass du keinen Lebenspartner finden wirst? Es kann auch sein, dass du dir hilflos vorkommst und aus deiner Misere allein nicht herausfinden kannst. Was es auch ist, das dich dann so sehr bedrückt, nimm es wertschätzend an und staple es ordentlich in einer Ecke, im Bewusstsein, dass es da ist.

Und dann sieh dich in deiner Lagerhalle um und blicke über all deine Schätze, die du dort sonst noch aufbewahrst. Sind es nicht viele schöne Dinge und Möglichkeiten? Bediene dich großzügig aus deinem Lager und schöpfe immer wieder aus dem Vollen. Werde dir deiner Vorteile, Chancen und Wege bewusst. Erkenne in dir selbst, wozu du fähig bist und welche Türen dir offen stehen. Du hast so viele Talente in dir, so viele Ideen und so viel Kreativität. Das alles spendet dir eine nicht unerhebliche Menge an Energie und Tatkraft. Daraus bereite dir selbst deinen Weg und nutze all das dir zur Verfügung stehende Potenzial. Konzentriere dich darauf, was du in den Händen hältst und was du steuern kannst.

Gelingt es dir, die Weichen zu stellen, wie du sie brauchst, dann wirst du spüren, dass Alleinsein oder Einsamsein nicht länger Macht über dich hat. Dann kommen diese Gedanken zwar, doch du kannst sie gewissenhaft archivieren und dich den Dingen widmen, die dich erfüllen anstatt auslaugen.

Gelingt es dir, dich auf deine Möglichkeiten und dein Potenzial zu konzentrieren, dann steuerst du mit deinen positiven Gefühlen in die richtige Richtung. Dann wird das Gefühl des Alleinseins keine Frage mehr sein, sondern ein Indiz für die alles entscheidende Antwort: Nein, du bist nicht allein. Du bist für dich da und du verbindest dich mit all dem, was dich fördert und dich nach oben treibt.

Nein, du bist nicht allein!

TIPPS, UM GERNE MIT DIR ALLEIN ZU SEIN

♥ NOTFALLSTRATEGIE

Damit du dich mit dir selbst wohl fühlst oder dass du dich zumindest herantraust an das Alleinsein, kann es dir helfen, wenn du dir vorab eine Notfallstrategie zurechtlegst. Du schaffst dir sozusagen eine Fall-back-Strategie. Für den Fall, dass dir die Situation dann doch zu unangenehm wird. Indem du dir diese Notfallstrategie zurechtlegst, sorgst du für eine gewisse Sicherheit. Du musst dann nicht in Panik ausbrechen, wenn es zum Moment der Wahrheit kommt. Wenn du dir selbst nicht weiter beim Denken zuhören kannst oder du eine reale Person brauchst, mit der du dich unterhalten kannst. Überlege dir somit, wie dieses Fall-back für dich aussehen kann. Was könnte dein

Notnagel sein? Ist es eine Freundin, die du dann anrufst? Ist es eine Tätigkeit, die du dann vollführst? So etwas wie das Putzen der Toilette oder Ähnliches. Es kann auch sein, dass du dann fünf Bananenbrote backen musst. Was es auch ist: Mach dir Gedanken darüber, bevor du vielleicht zum allerersten Mal mit dir alleine bist. Hast du es schon einige Male mehr getan, dann kann diese Strategie dennoch nicht schaden. Denn wenn wir uns selbständig mit dem Gefühl der Sicherheit versorgen, haben wir ebenso das Gefühl, es ein Stück weit im Griff zu haben. Natürlich haben wir niemals etwas vollständig unter Kontrolle und das sollten wir auch nicht haben. Doch um loszulegen, um uns zu überwinden, darf dies zur Unterstützung da sein. In dem Maße, wie du mutig und risikofreudig bist. Brauchst du dein Sicherheitsnetz nicht, dann leg doch einfach so los. Dann brauchst du nicht zu warten. Dann verabrede dich noch heute mit dir selbst und höre deinem tiefsten Inneren zu, was es dir zu sagen hat.

♥ ERSCHAFFE DIR DEINEN RAUM

Damit das Alleinsein mit dir selbst gelingt, ist es außerdem dienlich, wenn du jedes Mal für einen schönen Raum sorgst. Das müssen nicht zwingend dein Wohn- oder Schlafzimmer oder dein Yoga-Raum sein. Wenn ich Raum sage, dann meine ich jegliche Art von Raum. Du kannst dir deinen Raum mit deiner Lieblingsmusik und deinem allerliebsten Duft erschaffen – unabhängig davon, an welchem Ort du dich befindest. Du kannst dir deinen Raum erschaffen, indem du die Augen schließt und dorthin abtauchst, wo du dich geborgen fühlst. Vielleicht ist es eine Art innerer Garten – dein Seelengarten.

Eine Kerze, ein leckeres Getränk, ein Baum in einem Garten, ein Panorama, ein Weg. Ein imaginärer Farbraum, ein Foto, ein Gefühl. Du kannst alles dafür hernehmen, was dich in deinen absoluten Wohlfühlraum abtauchen lässt.

Und wann immer du dich bereit dazu fühlst, mit dir allein zu sein, tauche in diesen Raum ab. Dorthin, wo du durch nichts und niemanden aus der Ruhe gebracht werden kannst – außer von dir selbst und deinen Gedanken.

In diesem Fall sei liebevoll zu dir, habe Verständnis und den Mut, alles auszuhalten, was da kommen mag.

♥ SICH DER KOMMUNIKATION STELLEN

Denn ja, etwas auszuhalten kann bedeuten, dass du dich, wenn du mit dir selbst allein bist, auch der Kommunikation mit dir selbst und deinem ganzen Innenleben stellen musst. Da mögen einige Dinge gesagt werden, die dir bzw. deinem Ego nicht so ganz passen. Dein Ego wird dabei an die Decke gehen und alles versuchen, um all die anderen Stimmen, die aus deinem Bauch und aus deinem Herzen, zu übertönen. Es kann ein regelrechter Kampf werden. Glaube mir, ich weiß sehr genau, wovon ich spreche. Diesen Kampf führe ich schon mein ganzes Leben. Doch was ich daraus gelernt habe, ist, dass er geführt werden muss. Um dieses immer wiederkehrende Thema, durch den Schmerz hindurchgehen zu müssen, aufzuarbeiten.

Es werden Momente sein, in welchen du nicht weißt, wo dir der Kopf steht. Panikattacken können auftreten und du kannst das Gefühl haben, gleich zu explodieren.

Doch die Wahrheit ist, du wirst es überleben. So schmerzhaft sie sein werden, diese Phasen werden vorübergehen.

Und so ist alles, was ich dir dazu raten kann, Folgendes: Stelle dich der Kommunikation. Höre, was dein Inneres dir zu sagen hat – auf jeder Ebene. Lass alles zu und alles raus. Nur so wirst du heilen. Und nur so wirst du hören, was in dir vorgeht und welche Bedürfnisse du letztendlich hast, um als der Mensch leben zu können, der tief in dir verborgen ist.

Also gehe regelmäßig in deinen Wohlfühlraum und höre dir zu. Halte aus. Je öfter du es machst, desto geübter wirst du sein und desto weniger Angst wirst du vor dem Alleinsein empfinden. Denn es wird dir nichts passieren, außer dass du die Wahrheit findest. Nichts als die pure Wahrheit.

SCHLÜSSELMOMENT

Zwischen Sonntag und Dienstag liegt ein fauler Montag. Ich schlafe lange und blicke in einen bewölkten Tag hinaus. Warm ist es trotzdem. Erst einmal ausgiebig frühstücken, mit Früchtebowl und Pancakes. Solange ich hier bin, will ich so viele Pancakes wie nur möglich essen. Nach dem Frühstück bin ich so müde, dass ich wieder zurück ins gemütliche Cottage fahre und nochmal drei Stunden schlafe. Habe ich erwähnt, dass Schlafen mein allerliebstes Hobby ist? Es tut so gut. Doch ich raffe mich wieder auf. Ein bisschen noch von der Umgebung sehen, vor allem den Strand und das Meer. Dort wandere ich entlang, spüre die Natur unter meinen Füßen und sammle ein paar Muscheln – als Erinnerung. Der Wolkenhimmel ist weit und ich liebe seine Perspektive. Ebenso über dem weiten Atlantik. Der Ort hier ist besonders und mich zieht es alle Tage, die ich hier bin, an diesen Ort. Nach dem Strand einen Tee, ein Bananenbrot und einen Kaffee on Ice. Lesen. Florida und seinen Lifestyle genießen. Hier fällt es mir leicht.

Da ich noch nicht zurück ins Airbnb möchte, entscheide ich mich für die Besichtigung des Lighthouse und seiner Geschichte. Die Höhe lässt meine Knie butterweich werden. Doch der Ausblick ist gigantisch. Genau wie die Geschichte seiner Protagonisten. Vor dem Hintergrund, dass Deutschland in den Vierzigern enorme Beteiligung daran findet.

Nach diesem Höhenflug besinne ich mich und widme mich etwas mehr der Basis – meiner Schmutzwäsche. Um 7 p.m. bin ich im Cottage. Für einen faulen Tag ohne Plan habe ich erstaunlich viel erlebt. Ich nehme mir diesen Tag mit als Vorbild für alle folgenden. Auch ohne ständig alles zu verplanen, kann ich viel erleben. Gleichzeitig bin ich entspannter. Hach, welche Erkenntnis mich da erschleicht. Happy me!

Die Nacht wieder viel zu kurz und unruhig. Zu viel gelesen, würde ich sagen. Absichtlich lade ich mir kein neues Buch herunter. Sonst bin ich viel zu sehr in die Fantasie vertieft, als dass ich im Hier und Jetzt meine Reise genieße. Doch eines muss ich dem Buch zugutehalten. Es hat mir einen sehr besonderen Moment beschert. Durch Zufall blickte ich am Vortag auf den Schlüsselanhänger am Cottage-Schlüsselbund. Ein Zitat von Edgar Allan Poe zeigt sich mir. Ich verstehe es nicht so recht – nicht einmal in meiner Muttersprache. Ich lasse es los und denke nicht weiter darüber nach. Bis zu dem Augenblick, als ich es im Buch der vergangenen Nacht wiederfinde – noch am selben Abend, auf Deutsch. Das gleiche Zitat. Wie ist das möglich? Also betrachte ich es doch genauer:

»Alles, was wir sehen oder scheinen, ist nichts als ein Traum in einem Traum.«

Ich meine, für mich zu verstehen, dass das Leben im Grunde ganz anders ist als das, was wir uns immer (aus)denken. Und dass wir uns den Kopf so sehr zerbrechen über Dinge, die gar nicht existieren. Weil wir in einem Traum leben, den wir leben sollten, anstatt darin zu träumen. Und die Frage: Existiert die Realität überhaupt? Kurzum: Kopf aus, Herz an! So will ich und so muss ich es verstehen.

Ein anderes Zitat aus diesem Buch bringt mich ebenfalls zurück auf meinen Pfad dieser Reise: »Wo auch immer du bist, sei ganz dort.« Das nehme ich mir ganz besonders zu Herzen – für die zweite Hälfte meiner Reise. Denn das war und ist das große Ziel. Den Kopf leise drehen und das Herz ganz laut. Das Leben fühlen. Genießen. Damit fest verbunden ist meine Weiterfahrt in Richtung Süden. Und nach ein paar Tagen des Verlorenseins und ohne Elan geht es heute viel besser und die Entdeckerfreude meldet sich zurück.

DEINE LÖSUNG LIEGT IN DER EINFACHHEIT.

SPEED OF LIFE

A dream come true. Nach dem Frühstück in St. Augustine geht's Richtung Satellite Beach, südlich von Cape Canaveral gelegen. Mein nächster Place to see. Und der südlichste Punkt auf meiner Reise. Ein Stopp dazwischen, der International Speedway in Daytona. Ich nehme an einer Tour teil und folge den Spuren der berühmtesten Rennfahrer auf dem Track. Die Location beeindruckt mich sehr. Leider findet zu dieser Zeit kein Rennen statt. Doch der Guide nimmt uns außergewöhnlich mit bis ganz nach oben in den Zuschauerrängen. Etwas Besonderes und so sehe ich den Speedway in seiner ganzen Pracht. Dieser Halt ist ebenso außergewöhnlich. Ich hatte nichts erwartet und wurde ebenso groß überrascht. Momente, die Geschichte schreiben – meine Geschichte.

Nach unzähligen Fotos und Erinnerungstafeln mache ich mich auf den Weg und erreiche die Unterkunft am späten Nachmittag. Ich habe noch etwas Proviant besorgt und bin dann glücklich in den Federn – lesen und ausruhen (also doch noch ein Buch heruntergeladen). Ständiges Fahren und Eindrücke-Sammeln braucht ziemlich viel Energie. Und ich möchte am Folgetag früh los. Denn da wartet ein echtes, GROSSES Highlight.

ETWAS STIMMT NICHT MIT MIR

Hätte ich diese Feststellung doch schon viele Jahre vorher geschenkt bekommen. Leider hat es damit etwas gedauert. Und leider habe ich wenig Erinnerung an die Zeit, in der ich diese Feststellung so dringend gebraucht hätte. Alles, was ich jetzt weiß und damals hätte wissen sollen, ist: Ja, etwas an mir ist anders. Es gab so viele Tage und Stunden, in denen mich etwas quälte und ich nicht genau sagen konnte, was es ist. Da waren Trauer, Wut, Zurückgezogenheit. Da waren Verabredungen, die ich einging, auch wenn ich keinen sonderlich großen Drang danach hatte. Da waren gemeinsame Unternehmungen mit Freunden, die mir keinen Spaß einbrachten. Zumindest nicht in dem Ausmaß, wie es das für meinen Freundeskreis brachte. Unzählige Abende in lauten, stickigen und überfüllten Clubs. Dabei wäre ich doch lieber für mich gewesen und hätte meinen Schmerzen und meinen Freuden gelauscht. Was tut man nicht alles, um in jungen Jahren dazuzugehören? Um zu wissen, dass man irgendwo dazugehört. Aber ist IRGENDWO genug? Ist Irgendwo die Antwort?

Im Kindesalter stellte ich mir diese Frage noch nicht. Auch als Jugendliche war mir dieser »Umstand« nicht bewusst. Wie gesagt, das kam erst viele, viele Jahre später. Also ging ich in jüngeren Jahren weiter meinen Weg. Ich ging weiter dorthin, wo ich nicht ich war bzw. sein konnte. Ein ständiges Ausloten zwischen Mit-dabei-Sein und Für-mich-Sein. Wer konnte mir letztendlich die beste Antwort auf meine (unbewusste) Frage geben?

In diesen Jahren passierte so vieles im Außen. Gut, eigentlich passierte alles im Außen. Ich denke, damit bin ich nicht alleine. In der Pubertät und im Erwachsenwerden möchte doch jeder herausfinden, welche Persönlichkeit man ist und wie genau diese bei den Menschen ankommt, die einem derzeit wichtig sind: Freunde, Schwärme, Beliebte und weniger die, die einem tatsächlich am nächsten sind – die Familie. Aber vielleicht hätten genau die Nächsten einem viel schneller die Antwort auf die Frage gegeben: »Was stimmt nicht mit mir?« Vielleicht auch nicht. Denn woher sollten sie wissen, wer ich war, wenn ich es selbst nicht wusste.

Die Antwort in dir selbst ist immer die Antwort, die die Welt dir gibt.

Meine Antwort an mein jüngeres Ich lässt sich ganz knapp zusammen-fassen. Mit allem, was ich heute weiß und fühle, würde ich mir laut zurufen: ALLES AN DIR STIMMT, GELIEBTE SEELE! Auf der Welt gibt es nichts, was sich mit dir vergleichen lässt. Also woran willst du dich messen! Es ist nun an dir, dich für deine Einzigartigkeit zu öffnen und das zu genießen, was dir als Geschenk zuteilwurde.

Die Erkenntnis, dass ich anders bin und mir das in Kindheits- und Jugendjahren schwere Momente brachte, ohne dass ich dies zu-ordnen konnte, kam mit den Dreißigern. Mit dem Verständnis für die Welt, für mich, für meine Bedürfnisse.

Aber du weißt genauso gut wie ich, dass Erkenntnisse nicht auf dem Silbertablett serviert werden. Eine Erkenntnis bedeutet, eins und eins zusammenzuzählen. Aber dafür muss man eins und eins erst ein-mal erleben und verarbeiten. Anders gesagt: Wir müssen Erfahrungen sammeln. Meine Güte, was sammelte ich zwischen 20 und 30 Er-fahrungen! Ich hoffe fest, dass du in diesem Moment gemeinsam mit mir die Hände vors Gesicht schlägst, den Kopf schüttelst und die gan-zen Bilder im Kopf irgendwie aushalten kannst. Sie passen vielleicht in den Film »Die wilden Zwanziger« mit Humphrey Bogart. Er hätte übri-gens auch eine ganz gute Antwort parat: »Was ich habe, ist Charakter in meinem Gesicht. Es hat mich eine Masse langer Nächte und Drinks gekostet, das hinzukriegen.« Passt zu den langen und wilden Party-nächten mit zwanzig und zum Missverstandensein, seit ich existiere.

Ein Umstand, der mir bis heute geblieben ist und den ich (noch) nicht in etwas Gutes umwandeln konnte. Ich fühle mich nach wie vor missverstanden. Das Bild von mir, das sich viele selbst gemalt haben, höchstwahrscheinlich mit den falschen Grundvoraussetzungen, gehört nach wie vor zu meiner Existenz. Ich bin sicher nicht diejenige, die in so vielen Galerien von Köpfen hängt. Mein wahres Bild kennt nur ein kleiner Kreis und selbst der hat dieses Bild noch nicht zu Ende gezeichnet. Ein Mythos eines Meisterwerks. Wem wird es gelingen, es zu offenbaren? Ich hoffe inständig, dass es mir selbst gelingt.

Alles, wirklich alles, was du fühlst, ist richtig. Versuche so oft wie möglich dein Herz darauf zu schulen, ganz laut zu sprechen. Versuche dich so sehr darauf zu trainieren, dein Herz zu hören. Dann wirst du wahrnehmen, was du fühlst. Du wirst deine Emotionen kennenlernen und deine Gefühle. Du wirst spüren, wenn dein Körper dir Antworten gibt. Du wirst deiner Intuition begegnen. Je mehr dir das gelingt, desto schneller wirst du dir selbst die Antwort geben können, dass du genau so, wie du bist, richtig bist und dass Anders-Sein das Beste ist, was dir passieren kann.

Und da ist noch etwas, das dir bei deinem Finden behilflich sein kann. Meine Zugehörigkeit fand ich niemals in der Vergangenheit und werde sie niemals finden. Wenn du wissen möchtest, wohin du gehörst, dann widme dich der Gegenwart. Aus dem, was dir in diesem Moment gegeben ist, forme dein Zuhause, deinen Platz oder eben das, was dir das Gefühl von Zugehörigkeit vermittelt.

Falls du gerade keine Idee davon hast, wie das gehen kann, lies weiter.

TIPPS, UM AUF DEIN HERZ ZU HÖREN

♥ FOKUS AUF DEN KANAL

Auf das Herz zu hören begleitet uns – dich und mich – durch das gesamte Buch und es gibt allen Grund dazu. Denn diese Aufgabe ist die schwerste, die ich in meinem Leben zu meistern hatte und habe. Auch wenn ich schon sehr weit gekommen bin, fordert sie mich doch immer noch heraus. Daher lege ich einen sehr starken Fokus darauf und ebenso viel Wert – damit du den Knoten viel schneller lösen kannst als ich. Je früher du damit beginnst, auf dein Herz zu hören, desto länger wirst du ein erfülltes Leben führen.

Lass uns meiner Mission folgen und den Fokus noch etwas mehr schärfen, indem wir ihn auf den passenden Kanal legen. Du kannst dich bei Entscheidungen, die du einfach nicht treffen kannst, oder bei Aussagen, die in dir umherschwirren, fragen, wer denn da spricht. Dabei schließe die Augen, hole dich mit deinem Atem in den Moment. Dazu atme einige Mal tief durch die Nase ein, hinein in deinen Bauchraum. Und über den Mund aus. Das Ausatmen kannst du verstärken, indem du die Luft gegen deine geöffneten Lippen presst. Lass es einige Male fließen, bis du das Gefühl hast, dass du nun ganz bei dir bist. Dann lass in dir deine Frage bzw. Aussage entstehen. Parallel ist es deine Aufgabe zu fühlen, von wo dieser Satz oder die Antwort kommen. Spricht da gerade dein Herz zu dir oder viel eher dein Kopf? Wenn der Kopf spricht, was würde dein Herz anstatt dessen raten?

Fokussiere dich auf den Kanal, der in jedem Moment zu dir spricht, und dann geh in die Kommunikation mit dem für dich richtigen Kanal.

♥ DER UNRUHE-CHECK

Ich bin sicher, du hast Themen und Angelegenheiten in deinem Leben, die dich nicht in Ruhe lassen und dich täglich beschäftigen. Sofort, wenn du am Morgen die Augen aufschlägst, bis hin zu spät abends, wenn du zum Schlafengehen die Augen wieder schließt. Dadurch verlierst du den Bezug zum Hier und Jetzt und du bewegst dich außerhalb deiner Energie. Dadurch wirst du müde, nachlässig, träge, traurig, frustriert, ängstlich, besorgt und sicher noch vieles mehr, das dich am

Genuss deines Lebens hindert. In diesem Fall kann es hilfreich sein, dass du den Unruhe-Check machst.

So ähnlich wie beim Fokussieren auf den Kanal gilt es herauszufinden, was genau es ist, das dich so bewegt. Du kannst ziemlich sicher darauf schließen, wenn dich etwas aus der Ruhe bringt, dich etwas bedrückt, dir Angst macht oder dir Sorgen bereitet, dann wirst du von deinem Ego gesteuert und nicht von deinem Herzen – so wie du es vermutlich lieber hättest. Die Unruhe in dir ist sozusagen ein Reminder dafür, dass du dich wieder mehr auf den Kanal deines Herzens fokussieren darfst. Damit du Frieden findest und die Energien anzapfst, die dich das Leben in seiner vollen Pracht spüren lassen. Freude, Leichtigkeit, Güte, Freundlichkeit und Liebe. Sie sind es, die dich leiten und begleiten sollen.

♥ DANN, WENN DU LACHST

Und hier kommt gleich ein weiterer Reminder für dich. Kurz und knapp: Immer dann, wenn du lachst, dann spricht dein Herz zu dir und dann bist du an genau der richtigen Stelle. Mache dich auf die Suche nach den Menschen, Orten und Handlungen, die dich lachen lassen. Und dann, wenn du herzlich und ungeniert lachst, dann bist du ganz nah an deinem Herzen und kannst hören, was es dir zu sagen hat.

EIN KINDHEITSTRAUM

Heute realisiere ich einen Kindheitstraum. Ich besuche das Kennedy Space Center auf Merritt Island bzw. am Cape Canaveral. Immer schon träume ich von der Nähe zu diesem Ort. Vielleicht auch wegen der Nähe zu den Sternen und zum Universum. Es fasziniert mich bis ins Mark. Extra dafür mache ich auf meiner Reise eine extra Schleife runter nach Florida.

Überrascht bin ich von der Masse an Besuchern. Damit habe ich nicht gerechnet. Und das stresst mich etwas. Dennoch nehme ich mir Zeit – ganz viel Zeit – und erkunde den gesamten Komplex in meinem eigenen Tempo. Wie gut, dass dies möglich ist. Ich sehe die Atlantis, das Space Shuttle mit seinen dreiunddreißig Missionen im Original. Ich sehe die Saturn-V-Rakete der Apollo-Missionen und so viele Puzzleteile einer einzigartigen Geschichte. Und ich werde wehmütig, weil ich gerne Teil davon wäre und ich sicherlich mal wieder Chancen verpasst habe. Es tut mir unheimlich leid und stimmt mich traurig. Aber ich fasse mich und werde darüber nachdenken, wie ich meine Chancen im Hier und Jetzt nutzen kann und werde.

Insgesamt verbringe ich sieben Stunden dort und wäre noch lange nicht ready. Aber ich möchte den Abend am Meer ausklingen lassen. Das tue ich in der Nähe meines Airbnb bei Pizza und Bier – direkt am Meer, während ein dicker Schauer über uns vom Himmel regnet. Wie erfüllend kann ein Tag enden?

Mit welchem Gefühl ich diesen Ort verlassen werde? Ich weiß es noch nicht. Fest steht jedoch, dass es ein Ort ist, an dem ein Stück Kindheitstraum, ein Stück Sehnsucht klebt. Auch ein Ort verpasster Chancen. Doch ich bin so glücklich, dass ich diesen Ort besuchen durfte. Jede Unruhe, jedes Quäntchen Sehnsucht ist es wert. Ach ja, wertvoll an diesem Tag war im Übrigen auch der Frühstücksspot. Der

Inhaber gab mir einige Tipps für Lokale in Charleston. Alle schwärmen von Charleston – anstatt von Savannah. We will see ...

BIN ICH ICH?

In all den Jahren habe ich sehr, sehr viel über mich selbst nachgedacht. Ich denke an den Moment, in dem ich wohl nicht das Richtige sagte. Ich denke an die Situation, in der ich nicht korrekt handelte. Ich denke an die vielen Abende, in denen ich abstürzte, um meinen Kummer zu lähmen. Ich denke an die Augenblicke, in welchen ich kein liebes Kind war, sondern das wilde, unangepasste und freigeistige Kind. Damals natürlich noch überhaupt nicht in dem Bewusstsein, dass es nicht mein Kindsein ist, das nicht ordentlich ist. Sondern vielmehr meine antrainierten, angeborenen und verinnerlichten Verhaltensmuster – für die niemand etwas kann. Ich wusste nicht, dass ich das unangepasste, freigeistige Kind sein DARF, dass es erlaubt ist, meinen ganz eigenen Gefühlen und Leidenschaften zu folgen. Ich wusste nicht, wer ich eigentlich sein darf.

Unglücklicherweise verwächst sich diese Problematik nicht mit dem Alter. Im Gegenteil. Das Verhalten prägt sich mehr. Die Stimmen im Kopf werden lauter. Der Freigeist verblasst. An dieser Stelle ein Hoch auf alle Kinder, deren Wesen früh erkannt, geschätzt und gefördert wird. Diese Kinder haben die Möglichkeit, sehr viel früher zu erkennen, wer sie sind. Im allerglücklichsten Fall wissen sie es ihr Leben lang. Der Vorteil: Sie entwickeln sehr früh und vermutlich auch sehr stabil ein Selbstbewusstsein und -vertrauen, das die Welt aus ihren Angeln hebt.

Doch wir stecken den Kopf nicht in den Sand, wenn wir nicht zu diesen Glückskindern gehören. Es sind so unendlich viele Menschen auf dieser Welt, die sich täglich darum bemühen, ihre eigene Persönlichkeit zu definieren. Was es für mich bedeutet, so aufgewachsen zu sein, ist die Tatsache, dass ich mich sehr lange und häufig frage, wer ich bin. Und ich lege sogar noch eins drauf und frage: Bin ich ich?

In all den Jahrzehnten und dem ganzen Wirrwarr an Gedanken – ich habe sehr viele davon – finde ich selbstverständlich nicht viele Antworten darauf. Ich versuche die Antworten nämlich im Außen zu finden, in materiellen Dingen, im Essen, im wilden Partynächten, in abstoßendem Verhalten, in Alleingängen, in Trotzreaktionen und in jeder Menge schlechtem Gewissen. Doch die Antworten bleiben aus. Wer bin ich?

Die Antwort nicht zu finden zerreißt mich regelmäßig. Was in neue Exzesse mündet und ein neues schlechtes Gewissen hervorruft. Ich bin ein einziges schlechtes Gewissen und ich versuche gerade herauszufinden, wie ich dir dieses Gefühl oder diesen Zustand näherbringen kann. Ich meine, vielleicht weißt du sofort, was ich meine. Falls nicht, dann kannst du es dir so vorstellen, dass ich bislang überhaupt nichts in meinem Leben machen, geschweige denn genießen konnte, ohne dabei ein mieses Gefühl in der Magengegend zu vernehmen. Genuss ohne Gewissen – niemals nicht denkbar.

Da stellt sich doch gleich die nächste Frage: Wie kann ich herausfinden, wer ich bin, wenn ich keine Leidenschaft und keinen Genuss zulassen kann? Wie kann ich erfahren, was mein Herz ersehnt, wenn ich es ihm nicht in vollem Maße zukommen lassen kann? Wie kann ich mich meinen Leidenschaften hingeben und mich ausloten, wenn jeder Funke im Keim erstickt wird? Wie kann ich ich sein, wenn ich mir selbst immer wieder den Riegel vorschiebe? Diese Tür bleibt deutlich zu lange verschlossen.

Heute darf ich, ohne mit der Wimper zu zucken, behaupten, dass es völlig okay ist, auf diesem Weg groß zu werden und zu reifen. Ich darf mich verirrt und ich darf mich verachtet haben. Ich darf vieles ausprobiert haben: Hobbys, Frisuren, Kleidungsstile, berufliche Werdegänge und mich mit keinem davon wohl gefühlt haben. Ich darf angeeckt sein und mir Standpauken eingeholt haben – auch wenn das damals nicht angenehm war. Ich darf all das erfahren haben, um heute zu wissen: Es war nötig. Je öfter ich anecke, desto häufiger kommt das schlechte Gewissen und desto größer wird dieser Berg. Desto unübersehbarer steht er mitten in meinem Leben.

Und von allein wird er nicht verschwinden. Klingt nach einem Jackpot. Mir wird sämtlicher Sh... draufgeladen und ich darf sämtlichen Sh... auch wieder abarbeiten. Das Leben ist fair oder?

Also sehe ich das Gute und danke diesem Berg direkt vor mir, dass ich meine Hausaufgaben nun nicht länger umgehen kann. Ich muss da rauf. Ich darf mich abmühen, um diesen Anstieg zu meistern. Schritt für Schritt da rauf. Was ich von dort sehen werde? Das bleibt noch offen, doch ich marschiere los.

Mit jedem Meter, den ich zurücklege, mit jedem Meter, in dem ich für mich einstehe und mich meinem Gewissen stelle, werde ich wacher. Ich verstehe, was in mir passiert. Ich weiß, warum ich so viel schlechtes Gewissen produziere. Ich verstehe meine Glaubenssätze und ich verstehe die einzelnen Situationen, in welchen dieses miese Gewissen auftaucht. Ich erkenne, dass ich mich nicht für alles, was bei meinen Mitmenschen schiefläuft, verantwortlich fühlen muss. Ich lege nach und nach meine Ketten ab und es wird leichter. Mit jedem Schritt nach oben wird mein Kopf freier, das Herz wärmer, der Himmel heller. Ich erhebe mich aus dem Schatten meines Schicksalsberges.

Ich forme mir mein Umfeld, wie es mir gefällt, richte meine Wohnung so ein, dass ich mich wohl fühle. Ich trage die Kleidung, die mir schmeichelt und in welcher ich mich ebenfalls wohl fühle. Ich entpacke meine Weiblichkeit und definiere, was sie ausmacht. Ich bin stolz auf das, was mein Äußeres kann. Ich liebe meinen Facettenreichtum, meine Kreativität. Ich offenbare mir selbst meine Lieblingsplätze und erlaube mir, diese aufzusuchen, wann immer ich mag – alleine. Ich fliege allein in den Urlaub, weil ich weiß, dass ich Ruhe und Abstand brauche. Ich sammle verschiedenste berufliche Erfahrung und bin d'accord damit, dass ich nicht schon Jahrzehnte am gleichen Schreibtisch sitze. Ich gewähre mir die Tage, Abende und Nächte, in denen ich leide(n will) und mich dem Mitleid hingebe. Ich stehe am nächsten Morgen auf, lächle mir zu und sage: »Danke, dass ich mir diese Pause ermöglicht habe.« Ich lasse Freunde sich beschweren und kann mich mit meinem Gewissen heraushalten. Ich beschwere mich selbst und lache im nächsten Augenblick über diese Energieverschwendung.

Und so forme ich mich selbst zu der, die ich bin. Und ich weiß, dass ich ich bin. Woher ich das weiß? Weil ich MIT meiner Leidenschaft gehe und nicht dagegen an. Weil ich den Berg nach oben gehe und nicht davor stoppe. Weil ich mit jedem Schritt, den ich nach oben mache, mir selbst näherkomme. Ich finde heraus, was mich strahlen lässt. Jedes Doing, das ich für mich umsetze, zündet diesen Funken der Leidenschaft. Und je mehr Funken sprühen, desto heller leuchtet es in mir. Ich beginne zu leuchten und ich lasse genau dieses Leuchten zu. Ich lasse zu, dass sich das Dunkel, mein Gewissen, lichtet und dass das Licht in mir siegt. Ich werde mir sicher. Ich bin mir meiner selbst sicher. Diese Sicherheit ist das Licht in mir. Dieses Licht ist all das, was mich sein lässt. Dieses Licht bin ich. Ich bin ich.

Eines meiner wichtigsten Learnings ist es, das ich dir nur allzu gerne mitgebe: Stehe zu dir selbst. Begib dich schnellstmöglich auf den Pfad zu dir selbst. Wenn dir tausend Dinge Spaß machen, dann erkunde

1.000 Dinge. Wenn davon nur eines das ist, was dich glücklich macht und dir wichtig ist, dann bist du einen Schritt weiter auf deinem Weg nach oben. Erkunde deine Leidenschaften. Nimm dir die Zeit dafür und lass es gerne auch abwechslungsreich sein. Benimm dich komisch (in den Augen der Betrachter). Sei in den Nächten wach und schlaf am Tag, wenn es das ist, was du gerade brauchst. Schließe dich mit einem Berg voller Bücher ein. Beginne eine Karriere im Cupcakes-Backen, nur um sie kurz darauf wieder hinzuwerfen. Such dir zwei Teilzeitjobs, wenn du dich nicht entscheiden kannst, ob du im Bürostuhl sitzen oder hinter der Theke stehen möchtest. Trage heute nur Rot und morgen nur Schwarz. Lote dich bis ins kleinste Detail aus. Lerne dich kennen. Hab Spaß dabei.

Lasse alle fremden Gedanken außen vor. Lass deine eigenen Gedanken noch weiter außen vor. Sprich gut zu dir selbst und tu dies in jeder Sekunde.

Je länger du diesen Pfad beschreitest, desto sicherer wirst du in dem werden, was und wohin du willst. Du wirst so sicher in dem werden, wer du bist. Mit dieser Sicherheit im Gepäck kannst du dann eines Tages sicher sein, dass du zu dir stehst. Was unweigerlich dazu führt, dass die ganze Welt zu dir steht. Ganz automatisch, ohne Anstrengung. Allein aus deiner ganz eigenen, einzigartigen Energie heraus. Weil du du bist und es endlich lebst. Steh zu dir und die ganze Welt wird es tun.

TIPPS, WIE DU DEINE GEDANKEN AUSSEN VOR LASSEN KANNST

♥ NIMM SIE WAHR (UND AKZEPTIERE SIE)

Du kennst es: Wenn ich dir jetzt sage, nicht an ein grünes Haus zu denken, dann wirst du auf jeden Fall an dieses Haus denken. Ein anderes Beispiel unterstreicht dies. Wenn du meditieren möchtest und draußen vor deinem Fenster spielen und toben Kinder, dann denkst du dir vielleicht: »Seid doch bitte leise.« Und du versuchst dieses Gebrüll mit aller Kraft zu überhören. Doch je länger du versuchst, es auszuschalten, desto länger werden sich die Geräusche in den Vordergrund drängen.

Diesem Prinzip kannst du folgen. Je mehr du versuchst, deine Gedanken aus deinem Kopf zu vertreiben, desto kräftiger werden sie an deinen Gehirnsträngen zerren und sich daran festhalten. Sie wollen schließlich nicht missachtet werden. Sie wollen ebenso lieb gewonnen werden wie alles andere an dir. Und ich sage dir: Sie gehören zu dir! Daher ist mein Tipp an dich: Wende dich nicht von deinen Gedanken ab. Wende dich ihnen zu und zeige ihnen: Ich sehe euch. Ich höre euch. Genauso wie die Geräusche. Fokussiere dich auf die Geräusche – bis sie von selbst leiser werden.

Je mehr es dir gelingt, deine Gedanken anzunehmen, desto mehr wirst du dich mit ihnen anfreunden. Und desto weniger werden sie sich in den Vordergrund drängen wollen. Akzeptiere, dass da Gedanken sind. Denn sie werden so oder so da sein. Und im Grunde sind sie manchmal doch ganz nützlich.

♥ MALE BILDER

Um deine Gedanken außen vor lassen zu können, kann es hilfreich sein, wenn du deine Gedanken verstehst. Dazu braucht es manchmal ein »Sehen mit den eigenen Augen«. Du kannst deine Gedanken sichtbar machen, indem du sie malst oder skizzierst. Bist du ein relativ kognitiver Mensch, dann klappt es sicherlich schon, wenn du imaginäre Bilder in deinem Kopf entstehen lässt. Ein Bild über deinen Gedanken, der dich gerade belastet. Lass deiner Kreativität freien Lauf. Lass Formen entstehen, Farben, Landschaften. Alles, was dir dabei behilflich ist, deinen Gedanken ein Aussehen zu verleihen, kannst du verwenden. Bist du der Macher-Typ, jemand, der gerne mit den Händen arbeitet, dann greif zu Pinsel, Farbe, Bleistift, Buntstift oder Filzer. Und dann zeichne drauflos. Denke nicht viel drüber nach, wie ein Strich auszusehen hat. Fokussiere dich vielmehr auf deinen Gedanken. Lass diesen ganz präsent werden. Dazu kommen Gefühle hoch. Alles zusammen kann nun in deinen »künstlerischen« Ausdruck deines Gedankens fließen. Lass deine Hände fließen und machen. Sie werden deinen Gedanken auf die Weise sichtbar machen, wie es dich unterstützen kann.

♥ LASS SIE RAUS

Noch mehr rauslassen kannst du deine Gedanken, indem du sie dir aus dem Kopf schreibst. Einen Klassiker möchte ich dir hiermit ebenso mitgeben: die Morgenzeilen.

Direkt nach dem Aufwachen kannst du dir dein Notebook schnappen und alles aufschreiben, was aus deinem Kopf herausmöchte. Das ist in den meisten Fällen ziemlich wirres Zeug und meistens auch ohne Zusammenhang. Und manchmal geschieht dabei aber auch etwas ganz Wundervolles. Eine Erkenntnis. Eine Idee. Eine Eingebung. Oder die Ruhe in dir, die Zuversicht, dass es ein wundervoller Tag werden wird. Nach einer schlechten Woche. Nach einem miesen Tag. Nach einer schlaflosen Nacht. Diese Morgenzeilen können dir dabei helfen, deine Gedanken zu ordnen, sie zu verstehen oder sie schlichtweg außen vor zu lassen.

MAGISCHE BEGEGNUNGEN

Der Morgen danach: Ich erwache mit Rückenschmerzen und hoffe, dass sie im Verlauf des Tages nachlassen. Weil ich einiges an Strecke vor mir habe, starte ich so früh wie möglich. Ich bin um 5 a.m. schon wieder wach. Doch erst um kurz vor 8 a.m. starte ich durch. Ein Zwischenstopp wird Jekyll Island. Mittagspause und den Driftwood Beach anschauen. Lauter tote Bäume am Strand. Ein Mann fragt mich, während ich fotografiere, was ich denn sehe. Ich antworte: Kunst. Diese Bäume, wenn auch tot, sind für mich Kunst. Wie immer in der Natur.

Ich komme mit Richard und Samanta ins Gespräch und fühle mich direkt verbunden. Erzähle, dass ich hier meinen Wurzeln folge, auf dem Pfad der Indians, und sie bestätigt mir, dass ich so aussehe. Im Gegenzug berichtet mir Samanta, dass sie sich immer von England angezogen fühlte und sie nach einem Ancestry Test die Bestätigung ihrer teilweisen Abstammung erhielt. Ist diese Begegnung nicht ultracool? Sie wird noch cooler, denn die beiden haben Elvis in ihrem Leben zweimal live erlebt. Richard bestätigt, dass seine Lieder explodierten, so kraftvoll seien sie gewesen. Einmal mehr die Bestätigung, dass ich ihn hätte treffen sollen. Ich hoffe auf das nächste Leben.

Mit den beiden unterhalte ich mich lange. Ich habe das Gefühl, wir wollen uns nicht trennen. Aus Atlanta kommen sie. Jedenfalls machen wir ein unglaublich schönes und inniges Erinnerungsfoto. Für immer eingefangen diesen Moment. Es ist schon wunderbar auf dieser Reise, dass ich an jedem Tag, an dem ich nicht so obenauf bin, auf die schönsten und liebsten Menschen treffe. Ich bin so sehr dankbar für dieses Geschenk. Ein Glücksmoment an diesem Tag.

Nach Jekyll Island geht's dann endlich zu einem weiteren Sehnsuchtsort und planmäßigen Halt auf meiner Reise: Savannah. Vor dem

Check-in habe ich noch Zeit und entscheide mich für den ersten Must-see-Spot: Wormsloe. Hier reichen die Wurzeln sehr tief und ich sehe im dort angelegten Museum Fotos von Indians. Ich finde, ich sehe ihnen ähnlich. Einbildung oder nicht: Ich fühle es so.

Jedenfalls möchte ich die seit über einem Jahr auf meinem Handy als Foto gespeicherte Allee mit Spanish Moss sehen. Und das darf ich auch. Viele, viele Fotos sind die Folge. Danach den alten Park erkunden, das besagte Museum, die alten Trails. Dabei auch mein Seelentier – ein Reh. Was für ein Willkommen in Georgia! Hier fühle ich mich gut. Hier bin ich zu Hause.

Und so stehe ich nun auf diesem Land, nach dem ich so Sehnsucht hatte. Die kommenden drei Tage möchte ich alles in mir aufsaugen. Noch so viel mehr möchte ich es verstehen und erleben – warum bin ich hier?

Ein paar Stunden später liege ich in meinem Bett am Fenster und schaue in den abendlichen Gewitterhimmel von Savannah. Der Rücken schmerzt noch immer, ich selbst erschöpft von all den Eindrücken und alle Worte verbraucht. Zeit, um diesen Tag ausklingen zu lassen. Das Airbnb ist schön, das Zimmer klein, fein und gemütlich. Es reicht vollkommen, um zu rasten und zu ruhen. Morgen startet dann die große Erkundungstour. Savannah – I am ready!

DAS WUNDER DES LEBENS IST DEINE EINZIGARTIGKEIT.
ALL DEINE FACETTEN, HELL UND DUNKEL.

ENDLICH DA!

Guten Morgen, Savannah! So sonnig, kein Regen wie vorhergesagt. Ein Glück! Ich frühstücke richtig gut und auch warm. Eine Wohltat für meinen Magen! Danach spaziere ich das ganze Historic District aus – mit allen Squares, die dort zu finden sind. Es ist schlichtweg wundervoll und unglaublich schön. Die Häuser aus dem 19. Jahrhundert, die Bäume, das Moos, die vielen (kleinen) Parks dazwischen. Ich kann mich niemals daran sattsehen. So laufe ich alle Spots ab, die ich sehen möchte, nehme anschließend den Bus zu einem Food Spot und chille durch die Gegend, bis ich zurück am Airbnb bin. Dort schnappe ich den Audi und fahre zu einem anderen historischen Spot: Island of Hope. Direkt am Wasser mit weiteren uralten Bäumen, viktorianischen Villen, Bootsstegen, die in die Marsch reichen, und Booten davor. Hier zu leben, kommt einem doppelten Lottogewinn gleich. Ich spaziere auf und ab, genieße, sauge auf, speichere ab. Was für ein Flecken Erde!

Genug aufgetankt bringe ich den Audi wieder ans Airbnb und gehe nochmals los in Richtung Innenstadt. Ich möchte noch ein paar Besorgungen machen und einfach nochmal genießen. Als Stopp wähle ich das älteste Café Savannahs: Gallery Espresso. Dazu einen Ice Tea und Strom fürs Handy. Resting a bit. Als ob ich das nicht oft genug mache. Ich lasse den Tag ausklingen ...

WANN KOMME ICH AN?

Hier ist sie nun, die alles entscheidende Frage, wann ich endlich ankomme, wann WIR endlich ankommen. Die eine große Frage, die
ich mir schon über zehn Jahre stelle. Nach all der Zeit, in welcher ich
Erfahrung um Erfahrung sammeln konnte, weiß ich es nun endlich. Das
bedeutet nicht, dass ich diese Aufgabe bereits erledigt habe. Doch
ich kenne die Antwort und weiß nun, was ich zu tun habe, um dieser
Sehnsucht gerecht zu werden.

Bitte glaube mir, wenn ich sage, dass ich mir nichts sehnlicher wünsche, als dir mit diesem Kapitel, mit diesem Buch ein ganzes Jahrzehnt
zu ersparen. Dass du dich nicht auch länger damit beschäftigen musst,
nach der Antwort zu suchen. Die Antwort kann ich dir heute, hier und
jetzt geben. Und dann kommt es darauf an, was du daraus machst.

In all den Jahren meiner persönlichen Suche lag die Lösung stets
direkt vor mir. Ich habe sie nur niemals gesehen. Also so richtig gesehen. Ich habe sie zwar gehört, habe darüber gelesen und von jedem
meiner irdischen Helfer habe ich sie vermittelt bekommen. Nur verstanden habe ich sie nie. Dazwischen liegen die besagten zehn Jahre.
Kann das sein, fragst du dich vielleicht. Ja, das kann sehr wohl sein.
Denn oft sind wir für die Wahrheit (noch) nicht bereit. Dann schickt uns
das Leben selbst so viele Aufgaben, die wir zuvor meistern müssen,
um bestmöglich auf die eigentliche Herausforderung – oder soll ich
besser sagen, auf das große Geschenk – vorbereitet zu sein. So war
es auch bei mir. So viele kleine Facetten, die ich aus meinem Leben
herausschleifen durfte, um an die Kernthematik heranzukommen.

Ein Satz, den ich niemals vergessen werde, der mir heute näher
ist als alles andere und den ich vor langer Zeit auch als Antwort auf
meine Frage, weshalb ich finanziell immer in Schwierigkeiten stecke,
bekam. Es war der Satz: Das hat bei dir mit Selbstliebe zu tun. Bam!

Was fängt man mit dieser Aussage an, wenn man absolut keine Ahnung davon hat, wo der Anfang liegt. Stell dir eine riesengroße Kiste voller Wollknäule vor. Aber nicht die geordnete Version, sondern ein achtlos zusammengeworfener Berg an Wollfäden. Du sollst dieses Chaos sortieren. Wo beginnst du? Genau so erging es mir mit dem Wink mit der Selbstliebe.

Doch endlich ist es an der Zeit, dass dieses Schloss geknackt wird, dass es Aha-Momente gibt und dass ein so helles Licht aufgeht, dass da keine Dunkelheit mehr Platz findet.

Was ist es also, das mir die Frage beantwortet, wann ich endlich ankomme?

Selbstliebe war und ist in der Tat die Antwort auf diese schlichte und gleichzeitig mächtige Frage. Du willst sie wissen, ich will sie wissen und wir alle wollen es schließlich erleben – dieses Ankommen.

Die Antwort mit der Selbstliebe habe ich lange Zeit hin und her gewälzt, doch da war nichts außer einem großen Fragezeichen vor mir. Ich konnte es nicht begreifen. Was muss ich tun, damit diese Selbstliebe funktioniert? Heute weiß ich, dass ich schlichtweg leben muss – bewusst leben muss und dass das Verständnis von ganz allein kommt.

Da waren also Selbstliebe, die Frage nach dem Ankommen und die Erkenntnis, dass ich meinen Weg gehen muss. Drei ziemlich starke Mitspielerinnen, wie ich finde. Jede für sich eine eigene Nummer und jede für sich benötigt ein ganzes Leben, um sie zu integrieren. Doch ich wäre ja nicht ich, wenn ich nicht alles darum gäbe, sie zu hinterfragen, sie zu verstehen, sie ergründen zu wollen und alles Notwendige dafür zu tun, dass ich dafür Unterstützung bekomme. Es dauert über zehn Jahre, es braucht bis jetzt, bis dieses Licht aufgeht und ich verstehe, was mir meine Wegbegleiterin von damals sagen wollte, und bis ich verstehe, worin der Schlüssel tatsächlich liegt.

Ja, es ist die Selbstliebe, die zunächst geschliffen werden darf. Ich arbeite daran – damals wie heute. Die Selbstliebe zu leben ist ein lebenslanges Unterfangen. Es ist nicht so, dass man sie einmal etabliert hat und sie in einem gewissen Zustand für immer bleibt. Die Selbstliebe ist dynamisch, sie kommt in Wellen und sie entwickelt sich nach ihren ganz eigenen Vorstellungen. Das, was mir obliegt und was ich tun kann, ist, sie immer wieder bewusst wahrzunehmen, sie zu betrachten und verständnisvoll mit ihr in den Austausch zu gehen. Die Selbstliebe ist ein sensibles Ding, das sich gerne auch mal versteckt und sich nicht immer ganz so leicht finden lässt. Die Selbstliebe tarnt sich gut. Die Selbstliebe braucht ihre Momente und sie braucht vor allem Geduld. Doch die Selbstliebe ist nie verschwunden. Sie ist stets in uns – nicht offensichtlich, doch sie ist da. Ich halte somit immer Ausschau nach ihr, wenn ich spüre, dass sie mir entgleitet. Und ich stelle ebenso fest: Je öfter ich mich mit ihr beschäftige, desto zutraulicher wird sie und desto seltener zieht sie sich in ihr Versteck zurück.

Die Selbstliebe – sie ist ein wesentlicher Anteil auf dem Weg des Ankommens. Und da ich meinen Weg unaufhörlich beschreiten muss, ist sie ebenso unaufhörlich mit dabei. Apropos Weg beschreiten. Der zweite wichtige Part in unserer wichtigen und zentralen Fragestellung. Ich möchte ankommen, also muss ich doch wohl auch gehen. Während meiner Zeit der Persönlichkeitsentwicklung wird mir auch eher in der jüngeren Phase bewusst, dass Ankommen nicht damit gleichzusetzen ist, sich an einen Platz zu setzen und dort zu verharren, bis sich dieses Gefühl einstellt. Sondern dass das Ankommen dann eintritt, wenn wir unaufhaltsam marschieren und uns um unsere persönliche Entwicklung kümmern. Die Entwicklung, der Fortschritt, das ist das Ankommen. Je mehr wir fortschreiten und unsere Schichten abtragen, die nicht länger zu uns passen, desto näher kommen wir uns selbst. Stell es dir wie einen Weg vor, der nach innen führt. Dieser Weg ist lang, manchmal recht steinig oder sumpfig, manchmal auch eben und von der Sonne gewärmt.

Je eher wir uns setzen und hoffen, angekommen zu sein, desto eher werden wir enttäuscht sein. Je mehr wir uns weiterbewegen und uns und unser Leben erforschen, desto eher werden wir ankommen.

Halte demnach nicht Ausschau nach diesem Punkt, an dem du ankommen kannst. Fokussiere dich vielmehr auf den Weg, den du gehst. Du wirst viel zu viel Zeit verlieren, wenn du dich auf den Augenblick freust, in dem du endlich angekommen bist. Gewinne Zeit, indem du dich an jedem einzelnen Schritt erfreust. Finde den Weg, der zu dir passt, der dir Spaß macht und der dir Freude bereitet. Finde eine Aufgabe, die dich erfüllt. Finde Menschen, die dich glücklich machen. Fülle jede einzelne Minute deines Lebens mit diesem Glücksgefühl und spüre es bei jedem einzelnen Schritt auf deinem Weg. Bis du eines Tages durch Zufall erkennst, dass du angekommen bist. Angekommen in deinem Leben, ganz bei dir, voller Freude und Leichtigkeit. Ohne dass damit ein bestimmter Platz in Zusammenhang steht.

Selbstverständlich kannst du während deiner Entwicklung einen Ort finden, an dem du dein Ankommen durch und durch fühlst. Unter der Bedingung, dass dich dieser Ort voll und ganz erfüllt und dass er nicht erzwungen ist hinsichtlich deines Bedarfs nach Ankommen. Das Ankommen ist der Moment, in dem du dich zu hundert Prozent bei dir selbst einklinkst, dich dir selbst verschreibst und dir das Versprechen abnimmst, niemals wieder auch nur eine Sekunde so zu leben, als wäre sie eine Verschwendung. Du hast die Verpflichtung, dein Leben so zu gestalten, dass es dich erfüllt und glücklich macht. Tut es das, dann bist du angekommen – fern von einem Ort.

Stille deine Sehnsucht nach Ankommen, indem du deine Aufmerksamkeit auf dich selbst, auf die Liebe zu dir selbst und auf deine Entwicklung lenkst. Alles andere wird von ganz alleine auf dich zukommen und dich mitreißen.

Freue dich auf die Stürme des Lebens, die dich auf deiner Suche begleiten werden. Sie sind oft unangenehm, doch sie sind auch wunderschön. Denn sie tragen dich in ungeahnte Höhen. Von dort hast du den besten Blick über deine ganze Welt. Freue dich auf den Weg, der vor dir liegt. So unsicher, so ungewiss und so abenteuerlich. Es wird nicht immer angenehm sein, doch dein Weg und all seine Begleiter werden dich dorthin führen, wo du sein musst. Um dich bestmöglich zu schleifen. Um dir so nahe wie möglich zu kommen.

Bis du am Ende voll und ganz bei dir angekommen bist – bei dir selbst – in deiner Mitte.

TIPPS, UM DEINE SCHICHTEN ABZUTRAGEN

♥ SEI STOLZ AUF DICH

Niemand von uns kann wissen, wie viele Schichten wir übereinander tragen. Wie viele wir davon abtragen müssen, bis wir zu unserem wahren Kern vorgedrungen sind. Und ich behaupte auch, dass es darum gar nicht unbedingt geht. Worauf es ankommt, ist die Reise dorthin, meine Liebe. Es geht darum, in diesem Prozess voll und ganz aufzugehen. Nicht, um eines Tages das Ziel zu erreichen, sondern um des Prozesses willen. Es geht um den Prozess selbst. Daher möchte ich dir diesen Tipp mitgeben, dass du nicht darauf wartest, irgendwann am Ziel angekommen zu sein und diesen Augenblick dann zu feiern. Wenn du das tust, wirst du dein Leben verpassen. Es geht darum, dass du bei jedem Schritt stolz auf dich bist. Dass du mit jedem Meilenstein eine kleine Party veranstaltest, innehältst und gewahr wirst, was du geleistet hast. Um dann ein Gefühl der Freiheit zu spüren. Ein Gefühl von Leichtigkeit. Dass du eine neue, entscheidende Erkenntnis gewinnen konntest. Spüre, dass sich der Stolz in dir ausbreitet. Stolz ist nichts Negatives. Stolz bedeutet, zufrieden zu sein mit dem, was du geschafft hast. Stolz bedeutet Achtung vor dem, was du erreicht hast. Du darfst Stolz empfinden.

Denn er wird dich dazu motivieren, weiterzumachen. Dich deiner nächsten Schicht zuzuwenden. Die im Übrigen ganz von selbst auf dich zukommt. Ich hatte Phasen in meinem Leben, da konnte ich mir nicht vorstellen, was denn nun als Nächstes kommen sollte. So groß erschien mir der vergangene Durchbruch. Doch glaube mir, das Leben hat etliche Aufgaben in seiner Vorratskammer. Doch habe keine Angst. Dir wird keine Aufgabe gestellt, die du nicht bereit bist zu bewältigen. Du wirst sie stemmen.

Wie möchtest du dich selbst denn am liebsten feiern? Wie kannst du dir selbst deinen Stolz zeigen? Es darf eine Belohnung sein. Ganz gleich, wie groß oder klein. Es darf sein! Du darfst es dir wert sein, dir selbst deinen Stolz zu zeigen. Dir selbst zu zeigen, wie sehr du dich achtest. Es kann ein Meditieren über deine Zufriedenheit sein und das tolle Gefühl, das sich dabei in dir ausbreitet. Es kann eine Blume sein, die du dir auf den Schreibtisch stellst. Es kann das berühmte Stück Kuchen sein. Es kann etwas sein, das für dich so richtig besonders ist. Denke doch einmal darüber nach, wie du deinen nächsten Meilenstein als schöne Erinnerung in deinen Kalender zauberst.

♥ HABE GEDULD

Geduld ist auf deinem Weg von zentraler Bedeutung. Du kannst deine Herausforderungen und Aufgaben zu deinen Lebensthemen nicht beliebig durchdrücken. Tust du es, werden sie dir erneut vor die Füße fallen. Denn Geduld bringt etwas mit sich, das dir in deiner Entwicklung in die Karten spielt: Zeit. Du brauchst Zeit, damit du ausreichend verstehen und fühlen kannst. Deine »Lehrjahre« funktionieren nur dann, wenn du alles daran verstehst. Und das braucht Zeit. Dabei sind Geduld und Zeit beste Freunde. Bringst du ausreichend Geduld auf, eröffnest du dir die Möglichkeit, auch einmal zurückzutreten, das große Ganze betrachten zu können. Du verkneifst dir die eine oder andere Handlung, die dir nicht guttut. Du ermöglichst dir Spielraum bei Entscheidungen. Und du gewährst dir selbst ausreichend Raum, damit dein ganzes System, dein Körper, deine Seele, dein Herz und dein Verstand sich mit allem arrangieren können, was zum jeweiligen Zeitpunkt geschieht.

Hab Geduld, wenn es dir ab und an nicht schnell genug geht. Wenn du längst durch etwas hindurch sein möchtest, du aber gerade noch am Anfang stehst. Jeder einzelne Tag in deiner Entwicklung und Themenbearbeitung ist notwendig.

Hab Geduld mit dir selbst, wenn dir etwas mal nicht auf Anhieb gelingt. Hab Geduld mit den Dingen, die auf dich zukommen (sollen). Alles fällt zur richtigen Zeit an den richtigen Platz.

Um dich in Geduld zu üben, kannst du dir eine schöne Affirmation bereitlegen. Und wann immer du spürst, dass du etwas erzwingen möchtest, dann befasse dich mit deiner Affirmation. Mir selbst hilft oft eben dieser Satz: Alles fällt an seinen Platz. Das gibt mir augenblicklich Ruhe und bringt mir Gelassenheit. Ich spüre förmlich, wie ich mich entspanne. Worte haben so viel Kraft. Versuche es doch.

♥ KEIN VERGLEICH

Höre auf, dich mit den anderen und deren Wegen zu vergleichen. Das hilft dir sehr dabei, deine Schichten nach und nach abzutragen. Blicke nicht nach links und rechts und darauf, wie weit die anderen denn schon sind. Jeder ist auf seiner eigenen Reise. Jeder kämpft an seinen eigenen Fronten. Jeder ist damit beschäftigt, klarzukommen. Es bringt weder dich noch andere vorwärts, wenn du deine Energie dafür einsetzt, dich zu vergleichen. Du magst vielleicht noch nicht Frieden mit deinem Körper geschlossen haben, den die anderen längst haben. Doch du warst vielleicht mutig genug, um dich selbständig zu machen und dazu zu stehen, dass du von deinem Herzen geleitet wirst. Vielleicht begibst du dich auch mutig auf Reisen – ganz allein. Wovor andere eine riesengroße Angst haben. Jeder ist in seiner eigenen Geschichte involviert. Es wird dir nicht dabei helfen, deine Schichten abzutragen, wenn du dich vergleichst.

Konzentriere dich auf dich selbst, auf deinen Weg, auf deine Reise. Erfreue dich daran, was währenddessen passiert, und erfreue dich daran, wie du leichter und leichter wirst. Zentriere deine ganze Kraft auf deine Entwicklung.

Wenn du spürst, dass du wieder einmal ins Vergleichen rutschst, dann schließe die Augen, atme in dich hinein. Atme auf den Punkt, an dem du stehst, und dann frage dich: Warum bin ich hier?

OFFEN FÜR ALLES

Charleston: Angekommen und nicht unbedingt überwältigt. Absolut übermüdet stelle ich mich der Stadt. Ich zwinge mich förmlich zu einem Erkundungsspaziergang. Der Kopf klopft heftig, die Schwüle macht zu schaffen und der Gedanke, im Hostel zu übernachten, demotiviert mich zusätzlich. Doch was soll ich sagen: Es hat sich sowas von gelohnt. Ich muss zwar erst einmal einen Lieblingsplatz finden, doch am Ende gelingt es mir. Zwei dermaßen ungesunde und zuckerschockauslösende Kaffee-Drinks später erreiche ich eine Bar, sitze am offenen Fenster, schaue Nascar im TV, trinke ein Bier und komme somit endlich zur Ruhe.

Doch das Highlight liegt zwischen Cafés und dem Bier: Im City Market, wo Handarbeiter ihre Ware verkaufen, halte ich bei einer Goldschmiedin. Die Ausbeute, ein Paar Ohrringe und eine Kette – Unikate. Ich erzähle ihr, dass ich von Germany komme. Sie erzählt mir, dass sie nächste Woche für drei Wochen nach Europa, u. a. Germany, reist. Wir kommen ins Gespräch und ich gebe ihr gerne TIPPS für Sehenswertes in Süddeutschland und Südtirol. Zufall oder Bestimmung – es ist großartig und ich fühle mich ebenso. Auch besser, wenn man so will. Ich werde ihr schreiben und bin gespannt, was sie in meiner Heimat entdeckt. Was für eine Freude! Insgesamt groove ich mich besser ein. Charleston, let's see what you get.

WAS WERDEN DIE ANDEREN SAGEN?

Klar, wir sind soziale Wesen, Protagonisten der Gesellschaft, eingebettet in mehr oder weniger prägende Schichten. Anonym in der Stadt oder allbekannt auf dem Land. Je nach Domäne, in der wir aufwachsen und Erziehung genießen, hat die Frage danach, was andere denken, einen größeren oder kleineren Einfluss auf unser Leben.

Tja, was werden wohl die anderen sagen, wenn ich tue, was ich tue? Eine Frage, die ich mir nie bewusst stellte. Doch sicher eine Frage, die ich in meinem System trage und die in gewisser Weise Auswirkungen hat. Ich muss sagen, ich bin äußerst dankbar dafür, dass ich diesen Gedanken nicht auch noch täglich mitschleifen muss. Und doch schwingt er mit. Irgendwie will ich doch auch eine Art Bestätigung von jemandem bekommen, der mir nahesteht, wenn ich mal wieder eine bunte Entscheidung treffen will. Ich will, dass ich verstanden und für das akzeptiert werde, was ich mir ausmale. Warum auch nicht? Schließlich will ich weiterhin zum Rudel gehören und nicht bis in alle Ewigkeit dafür ignoriert werden, was ich für richtig halte.

Obwohl ich also kein bewusstes Problem damit habe, wie andere über mich denken, wenn ich mal wieder mit Hut aus dem Haus gehe oder mal wieder meinen Job kündige, so will ich doch, dass sie gut über mich denken, mich mögen und akzeptieren. Wie geht das zusammen? Nun, vermutlich bin ich in der glücklichen Lage, dass diese »Aufgabe« ausnahmsweise leichter zu lösen ist als andere in meinem Leben. Dass meine Ansicht darüber, was andere sagen werden, mehr in Richtung Gleichgültigkeit schwingt als in Richtung Abhängigkeit. Doch sie schwingt zur Abhängigkeit und auch das gilt es zu verarbeiten.

Was mache ich also daraus, aus der Frage danach, was andere

sagen werden? Wie gehe ich damit um, dass es mir wichtig ist, was meine Familie über mich denkt? Wie verarbeite ich es, wenn es Zerwürfnisse mit geliebten Menschen gibt? Wie befreie ich mich von einer Meinung eines Freundes, die mir so gar nicht gefällt? Knicke ich jedes Mal ein, wenn unsere Ansichten weit auseinanderdriften? Lenke ich ein, nur um zur Akzeptanz zu gelangen?

Was die anderen sagen werden, ist etwas, das mich auf der Suche danach, wohin ich gehöre, durchaus lenkt. Wenn ich zurückblicke, sehe ich einige Momente, in welchen ich nicht selbst aus mir heraus entschieden habe. Ich folge anderen Menschen und gehe in ihren Spuren. Ich vertraue Menschen und verlasse mich darauf, mit ihnen ans Ziel zu kommen. Ich sehe, wie ich mich hindurchquälte, und weiß heute mehr denn je, dass dies die Passagen in meinem Leben sind, in welchen ich mehr abhängig war als gleichgültig.

Und ich frage mich, wie konnte das passieren? Bin ich doch mehr Gleichgültigkeit als Abhängigkeit. Bin ich doch die, die immer schon ihr eigenes Ding dreht, immer schon mit dem Kopf durch die Wand geht, die ich mir aussuche. Immer schon ihre eigene Vision hat, die niemand sonst verstehen kann.

Ich weiß genau, wie es dazu kommt, und ich weiß dadurch auch, wie ich es ändern kann. Wie ich es so drehen kann, dass alle davon profitieren. Meine Freunde und meine Familie, indem ich sie hereinlasse in mein Leben, sie integriere und immer dann teilhaben lasse, wenn es für beide Seiten ein Gewinn ist. Ohne Angst haben zu müssen, dass ich mich manipulieren lasse oder dass am Ende jemand enttäuscht wird, weil beispielsweise Erwartungen mal wieder nicht erfüllt wurden.

Da sind auf der einen Seite also Menschen, die Einfluss auf mein Leben haben. Auf der anderen Seite bin ich, die gewisse Vorstellungen davon hat, wie ihr Leben aussehen soll, was ihr guttut und was sie braucht. Dazwischen das Verständnis dafür, welche Auswirkungen

Handlungen und Nicht-Handlungen haben werden. Dazwischen eben die Entscheidung, was ich teilen möchte und was nicht. Das bedeutet, dass ich selbst dafür sorgen kann, was andere Menschen sagen werden – und was nicht.

Ich kann in jeder einzelnen Sequenz, die ich dabei bin zu gestalten, entscheiden, ob ich mich meinem Kreis stellen möchte oder eben nicht. Trage ich den Hut, weil ich den Style zu hundert Prozent verkörpern möchte, mir schlichtweg danach ist, dann teile ich das mit niemandem, außer mit mir selbst. Ich entscheide mich für mich selbst. Dafür brauche ich niemand anderen. Genau dann bin ich in meiner Gleichgültigkeit. Will ich wieder einmal meinen Job kündigen, dann muss diese Gewissheit erst einmal aus mir selbst heraus entstehen. Ich muss mir sicher sein, meine Faktoren abwägen und zu einer Erkenntnis gelangen. Dann habe ich die Möglichkeit, es dabei zu belassen und meiner Entscheidung die Konsequenz folgen zu lassen. Oder ich möchte meine Situation mit einem vertrauensvollen Menschen, mit dem Partner oder mit der Familie teilen. Weil es mir wichtig ist, dass sie davon wissen. Dabei kann ich immer noch gleichgültig sein. Egal, wie die Antworten lauten, die mir begegnen, ich bleibe bei meiner Entscheidung. Aber ich kann mich ebenso für die Abhängigkeit entscheiden, meine Konsequenz danach ausrichten, was das Kollektiv denkt.

Was die anderen sagen, steht somit in Zusammenhang mit meiner Entscheidung, wie weit ich andere miteinbeziehen möchte. Wie weit ich andere heranlasse und ihre Meinung berücksichtige.

Bleibt nur noch die Kunst des Unterschiedes. Wie mache ich den Unterschied und stehe selbst für mich ein oder lasse mich von anderen mitreißen? Wie kann ich gründlich hinter dem stehen, was ich verkörpern möchte, und wie bin ich voller Überzeugung für die Ansichten der anderen? Wieder einmal liegt die Lösung im Bewusstsein. Indem ich ganz im Moment bin, verstehe, worum es gerade geht und auf welcher Seite ich einhaken möchte. Ich betrachte mich mit meinem

Lieblingshut im Spiegel, schaffe ein Bewusstsein dafür, was ich sehe und welche Gefühle das in mir auslöst. Weil es ungewohnt ist, wird zu neunundneunzig Prozent ein »Aber« in meinen Gedanken auftauchen. »Aber kann ich wirklich so aus dem Haus gehen?« Ich nehme dieses Aber auseinander und entscheide: »Aber sicher doch! Weil ich es will!«

Dass wir soziale Wesen sind, die die Gemeinschaft zu einem gewissen Grad – den jeder für sich bestimmt – benötigen wie die Luft zum Atmen – das ist uns allen bewusst. Doch uns muss auch bewusst werden, dass sie viele Stimmen mit sich bringt, die uns beeinflussen, verwirren und lenken können. Die Kunst besteht letztendlich darin, dass du erkennst, wann du dich leiten lassen willst und wann du dich selbst leitest. Ein kleiner Tipp vorneweg: Je mehr du dich selbst leitest, desto freier wirst du leben.

Damit dir das gelingt, geht es erneut an deine Präsenz im Hier und Jetzt, an deine Achtsamkeit und deine Kraft, diese stetig abzurufen – wann immer du sie brauchst. Um in diese Kraft zu kommen, gibt es ein sehr bekanntes Sprichwort. Dieses hilft mir selbst stets aufs Neue. Vielleicht ist es auch etwas, das dir in den Momenten, in denen du zweifelst, weil alle anderen komplett anders denken als du selbst, zur Seite steht:

«No one is you and that is your power!"

Niemand vermag es besser zu wissen als du selbst. Du bist eine Kraft, die niemand anders jemals sein kann. Du hast eine Energie, die kein anderer verkörpern kann. Du selbst bist am stärksten, wenn du so handelst, dass es deiner Bestimmung entspricht. Du selbst bist es, die es am besten weiß. Wie sollte da ein anderer mit seiner Meinung für und über dich mehr Geltung haben als du mit deiner Einzigartigkeit?

Niemand kann in dich und deine Seele hineinblicken. Niemand vermag zu erahnen, welche inneren Kämpfe du ausfichtst. Niemand hat auch nur annähernd eine Ahnung davon, durch welche Stürme du gehst. Niemand weiß, was du auf dich nimmst, um dorthin zu gelangen, wo du in deinem Leben stehst. Wieso also sollte da jemand sein, der eine bessere Entscheidung für dich trifft, wenn es darum geht, du selbst zu sein und dich unendlich frei zu fühlen?

Halte daran fest, wann immer dich dein Mut verlässt. Halte daran fest, dass kein anderer Mensch der acht Milliarden jemals du sein wird und deine Stärke besitzen wird. Was auch die anderen sagen werden, sie können es niemals wissen. Wenn, dann entscheide dich ganz bewusst dafür, andere miteinzubeziehen. Halte dann deren Meinung aus und deren Ansichten. Und entscheide danach nochmals neu.

Was immer die anderen sagen werden, es wird stets ihre eigene Meinung beinhalten. Sei gewissenhaft und bedacht bei den Informationen, die du teilst. Sind sie dir wichtig, dann teile sie nur mit den Menschen, die im gleichen Takt schwingen und neutral sein können. Sind sie dir überlebenswichtig, teile sie nur mit dir selbst. Sei voll und ganz bei dir selbst, wenn du hinausgehst und dich der Welt zeigst.

TIPPS, WIE DU DICH SELBST LEITEST

♥ SELBSTWAHRNEHMUNG (UND -REGULIERUNG)

Damit du gut durch dein Leben kommst, ohne dich regelmäßig von den Stürmen umwerfen zu lassen – Stürme, die häufig durch Menschen verursacht werden – hilft es dir, wenn du dich selbst wahrnimmst und dich anschließend, sofern Bedarf besteht, selbst regulieren kannst.

Für die Wahrnehmung nimmst du dir einen Augenblick Zeit, in dem du spürst, dass du gerade in einer schweren Emotion versinkst (Wut, Traurigkeit, Frust ...). Spüre in dich hinein, in deinen Körper, welche Emotion es ist. Dazu frage dich: Wer oder was hat diese Emotion verursacht? Stelle dich dieser Ist-Situation. Sie will dir nicht wehtun oder dir schaden. Sie ist dazu da, um dir zu helfen. Sobald du ein Bild von dir selbst in der entsprechenden Situation hast, kannst du es neu zeichnen, anpassen oder es in einen anderen Rahmen setzen.

In einen anderen Rahmen setzen oder die Kehrseite der Medaille betrachten ist dabei nur eine Möglichkeit. Wie willst du dich eigentlich – auf der anderen Seite – fühlen? Wie willst du eigentlich agieren? Was willst DU eigentlich in diesem Moment? Willst du wütend sein? Ja? Das ist super, denn Wut zu empfinden ist genauso wichtig, wie Freude zu empfinden. Doch erst wenn du weißt, dass es sich um Wut handelt und woher sie kommt, kannst du dich regulieren. Du kannst entscheiden, welchen Weg deine Wut nehmen soll, z. B. bei einer Power-Jogging-Runde. Du kannst dich selbst regulieren. Und du wirst nicht von anderen oder deinen Emotionen reguliert.

♥ KÖRPER UND GEIST VERBINDEN

Häufig können wir selbst uns nicht führen, weil wir entzweit sind, weil wir nicht mehr eins sind. Weil wir aus unserer Mitte gefallen sind. Du kannst dich nur selbst führen und regulieren, wenn du im Einklang bist. In Einklang findest du, wenn du Körper und Geist wieder miteinander verbindest. Schwinge dich wieder ein und bringe dich zurück ins Lot. Strecke dazu beide Arme seitlich auf Schulterhöhe aus. Dann drehe dich mit deinem Oberkörper nach links. Es geht der rechte Arm mit, die Handfläche öffnet sich nach oben. Das rechte Knie geht ebenfalls leicht mit. Wechsle die Seite.

Atme dabei ruhig und entspannt. Führe die Übung ohne Hektik aus. Ganz in deinem eigenen Rhythmus. Doch finde in einen Rhythmus, der sich deinem Atem anpasst. Diese Übung kannst du einige Minuten lang durchführen.

Alternativ stelle dich gerade hin, die Beine sind parallel. Dann schließe die Augen. Hast du Probleme, die Übung mit geschlossenen Augen durchzuführen, kannst du auch schräg vor dir einen Punkt auf dem

Boden fixieren. Realisiere, wie beide Fußsohlen fest auf dem Boden »verankert« sind. Wie du dich erdest.

Dann übergib die Kontrolle deinem Atem und deinem Körper. Es kann einige Sekunden oder auch Minuten dauern. Doch dein Körper wird ins Schwingen geraten. Vielleicht nicht stark, doch er wird schwingen. Beobachte diese Schwingung einfach nur. Bis zu dem Zeitpunkt, in dem sich dein Körper wieder in deiner Mitte »eingependelt« hat. Vertraue darauf, dass er es lösen wird. Fokussiere du dich schlichtweg auf das Beobachten deines Körpers.

♥ DEIN WARUM

Manchmal verlieren wir die Macht über uns selbst, wenn wir unser Warum aus den Augen verlieren.

Sobald du dir diese Frage stellst und sie dir auch beantwortest, wirst du fühlen, wie du zurück in deine Kraft findest. Mit dieser Kraft bist du in der Lage, dich selbst wieder wahrzunehmen und dich zu regulieren. Du kannst wieder entscheiden, wer du sein willst und was du tun möchtest. Doch wenn du dein Warum aus den Augen verlierst, wirst du ziellos umherirren und deine Energie verschwenden.

So frage dich in Situationen, die dir entgleiten: WARUM nochmal hast du dich dafür auf den Weg gemacht? Warum arbeitest du, was du arbeitest? Warum bist du mit gewissen Menschen zusammen? Warum hast du diese eine Entscheidung getroffen?

Gib dir selbst die Antwort und du wirst augenblicklich spüren, ob du noch in einer Kraft unterwegs bist oder eben nicht mehr.

Denn ist die Antwort auf dein Warum nicht länger befriedigend, so kannst du deinen Weg anpassen – ihn regulieren. Und dich somit selbst regulieren.

EIN TAG AM STRAND

Doch was war eigentlich einen Tag zuvor? Nach dem ältesten Café in Savannah hole ich mir ein Pad Thai und verspeise es genüsslich im Hinterhof des Airbnb. Umso mehr fiebere ich dem Folgetag entgegen. Früh starte ich in Richtung Tybee Island. Ein Tag am Strand – easy going ausprobieren. Morgens ist nicht viel los. Ich habe ein schönes Plätzchen, doch kleine Fliegen machen mir den Morgen schwer und ich muss mich wohl bewegen, wenn sie mich nicht auffressen sollen. Also marschiere ich den Beach entlang. Bis zum Pier. Von dort bummle ich zum South Beach, durch die Souvenir Shops und reste in einer Bar – Tennis läuft. Wundervoll! Während meines Stopps in der Bar buche ich noch eine Bootstour. Zurück zum Auto, Einkäufe verstauen, zurück zum Beach. Zurück am Strand erfahre ich, dass ich die frühere Bootstour nehmen muss. So bleibt mir leider nicht mehr viel Zeit am Strand. Eine Stunde, um genau zu sein. Einmal ins Wasser muss noch sein. Also rein ins Nass und noch ein bisschen am Strand trocknen. Ich genieße es dieses Mal ohne Mücken.

Es wartet eine Tour auf mich: Delphine schauen, auf dem Wasser sein. Eigentlich wollte ich es nicht machen. Gleichzeitig bietet sich mir die Gelegenheit. Darum nehme ich sie an. Die Bootstour gefällt mir sehr. Über das Wasser zu rasen ist traumhaft. Lebte ich am Wasser, wäre es definitiv eine Option, einen Schein zu machen. Ich nehme es neben Reiten, Surfen und Co auf meine Bucket List.

Wir sehen tatsächlich einige Delphine, den größten und den kleinsten Leuchtturm Georgias und eine traumhafte Bucht. Auf Tybee wurden by the way schon sehr viele Filme gedreht, u. a. »Mit dir an meiner Seite«. Wie cool! In Savannah selbst auch Forrest Gump. Nachdem wir auf der Tour auch Kutter gesehen haben, entschließe ich mich für ein lokales Seafood Restaurant im Anschluss. Frisch aus dem Netz in die Küche. Ich genieße dieses unbeschwerte Sea und Beach Life sehr. Es nimmt den Druck und die Hetze aus dem Alltag, es entschleunigt und reinigt den Kopf.

»Man sollte viel öfter ans Meer fahren.«

Überhaupt tut mir dieser Nachmittag sehr gut, nachdem ich die vergangenen achtundvierzig Stunden große Schwierigkeiten damit gehabt habe, zu genießen und bei jedem Quäntchen Spaß von einem riesengroßen Monster namens Gewissen verfolgt wurde. Gut, dass Mama wieder etwas Mut machen kann. Auch wenn die Gewitterwolken aus meinem Kopf verschwinden, so bleiben sie doch am Himmel stehen. Bevor das Unwetter losgeht, lenke ich den Audi zurück zum Airbnb. Rechtzeitig, frisch geduscht und zufrieden kuschle ich mich ins Bett. Die vier Stunden Schlaf aus der Nacht zuvor zollen ihren Tribut.

Dieser Tag war eine einzige schöne Reise. Ich beobachte vom Bett aus, wie draußen die Welt untergeht, und lasse die Welt sich weiterdrehen. Bis es dann am nächsten Tag nach Charleston weitergeht.

Bei strömendem Regen geht's los. Doch die Sonne zeigt sich bald. Wie im Menschenleben eben auch. Im Moment denke ich mir, genau die Leichtigkeit des Strandes möchte ich mir als Metapher beibehalten. Nicht alles, was passiert, so tief lassen. Die Leichtigkeit leben. Schon vieles habe ich auf diesem Pfad hinter mir gelassen. Und doch ist die Straße, die vor mir liegt, noch so lange.

Zurück in Charleston in der Sportsbar: Gerade spazieren drei Männer in Uniform vor dem Fenster vorbei: I love it. Gerne möchte ich einen uniformierten Gentleman kennenlernen. Ich darf ja noch träumen.

WONACH SUCHE ICH WIRKLICH?

Hier bin ich nun, bei der Frage aller Fragen: Wonach suche ich wirklich? Ist die Suche nach dem Ort, an den ich gehöre, nicht einfach nur eine Ablenkung? Eine Ablenkung davon, was ich in Wahrheit benötige. Nicht diesen einen Ort, an dem plötzlich alles so viel besser und heller scheint, an dem ich Glückseligkeit finde. Im ersten großzügigen Drittel meines Lebens finde ich hierauf sicherlich keine Antwort. Viel zu sehr bin ich damit beschäftigt, umherzuirren, meinen Kleidungsstil zu finden, den Lippenstift, den ich tragen kann – nur an den ganz mutigen Tagen. Viel zu sehr befasse ich mich mit anderen, deren Leben ich gerne leben wollen würde. Viel zu sehr drehe ich mich im Kreise oder flüchte vor Bindungen.

Ja, es sind die Bindungen, die mich davon abhalten, eine Antwort auf meine Zugehörigkeit zu finden. Mein Freiheitsdrang ist zu groß, als dass ich mich sehr lange auf jemanden einlasse, mich an jemanden binden oder mich zu lange einer Sache verschreiben möchte. Dabei fehlt es mir niemals an Interesse oder einem Mangel an Höflichkeit. Auf diese Begleiter kann ich mich sehr wohl verlassen. Worauf ebenso Verlass ist? Auf den Zeitpunkt, der mich daran erinnert, weiterzuziehen und Reißaus zu nehmen, und der unweigerlich kommt.

Das bringt mich natürlich ständig weiter und spornt mich stets zu neuen Erlebnissen und Abenteuern an. Gleichzeitig verpasse ich dadurch auch Möglichkeiten. Einmal, als ich den nettesten jungen Mann kennenlernen durfte. Wohlerzogen, beste Manieren, smart und dazu noch überaus hübsch anzusehen. Wir teilten die gleichen Interessen und zu meinem Glück hatte er auch großes Interesse an mir. Das Glück wurde noch größer, denn ich fand ihn absolut umwerfend. Das Pech auf Wolke sieben war, dass ich es zu dieser Zeit nicht verstand und meilenweit davon entfernt war, bereit für ihn zu sein. Das traurige Ende nahm im Verlust des Kontaktes seinen Lauf. Noch heute trauere ich ihm ein kleines bisschen hinterher. Es war die Chance meines Lebens. So fühlt es sich an. Selbstverständlich weiß ich, dass es funktioniert hätte, wäre es die Bestimmung gewesen. Doch ganz sicher kann ich mir nicht sein. Dies als eines von vielen Beispielen, wie ich mein Glück weiter und weiter vor mir herschiebe. Warum eigentlich?

Weit nach dem ersten Drittel meines Lebens wird mir nach und nach bewusst, was hier passiert. Und ich finde, es ist an der Zeit, mir das einmal genauer anzusehen. Was steckt hinter diesem Fluchtgedanken und wonach suche ich wirklich?

»Besser spät als nie«, sage ich mir heute und bin dankbar dafür, dass ich doch schon eine Weile daran arbeite, mich zu verstehen und meine Beweggründe nachvollziehen zu können. In Bezug auf meine Suche, gerade in Verbindung mit meinen Ausflüchten und ständig neuen Eroberungen, ist mir inzwischen auch das Licht aufgegangen. Die Welle der Erkenntnis kam über mich und so darf ich nun endlich verstehen, was mich antreibt.

Hier ist es nicht der Aspekt, dass ich etwas Großartiges leisten möchte oder dass alle anderen mit mir zufrieden sein sollen. Im Gegenteil, ich denke doch, dass ich manche Menschen mit meinen Entscheidungen eher unzufrieden mache. Hier geht es um Ängste – unbewusste – und Trigger, die jedes Mal gedrückt werden, wenn die Situation mal wieder unangenehm wird. Hier sind Protagonisten am Werk, denen ich nicht bei Tageslicht begegnen kann. Nichts, was ich wie ein Glas auf dem Tisch greifen und betrachten kann. Hier ist Geduld gefragt. Geduld – auch etwas, von dem ich heute weiß, dass es angebracht ist.

Klar, als Teenie und junger Erwachsenen, ja selbst als normal Erwachsener ist mir das nicht bewusst gewesen. Ich frage mich generell zum wiederholten Male: Wie entwickeln sich die Menschen? Wann ist bei mir die Zeit gekommen, um Verständnis für mich selbst zu entwickeln? Und wann ist es bei meiner Nachbarin so weit, dass sie die Erleuchtung trifft wie der Blitz? Wo werden die Weichen gestellt? Wann darf es bei jedem einzelnen Menschen so weit sein? Aber gut, ich schweife ab. Das sind Fragen, denen wir uns erst einmal nicht widmen. Wir sind ja gerade dabei, mir zu lauschen, mich selbst mit eingenommen, wie es dazu kam, dass ich erfasste, wonach ich tatsächlich suche.

Es hängt damit zusammen, dass mir vor nicht allzu langer Zeit schließlich doch noch bewusst wurde, was hier vor sich geht, und so konnte ich mir die zentrale, unausweichliche Frage stellen: Wovor laufe ich davon? Ziemlich konträr, wenn wir bedenken, dass ich doch irgendwo ankommen möchte. Aber wieder einmal tritt still und leise ein bedeutendes Anliegen in den Vordergrund, das sich all die Jahre hinter etwas vermeintlich Wichtigem verstecken konnte. Wieder einmal lag der Schlüssel in der Geduld. Abzuwarten, bis ich bereit dazu bin, das Wesentliche zu erkennen. Und wie du und ich wissen, erkennen wir dieses nur mit dem Herzen. Ich durfte so lange durch die Welt rennen, flüchten, mich abwenden, neue Herausforderungen suchen, bis ich selbst so weit bin und mein Herz auf das richten kann, was an der Reihe ist: mich selbst und den Wert, den ich mir beimesse!

Es ist der Selbstwert, der aus dem Schatten tritt. Damit verbunden die aufzubringende Kraft, mich allen Auswirkungen zu stellen, die die Arbeit an ihm mit sich bringt. Glaube mir, die Wertschätzung für mich selbst aufzubringen, ist mit das Schwerste, das ich in meinem Leben leiste. Ich bin längst noch nicht an dem Punkt angekommen, an dem ich zufrieden mit ihm bin. Doch ich darf mich über Fortschritte in vielerlei Hinsicht freuen. Ist da doch überhaupt die Chance, dass Licht in dieses Schattenspiel kommen konnte. Dann die Dankbarkeit darüber, dass ich genug Wissbegierde und Forscherdrang besitze, um mich und meinen Selbstwert verstehen zu wollen. Außerdem die Kenntnisnahme davon, wie das Wertekonto in mir selbst immer größer wird. Das zu spüren bringt so viele Glücksgefühle mit sich, dass ich die ganze Welt umarmen möchte. Nicht immer, aber die Tage werden stetig mehr.

Und dann ist da noch diese andere Sache, die allein so viel Fülle mit sich bringt, dass sich mein Selbstwert wohl nie wieder in den Keller verabschieden wird. Ich darf nun endlich das große Ganze sehen. All die verpassten Chancen und Möglichkeiten ergeben komplette Bilder, die ich nach Lust und Laune durchblättern kann. Genau dann, wenn der Fluchtgedanke ganz klein irgendwo in meinem Kopf am Entstehen ist. Diese Bilder sagen mir, dass ich es wert bin, schöne Momente zu erleben und auch darüber zu sprechen. Sie sagen mir, dass ich es verdient habe, mich über Augenblicke zu freuen und Stunden des Genusses zu erleben. Die Bilder teilen mir mit, dass es Menschen gibt, die mich lieben, so wie ich bin oder gerade deshalb. Die Bilder ermahnen mich auch, den Blicken anderer standzuhalten, mein Selbstbewusstsein und meinen Charme nicht zu verstecken und auszuhalten, was meine Persönlichkeit in einem Raum voller Menschen bewirkt. Die Bilder präsentieren mir mein eigenes Strahlen und das Geschenk, dass ich andere damit berühren kann. Diese Bilder sind ein umfangreiches Sammelwerk davon, was ich noch besser machen kann und wo ich noch wachsen kann. Ein liebevoller Reminder dafür, dass es sich lohnt, in meine kraftvolle Aura zu steigen, meine Energie fließen zu lassen und zu sehen, was es mit mir und allen Menschen in meinem Umfeld macht.

Was kann ich dir also anderes sagen als das, dass du so viel wie möglich an deinem Selbstwert feilen sollst, wenn es dir ganz genauso geht. Wenn du das Gefühl hast, dass du dich lieber versteckst, wegrennst oder dich anderen Dingen zuwendest. In den meisten Fällen begegnen wir unserem Selbstwert-Dilemma in Verbindung mit anderen Menschen. Du kannst es vielleicht sogar schon exakt benennen, bei welchen Menschen. Ist es dir nicht bewusst, dann werde aufmerksam für die Situationen in deinem Leben, die sich wiederholen. Situationen, die einfach nicht gelingen wollen. Könnte es sein, dass sich dein Selbstwert ganz klein macht und sich in irgendeiner schattigen Ecke hinter der Bühne herumtreibt? Kann es sein, dass deine Suche danach, wohin du gehörst, damit zusammenhängt, dass du nach etwas anderem suchst? Nämlich nach deinem Selbstwert.

Natürlich kann es dafür auch andere Ursachen geben. Es gibt viele andere Faktoren, die dich davon abhalten anzukommen. Doch glaube mir, es lohnt sich, einmal nach deinem Selbstwert Ausschau zu halten. Wenn du auf ihn triffst, wird es im ersten Augenblick vielleicht nicht sonderlich angenehm sein. Er wird dich damit konfrontieren, was du ihm lange Zeit vorenthalten hast. Er wird dir vorwerfen, dass du nicht eher nach ihm gesucht hast. Und von dem Moment an, in dem du ihn findest, wird er sich wie eine Klette an dich hängen und dich so schnell nicht wieder frei lassen. Die Lage zu akzeptieren, wie sie anfangs ist, ist meine Empfehlung. Lass ihn dich einige Zeit begleiten, einfach so. Ohne dass du dich aufwändig darum kümmerst. Beginne damit zu beobachten, wie er sich in den unterschiedlichsten Situationen verhält. Dann wirst du erste Ideen davon bekommen, was zu tun ist. Darauf folgen Ansätze, wie du ins Handeln kommst und aktiv mit deinem Selbstwert arbeitest. Bis du irgendwann ebenso dein Bild davon erhältst, welche großartigen Möglichkeiten sich dir in deinem Leben bieten. Bis du eines Tages das Bild in den Händen hältst, das dir beweist, wie hell du erstrahlen kannst.

Wie wär's? Bereit für die Suche hinter deiner Suche?

TIPPS, WIE DU DIE SUCHE HINTER DER SUCHE BEGINNST

♥ DURCH DAS BILD HINDURCHBLICKEN

Wenn du vor einem Problem stehst, dann kann es helfen, dich nicht auf das Problem, also beispielsweise auf das Ankommen an einem bestimmen Ort, zu fokussieren – oder vielmehr zu fixieren. Sondern es kann dir helfen, wenn du durch diese Herausforderung hindurchblickst. So wie die Thematik des Selbstwertes hinter der Herausforderung liegt, dass du gefühlt niemals ankommst. Deine Challenge liegt sehr häufig hinter dem offensichtlichen Problem.

Du kannst es dir wie ein Foto vorstellen, das halbtransparent ist. Und du erkennst eine Landschaft, ein Bild, eine ganz andere Welt hinter deinem Foto.

Also, warum möchtest du ankommen? Um vielleicht endlich Frieden zu finden? Woher kommt deine Unruhe oder deine Unzufriedenheit? Du möchtest endlich geliebt werden? Ja, was hindert dich daran, dich selbst zu lieben?

Du kannst durch jegliches Bild hindurchblicken. Jedes Bild, das du in Händen hältst und das dir ein Rätsel ist. Und wer weiß, vielleicht liegt hinter dem zweiten Bild auch noch ein drittes. Schau genauer hin und du wirst die Suche hinter deiner Suche beginnen.

♥ SICH DEM PROBLEM ZUWENDEN

Okay, das ist nicht unbedingt der angenehmste Tipp. Doch du kennst mich nun auch schon ein klein wenig und du weißt, dass ich durch den Schmerz hindurchgehe, um Heilung zu erfahren. Oder um mich auf den Weg zu machen, die Suche hinter der Suche zu starten.

Wenn du in der Lage bist, die erste Tür zu öffnen – die Türe deines Problems –, dann kannst du den entscheidenden Schritt weiter gehen. Dann wirst du erkennen können, welche Angst dahinter verborgen liegt.

Daher kann es dir helfen, wenn du dein Gesicht, deinen Körper, deine ganze Aufmerksamkeit dem Problem zuwendest, das dich gerade beschäftigt. Lass dir dabei ruhig Zeit. Du kannst es zunächst nur betrachten, ohne etwas tun zu müssen. Betrachte es, als wäre es ein Mensch, der dir gegenübersteht.

Was strahlt diese Statur aus? Welche Gefühle ruft sie in dir hervor? Welche Gedanken kommen dir? Auf welchen Weg möchte sie dich führen?

Habe keine Angst vor dieser Gegenüberstellung. Sie wird für dich spielen, nicht gegen dich. Und du bist am Ende immer noch diejenige, die entscheidet, wohin die Reise geht. Du musst nichts tun, was dir nicht behagt. Gleichzeitig hast du die Chance, dich für deine Möglichkeiten zu öffnen. Versuche es! Wende dich dem Problem zu und du hast den ersten wesentlichen Schritt gemacht.

♥ MENTALE KRAFT ENTWICKELN

Mentale Stärke wird dir in jeder Situation helfen. Daher ist es immer förderlich, daran zu arbeiten. Ob du dir nun Profisportler zum Vorbild nimmst und daran arbeitest, deine »Siege« zu visualisieren. Oder ob du daran arbeitest, dich immer wieder zu erden, dich zu zentrieren und zu entspannen. Es hängt letztendlich davon ab, in welchen Momenten du wie reagierst. Ob du ins Schwitzen gerätst, ob Versagensängste auftauchen, ob du wild um dich schlägst oder ob alles zusammen auftritt. Die mentale Kraft richtet sich nach deinen Bedürfnissen.

Ein Weg kann sein – dieser hilft mir in sehr vielen Momenten – zu visualisieren. Das Bild des Ziels entstehen zu lassen. Ein Beispiel: Als ich am Anfang meines berufsbegleitenden sechsjährigen Studiums stand, hatte ich schon ein Bild vor meinem inneren Auge, wie ich meine Master-Urkunde in die Höhe halte. Dieses Bild hat mir immer wieder ausreichend Kraft gegeben, um die lange arbeitsreiche Phase erfolgreich zu meistern.

Im Hinblick auf deine Suche hinter der Suche wird dir die mentale Stärke insoweit behilflich sein, als du nicht aufgibst, selbst wenn es einmal beschwerlich wird. Wenn sich das Bild hinter dem Bild einfach nicht zeigen will. Wenn das Thema so fest verankert ist und sich nicht direkt lösen lässt. Wenn es Zeit braucht. Wenn Geduld gefragt wird. Wenn du wandelst und wandelst, aber nichts geschieht. Dann greife auf deine mentale Kraft zurück. Mach dir diese Kraft zunutze. Der Kopf arbeitet nicht immer nur quer. Er arbeitet auch mit dir. Du musst ihn trainieren. Halte an den guten Dingen fest. Fokussiere dich auf das, was du tun kannst. Füttere ihn mit guter Energie. Präge dich auf eine schöne Weise.

Ein weiterer Weg kann sein, dass du dich mit positiven Werten immer wieder verankerst. Ankere deine Ressourcen, die dir dabei helfen, deiner Suche treu zu bleiben.

Wähle ein Gefühl, eine Kraft, eine Energie, die du als Ressource in dir haben möchtest. Gib dich ganz und gar hinein in dieses Gefühl. Wenn du am Höhepunkt dieses Fühlens bist, dann setze deinen Anker, zum Beispiel in Form einer Geste, einer Bewegung oder eines Bildes. Der Anker muss dabei einzigartig sein. Wenn du dich beispielsweise für die Fingerberührung zwischen kleinem und Ringfinger entscheidest, solltest du diese Bewegung in deinem Alltag sonst nicht gebrauchen. Verinnerliche dir diesen Anker. Und wenn du ihn brauchst, dann führe ihn genau so wieder aus. Und du wirst dich mit deiner gewünschten Kraft aufladen können.

Hier ein paar Beispiele für subtile Anker: eine Hand auf deinen Ober-schenkel legen, mit der einen Hand das andere Handgelenk um-fassen, an deiner Kette entlangfahren, mit Daumen und Zeigefinger an deine Nasenwurzel fassen und kurz innehalten.

DER ZUFALL WILL ES

Nach drei Tagen melde ich mich wieder zu Wort. Am ersten Mai steht Natur auf dem Plan. Ich besuche die Angel Oak bei Charleston. Was für eine Wucht! Was für eine Größe – sowohl im wahrsten Sinne als auch im übertragenen. Diese Eiche übertrifft alles, was ich bisher an Bäumen gesehen und gefühlt habe. Die Story besagt, sie sei zwischen dreihundert und fünfhundert Jahre alt. Ich sage, sie ist über eintausend Jahre alt. Hat allen Stürmen und Gewittern getrotzt. Für mich ein Traum.

Nach der Eiche geht es weiter nördlich zu den Cypress Gardens. Ich möchte endlich einmal durch den Swamp (Sumpf) paddeln und die »Black Water« sehen. So buche ich mir eine geführte Bootstour und freue mich, diesen Ausflug einfach nur genießen zu können – ohne selbst zu paddeln. Wieder einmal lande ich durch Zufall bei einigen Filmspots. »The Patriot« und »The Notebook« wurden in diesen Gewässern und auf den kleinen Inseln gedreht. Sowas liebe ich ja. Durch Zufall genau an den richtigen Ort zu gelangen – und es auch wahrzunehmen. Die Bootstour ist gemächlich und es tut so gut.

Doch nachdem ich so gemütlich chauffiert wurde, möchte ich den Sumpf auch selbst noch erkunden und begebe mich auf den Trail drumherum. Zu Fuß erkunde ich das Gelände und siehe da: Jede Menge Turtles kann ich sehen und sogar einen Alligator, der Sonne tankt. Im Anschluss an dieses Naturschauspiel entscheide ich mich für noch etwas Geschichte in der Stadt.

Auf dieser kleinen Runde liegen The Battery, die Rainbow Row und das Slave Museum. Dazwischen ein Abstecher ins Caramella – der Hunger meldet sich.

Zu sehen und dort zu stehen, wo vor hundertfünfzig Jahren Sklaven verkauft wurden, das ist ergreifend. Der Mensch ist doch zu allem fähig. Leider nicht immer zum Guten. In Charleston treffen damals die meisten Sklaven aus Afrika ein. Wie Ware – grauenhaft. Vielleicht stimmt mich diese Geschichte aufgeregt. Denn ich bin unruhig. Charleston macht mich nach wie vor unentspannt. Ich entscheide mich, das Auto ans Hostel zu bringen und auf ein Eis nochmal zu Fuß loszuziehen. Die ausgewählte Eisdiele verkauft gerade kein Eis – wegen Wartungsarbeiten (!!!). Jetzt bin ich knatschig. Zurück zum Hostel. Duschen, lesen, Bett!

Ich bin so k. o., dass ich um 7 p.m. einschlafe. Um 8 p.m. bin ich wieder wach und lese noch einmal bis 11 p.m. Was bin ich froh um den nächsten Morgen: Endlich weiter und die Stadt – so sweet sie auch ist – hinter mir lassen.

WENN DEIN GEIST UND DEIN HERZ SICH TREFFEN,
FINDEST DU FRIEDEN.

GEDANKEN AUF WOLKEN

Am zweiten Mai geht es nach North Myrtle Beach. Ich hoffe, dass ich ganz früh einchecken kann – ich brauche dringend Erholung in der Horizontalen. Der Schlaf will mir nach all den Wochen immer noch nicht gelingen. Zimmer frei, juhu! Um halb zwölf mittags schließe ich die Augen bis nachmittags. Ich bin im Himmel. Nach dieser goldenen Ruhe stürze ich mich endlich aufs Eis. Drei riesengroße Kugeln und ich esse sie alle auf. Und natürlich muss ich noch diesen berühmten, verrückten Myrtle Beach sehen.

Vermutlich entfaltet er seinen Charme nur bei Nacht, wenn alle Fahrgeschäfte und Spielhallen leuchten und blinken. Mich wirft er um 4 p.m. jedenfalls nicht vom Hocker. Also auch ein Gebiet, an das das Herz nicht gebunden ist. Gut zu erfahren. Immerhin ist (North) Myrtle Beach nur als Zwischenstopp gedacht.

Zurück im Hotel werfe ich mich ins Beachoutfit und gehe ein paar Schritte, um im Sand zu landen. Das Hotel liegt unmittelbar am Beach. Doch an diesem Tag ist es so windig, dass Herumliegen nichts bringt. So gehe ich langsam, Muscheln suchend, den Strand auf und ab. Ein absolut gelungener, stressfreier Abend nach den vergangenen beiden. Ich bin sehr dankbar. Vor allem nach den beiden Hostel-Nächten schätze ich es sehr, wieder Raum für mich zu genießen. Ich spüre, wie wichtig das für mich selbst und mein Wohlbefinden ist.

Mit Charleston und North Myrtle Beach verlasse ich auch South Carolina und erreiche North Carolina. New Bern, ein echtes Zuckerstück. Hier genieße ich nun einen weiteren und so viel mehr entschleunigten Zwischenstopp. Es hat gerade Nachmittag geschlagen, ich sitze in Bella's Café und sauge die Wärme der Sonne auf. Die Sonne tut so gut nach den letzten, frischeren Tagen. Die restlichen Stunden bis zum Check-in lasse ich mich treiben.

Verrückt: Nur noch eine Woche übrig auf dieser Reise. Was es mit mir macht? Ich weiß sicher, dass es sich anfühlen wird, wie in einem Schuhkarton nach Hause zu kommen. Diese Weite, diese Freiheit und diese Leichtigkeit – ich muss irgendwie einen Weg finden, diese Gefühle in meinen Alltag zu integrieren. Immer in dem Wissen, was ich hier geleistet habe. Es ist ungewöhnlich, mutig, tapfer und unbeschreiblich schön, diesen Traum zu verwirklichen. Endlich auch einmal etwas Großes zu erleben – das macht mich so glücklich und auch so stolz.

Ich meine, ich freue mich sehr auf den Flug, aber auf die Landung in München, darauf freue ich mich kaum. Auf die Landung auf dem Boden der Tatsachen. Es muss so viel (wieder) geordnet werden. Die Frage ist: Muss ich in genau den gleichen Alltag zurückkehren? Gibt es vielleicht Alternativen? Ich werde mir Gedanken machen (müssen). Aber nicht, ehe ich wieder in der Luft bin.

Noch eine Woche versuchen, all die belastenden Gedanken auf Wolken zu setzen. Denn ich weiß: Egal welche Challenge zu Hause auf mich wartet, sie ist nichts im Vergleich zu dem, was ich auf dieser Reise meistere. Ich bin sehr stolz auf das, was ich auf die Beine gestellt und auch gemeistert habe.

Das werde ich NIE vergessen.

WANN IST EIN ZUHAUSE EIN ZUHAUSE?

Mit dieser Frage schlage ich mich schon ziemlich lange herum. Ständig die Suche – ob in Gedanken oder in Taten – nach dieser Antwort. Voller Ungeduld strebe ich danach, sie zu finden und endlich »genau das« zu entdecken, was mich aufatmen lässt. Bei jeder neuen Wohnung, in jedem neuen Ort hoffe ich darauf, dass mein Herz endlich laut »WIR SIND ANGEKOMMEN« rufen wird. Doch das Herz bleibt stumm – nahezu stumm. Denn das eine oder andere Mal räuspert es sich etwas, spricht ganz leise, zaghaft. Ich muss mich schon sehr anstrengen, um wahrzunehmen, was es von mir möchte. In den jeweiligen Momenten vermutlich nur, dass ich hinschauen soll, hinhören, mit ihm sprechen. Ja, wenn das doch nur möglich wäre. Ich kann nicht mit meinem Herzen sprechen. Ich habe diese Sprache bisher weder beherrscht, geschweige denn gelernt.

Wie spricht man mit seinem Herzen, wenn man dringend eine Antwort von ihm haben möchte? Ich kann es nicht in ein Übersetzungstool eingeben und hoffen, es dann lesen zu können. Doch was ich tun kann, ist, seine Sprache zu lernen, mit all ihren Vokabeln, mit all ihrer Grammatik und mit all ihrer Dynamik. Stimmt doch! Oh nein, weit gefehlt. Die Sprache des Herzens nutzt weder Vokabeln noch Grammatik oder Satzbau. Diese Sprache wird auf einem ganz anderen Level gesprochen. Zu schade, dass ich auf diesem Level noch lange nicht bin. Oder doch? Wie stuft man sein Herzens-Sprachniveau ein?

Jedenfalls nicht mit einem Einstufungstest, der mir nach 15 Fragen die Antwort liefert, in welche Klasse ich nun gehen soll. Gleichzeitig braucht es eine Art Einstufungstest ja schon. Ich muss doch mal hinschauen, um zu erkennen, was ich schon alles kann und was noch nicht. Dann wird es doch irgendwie auch möglich sein, festzustellen, wann ein Zuhause ein Zuhause ist.

Also gut, liebes Herz, sag mir alles, was du über mich und meine Sehnsüchte, über meinen Wunsch nach einem Zuhause weißt. Ich bin bereit, dir zuzuhören und jedes noch so leise Wort aufzusaugen wie eine durstige Blume. Ich bin bereit und höre ... nichts.

Das Herz spricht nicht auf Knopfdruck. So viel steht fest und so viel habe ich schon gelernt. Das Herz spricht immer dann, wenn es bereit dazu ist. Allein diese Erkenntnis schenkt mir so viel Geduld und Glauben, weiter dranzubleiben. An meinem Ziel, das ich eines Tages erreichen werde.

Es ist also die Erkenntnis, dass ich darauf achten muss, dass mein Herz bereit ist. So lege ich ab sofort den Fokus nicht auf die Antwort, sondern auf die Wahrnehmung, dass mein Herz bereit ist. Was mich erneut zu dem Punkt führt, an dem ich schon viele Male gewesen bin und den ich auch in diesem Buch beschrieben habe: die Aufmerksamkeit – das Bewusstsein – für mich und meine Empfindungen, Emotionen, Gefühle. Wann fühle ich mich überglücklich? Wann fühle ich mich stark? Wann fühle ich mich frei?

Erneut steige ich daher in den Prozess der Beobachtung ein, hefte mir eine Notiz an den Kühlschrank – »Wann bin ich glücklich?« –, gehe in meiner Freizeit verschiedenen Beschäftigungen nach, achte darauf, dass ich im Moment bleibe, und höre: »Ich bin glücklich. Ich bin zu Hause.«

Natürlich kann ich nicht ununterbrochen in den Tag hinein leben. Ich brauche auch etwas Geld zum Leben, möchte arbeiten, einen Alltag haben. Da hat dieses Glück nicht ständig Platz. Klar, es gibt sie, diese

Lebensform, in der ich mein Glück leben kann. Doch bei dieser bin ich noch nicht. Und selbst wenn, gibt es Momente und Phasen im Alltag, in denen irgendetwas das Glück trübt.

Worauf ich hinausmöchte, ist, dass das Glück viele Facetten hat, welche es herauszufinden gilt. Und dass ich, solange ich noch nicht alles erkundet habe, auch Phasen habe, in welchen das Glück abwesend ist. Bedeutet, so wie das Glück vorübergehen kann, kann auch ein Zuhause vorübergehen.

Ein Zuhause, wie wir es als Zuhause erwarten, ist nicht in Stein gemeißelt. Es kann sich verändern. Du kannst einen bestimmten Punkt in deinem Leben überschreiten, an dem dein Herz nicht mehr vor Freude lacht und tanzt.

Es können bestimmte Umstände sein, die nicht mehr zu dir passen bzw. nicht mehr deinen Werten entsprechen. Weil du dich verändert und neue Werte hast. Es können Menschen sein, die plötzlich deinen Weg kreuzen und dich viel mehr anziehen als dein bisheriger Freundeskreis. Es kann ein Stückchen Land sein, das dich catcht. Und es kann auch undefinierbar sein, im Dunklen verborgen liegen. Du weißt noch nicht, woran es liegt, doch dein Herz lacht nicht mehr und tanzt nicht mehr.

Dann werde erneut aufmerksam und beobachte, wann es lacht und tanzt. Bringe dich selbst zurück zu deiner Mitte und gewöhne dich erneut an die Sprache deines Herzens. Justiere dein Zuhause neu, finde heraus, wo es liegt. Dann tue alles, um in diese Richtung zu marschieren, dein »Zuhause« zu erreichen.

Noch einmal, damit es ganz deutlich wird: Ein Zuhause ist dann ein Zuhause, wenn es dir gut geht und wenn du glücklich bist. Dabei muss es kein Gebäude sein, mit einem Dach über dem Kopf. Es kann eine Pflanze sein, ein Fahrrad, dein Lieblingscafé, dein Ritual am Abend oder deine Meditation am Morgen. Binde dein Zuhause nicht für immer und ewig an einen bestimmten Ort oder ein Gebäude. Sei offen, dass es so viel mehr sein kann. Im Grunde ist dein Zuhause die Welt, auf der alles drauf ist, was dich mit Lebendigkeit, Freiheit und Glück erfüllt.

Ein Zuhause ist immer dann ein Zuhause, wenn du ganz bei dir bist und spürst: Hier bin ich richtig.

TIPPS, UM FÜR DEINE GLÜCKSMAGNETEN AUFMERKSAM ZU WERDEN

♥ FREIHEIT SPÜREN

Deine Glücksmagneten spürst bzw. siehst du besonders gut, wenn du in Freiheit bist. Wenn du einen Moment oder einen Tag hast, an dem du dich von nichts gefangen nehmen lässt.

Wie dir das gelingt? Wenn du absolut d'accord damit bist, dass du dir etwas Gutes tust.

Vielleicht halten dich da ab und an deine Glaubenssätze zurück. Kann das sein? Wenn du glaubst, dass du es nicht verdient hast, dir etwas Gutes zu tun. Oder wenn du glaubst, erst ganz viel leisten zu müssen, damit du etwas Gutes verdienst. Oder wenn du glaubst, dass es immer schwer gehen muss, bevor es leicht geht.

Diese Sätze werden dich davon abhalten, dich frei zu machen und damit auch Freiheit zu spüren.

Wandle deinen Glaubenssatz in einen Erlaubersatz um. Und diesen Satz sage dir so oft wie nur möglich – um dein Gehirn umzu-programmieren.

»Ich erlaube mir, mir Gutes zu tun.«

»Ich habe es verdient, Freiheit zu spüren.«

»Ich gönne mir Freiheit, indem ...«

Ich bin fest davon überzeugt, dass du deinen persönlichen Erlaubersatz identifizierst. Du wirst es nämlich spüren, sobald er erscheint. Vielleicht verbunden mit ein bisschen Gänsehaut.

♥ IN BALANCE SEIN

Glück wirst du auch anziehen, wenn du in Balance bist. Wenn du dich zurücklehnen und einfach nur zuschauen kannst. Deinem Leben, deinen Gedanken, deinem Tun, deinen Mitmenschen. Einfach allem.

Um in Balance zu kommen, kannst du dich einschwingen, dich bewegen. Oder du arbeitest einmal damit, einfach alles so zu belassen, wie es ist. Nichts ändern zu wollen. Versuche einen Tag mit diesem Vorhaben zu leben. »Heute einfach mal nichts wollen. Heute einfach nur mal alles lassen.« Du wirst spüren, wie sich Leichtigkeit und Freiheit in dir ausbreiten. Wenn dir diese Art der inneren Arbeit gefällt und sie etwas für dich ist, dann wende sie doch noch viele weitere Tage an.

Es wird nicht bedeuten, dass du dadurch nicht weiter deine Ziele und Vorhaben erfüllst. Doch es wird bedeuten, dass du dir Pausen schenkst, dass du dich entlastest und du neue Energie tanken kannst. Das wird sich in deiner Leistungsfähigkeit und in deinem Vorwärtskommen durchaus äußern.

♥ GLÜCKSMAGNETEN SAMMELN

Glücksmagneten sammeln ist eine schöne, achtsame Übung. Wenn du an einem Tag eine besondere glückliche Fügung erfährst oder einen glücklichen Moment erlebst, dann sammle dafür einen kleinen Gegenstand – es kann ein Kieselstein sein, eine Feder oder eine Blüte. Lege die Erinnerung an diesen Glücksmoment in eine Schale oder ein anderes Gefäß.

Vergiss nur nicht, dies jeden Tag und immer zu tun, wenn du einen Glücksmoment erlebst. So wirst du mit der Zeit sehen, wie viel Glück dir in deinem Leben begegnet und wie reich du bist. Du wirst die Fülle mit den Augen sehen und so kannst du sie auch im Herzen begreifen.

DIE KLEINEN DINGE

Vollmond und Mondfinsternis im Skorpion – ich lasse ALLES Alte zurück und zeige mich endlich in ganz neuem Glanz. Das ist mein einziger Wunsch. Alle alten limitierenden Gedanken und Blockaden, die mich von der Leichtigkeit des Seins und von der Fülle abhalten. Ich bin bereit für meinen neuen Lebenszyklus! Die Fülle spüre und sehe ich gerade, wie kaum erlebt. Ich sitze im House and a half von Maria und Simon auf den Outer Banks, in Southern Shores, Kitty Hawk. Vor mir liegen drei Tage voller Erholung, Entschleunigung und Entspannung. Ich hoffe, dass auch mein Geist zur Ruhe kommt, der mich in diesen Tagen sehr beschäftigt. Aber hier – in diesem Refugium – wie könnte ich hier nicht zu mir selbst finden und auf den Weg, den ich gehen werde?

Doch heute möchte ich mir eigentlich mal überhaupt keine Gedanken machen. Einfach NUR SEIN. Ich werde mir ein Bike schnappen und zum Strand fahren. Dort sein und sonst nichts. Wobei es zu schade ist, das Haus zu verlassen. Denn es ist so schön hier wie in einem Traum. Ich bin unendlich dankbar, dass ich überhaupt so viel Schönes und Gutes erleben darf. Es scheint, als sei ich schon auf dem richtigen Weg.

Wundervoll ist es übrigens auch am Tag zuvor gewesen und an dem Abend zuvor. Nach meinem Besuch im Café in New Bern hole ich mir mal wieder ein Eis. Ein Arbeiter ein Haus weiter fragt mich, ob ich das alles alleine essen möchte. Ich antworte: »I think so!« Er lacht. Es sind die kleinen Dinge – die kleinen. Dann laufe ich durch die Stadt, lasse mich treiben. Halte an einem Antiquitäten-Store – LOVE IT! Ich sehe zwei wunderschöne Schaukelstühle, die in meine neue Vision passen. Gedanklich gekauft. Real leider nein. Sie wären so erschwinglich. Aber der Transport würde das alles hundertmal relativieren. Da bin ich ein bisschen traurig. Sie sind dermaßen bequem. Na gut, ist gerade nicht drin. Aber ich visualisiere fleißig. Weiter geht es an die Hafenfront und zufällig in ein weiteres Antiquitätengeschäft. Dort erstehe ich ein wunderschönes, lilafarbenes Kleid mit blauen Blumen. Mein Schnitt, meine Farben. Eine Erinnerung an dieses unglaublich schöne New Bern.

New Bern: Es ist DER Ort dieser Reise, den ich zu finden hoffte. Hier würde ich mich wohlfühlen, wenn ich dauerhaft dort leben würde. Und wer weiß, vielleicht wird aus einem Konjunktiv ja ein Ist-Zustand. Ich hatte es nie vermutet, doch dieses Städtchen ist das schönste meiner Reise. Nicht zuletzt, weil ich nach dem Kleid den Check-in ansteuere und realisiere, an welch zauberhaftem Platz ich mich da eingebucht hatte. Als wäre die Zeit stehengeblieben. Als wären wir in einer anderen Zeit. Als wäre ich mal wieder genau richtig. Das Zimmer so fein und das Bett ist unglaublich bequem. Eine große blitzsaubere Dusche. Ich merke, hier sind die Gastgeber aus Leidenschaft bei dem, was sie tun. Ich glaube, sie lieben ihr Zuhause selbst am meisten – jeden Tag. Ein Bed & Breakfast, das für immer in meinem Herzen wohnt.

Ich nutze diesen Rückzugsort, um mich zu erfrischen und mich auszuruhen. Mein Plan: ein Live-Konzert in einer Bar. Bin höllisch aufgeregt. »Soll ich tatsächlich hingehen, allein?«, frage ich mich ununterbrochen. Dieser Moment, wenn in einer Bar die Türe aufgeht und eine Fremde den Raum betritt – alle Augenpaare auf ihr. In diesem Fall auf mich gerichtet?! Das ist die Theorie. Die Praxis ist bei Weitem nicht so spektakulär. Es sind noch wenige dort und ich nehme unkompliziert an der Bar Platz. Geschafft! Meine Gefühle auf dem Weg zur Bar offenbaren mir by the way, dass ich doch tatsächlich davor Angst habe, was passiert, wenn ich strahle, und zwar aus ganzem Herzen und vor allem für die männlichen Bewohner dieser unglaublich wertvollen Erde. Ich verbarrikadiere mich wohl absichtlich zu Hause in meiner Komfortzone, weil ich ein Schisser bin und nicht will, dass Männer von mir geflasht werden. Wie verrückt ist das eigentlich! Argh! DAS – muss ich unbedingt angehen, wenn ich wieder zu Hause bin. Außerdem auch, dass ich mehr Live Music besuche.

Es ist unglaublich schön an diesem Abend, der Live-Country-Musik zuzuhören. Ich genieße es sehr und bleibe bis zum Schluss. Dabei komme ich auch noch mit dem Barbesitzer ins Gespräch. In der Bar hängt nämlich ein schwarz-weißes Bild von Elvis und ich würde es auf der Stelle kaufen. Von ihm bekomme ich die Karte und ich darf mich melden. Vielleicht stellt er ja den Kontakt zum Künstler her. Mann, wäre das großartig! Selig und angeschickert laufe ich nach einem spektakulären Konzert – spontan spielte ein Saxophonist zu meinem Lieblingssong gemeinsam mit dem Act des Abends – zurück ins Bed and Breakfast.

Doch das ist noch nicht alles. Der Morgen und das Frühstück über-raschen mich aufs Neue. Es wird als Menü serviert. Ist das zu fas-sen? Den besten French Toast meines Lebens bekomme ich genau hier. Hätte ich doch nur eine Nacht mehr gebucht, denke ich mir. Bin schon sehr traurig, dass ich die Stadt heute schon wieder hinter mir lassen muss. Damit ich aber noch ein Weilchen bleiben kann, nur ein paar Stunden, schmiede ich noch einen kleinen Plan. Fahre runter nach Haveport und möchte noch Souvenirs besorgen. Haveport über-schüttet mich mit Emotionen und Gefühlen. Einmal, weil ich an einem 9/11-Denkmal stehe, mit einem original Stahlträger-Stück des ehe-maligen World Trade Centers. Die Energie, die davon ausgeht, ist wahnsinnig kraftvoll. Irgendwie auf eine gute Weise. Es sendet die Gewissheit, dass sich trotz allen Schreckens dieses Land nicht unter-kriegen lässt. Ein Sinn- und Spiegelbild für alles, was kommen mag. Ich könnte dort ewig stehen und diese Kraft spüren.

Noch ein kurzer Stopp am Hauptportal von Cherry Point, dem US-Marine-Corps-Stützpunkt der Flieger der Marines. Es reizt mich mal wieder bis aufs Äußerste, dort hineinzufahren und ein Teil davon zu sein. Ich schrieb bereits darüber. So schmerzlich und wehmütig vor den Toren stehen zu müssen. Auch von dort kann ich mich nur schwer trennen. Doch es bringt mich nicht weiter, dort herumzustreunen. Ich glaube, ich bin dem wachhabenden Marine schon auffällig, weil ich immer zu ihm schaue und so »herumlungere«. Männer in Marines-Uniform – Eros lässt grüßen!

Auf dem Rückweg nach New Bern schleicht sich selbstverständlich wieder die Reue ein, Chancen verpasst zu haben. Und Gedanken, ob man nicht auch als Zivilist auf einem Stützpunkt arbeiten könnte. Die Sehnsucht ist so groß. Noch immer weiß ich nicht, woher sie kommt. Ich gebe mich ihr schnellstmöglich hin, um schnellstmöglich da durch zu sein. Zum Abschluss finde ich in New Bern ein supersüßes Lädchen und ebenso die Souvenirs. Dann noch ein Stopp bei Mayte und ihrem Gebäck-Café. Sie spricht italienisch und sie wirkt auch so. Ich frage, ob sie einen Job für mich hat. Sie antwortet, es gebe genug Jobs. Nur als Single-Frau hier in New Bern sei es schwierig. Es gibt zu viele davon und zu wenige Männer. Also keine Option für mich.

WELCHE MENSCHEN TUN MIR GUT?

Im Laufe meines Lebens habe ich schon sehr viele Menschen kennengelernt. Als Kind lernte ich selbstverständlich die Kinder der Freunde meiner Eltern kennen. Dann die Sandkastenfreunde im Kindergarten, Freunde an der gemeinsamen Schulbank. Und als Jugendliche die ersten anderen Bekanntschaften, sei es in der Disco kennengelernt oder durch andere Freundeskreise. Der erste Weg, auf dem ich anderen Seelen begegnete, verlief ziemlich solide und ich hatte das große Glück, im Außen nie wirklich alleine zu sein. Im späteren Verlauf, nach Ausbildung und Co., eröffneten mir meine Vielseitigkeit, meine Interessen, meine Orientierungen und meine Berufung als Coach weitere Perspektiven und den Kontakt zu den unterschiedlichsten Charakteren und Typen. Im privaten Kontext sind viele Menschen gekommen und wieder gegangen. Einige sind natürlich auch geblieben und Gott sei Dank bisher auch meine Familie – das ist nicht selbstverständlich. Im Beruf sind ebenso Menschen geblieben, mit denen es einfach harmonierte. Die Anzahl der beruflichen Begegnungen, die einmalig sind – was nicht unbedingt gut bedeuten muss –, diese machen den größten Anteil an Menschen aus, die ich längst hinter mir lassen konnte.

Was sich also in meinen ersten Lebensjahrzehnten abspielte, verlief im Rahmen des Durchschnitts. Keine großartigen Ausreißer. Abgesehen von den Streitereien, die man mit der besten Freundin als Teenie hat, oder von der Eifersucht, die man als junges Mädchen für seinen Schwarm hegt, gab es nichts Auffälliges. Mitte zwanzig dann die ersten Berührungspunkte mit meiner Persönlichkeitsentwicklung. Als Rookie hatte ich noch absolut keine Ahnung davon, wer ich bin, wer ich sein möchte, was in mir und was um mich herum geschieht. Da gab es keine Wahrnehmung für den Klassenkameraden, der mir so überhaupt nicht liegt, kein Indiz dafür, dass ich mich verstelle, um zur Elite zu gehören. Da gab es kein Verstehen, dass ich mich ausgelaugt fühle, wenn ich von einer Party nach Hause kam, auf der Menschen tanzten, die so gar nicht in mein Energiefeld passen.

Da war kein Bewusstsein dafür, was der Aufenthalt unter bestimmten Menschen mit mir macht. Wie gewisse Aussagen auf mich wirken und was diese in meinem Inneren für Lawinen auslösen. Ich konnte es nicht begreifen, dass die Präsenz von Charakteren mir so viel Energie raubte, dass ich tagelang damit beschäftigt war, mich zurückzuziehen, nur um mich seelisch wieder aufzupäppeln, damit ich bereit wäre für meine nächste Lebensexkursion. Mir war auch nicht bewusst, dass ich spezielle mir wichtige Themen nicht mit jedem meiner Freunde besprechen sollte. Ich spürte nur immer wieder die große Enttäuschung, die sich breitmachte, sobald ich mein Innerstes nach außen kehrte und mich offenbarte.

Es gab schlichtweg keine Alarmglocke, die ansprang, sobald ich mich auf dünnem Eis bewegte und Gefahr lief, einzubrechen und mich so sehr zu unterkühlen, dass ich nur noch ein eiskalter Atemzug meiner selbst bin.

Doch was es gab, war die Zeit. Die Zeit, die ich hatte und habe, um mir ein immer genaueres Bild davon zu zeichnen, welche Menschen mir guttun und welche nicht. Zu welchen Menschen ich passe und zu welchen nicht. Die Zeit brachte die Erfahrung und diese wiederum brachte das Bewusstsein für einen dringend notwendigen Scan. Ein Scannen der Energien, die mir gegenüber sind und die beabsichtigen, ein kleines bisschen meines Lebens zu bekommen.

Das Scannen ist ein Prüfen dessen, was zu mir passt und wer zu mir gehört, wer mich auf meinem Weg begleiten soll. Und zwar darf dieses

Scannen so oft wie nur möglich stattfinden. Ein und derselbe Mensch kann einmal durch das Raster fallen und beim nächsten Mal eben nicht. Es bedeutet nicht, wenn ich einen Charakter einmal aussortiere, dass er beim nächsten Mal nicht passt. Daher ist es für mich wichtig, dass ich wieder und wieder in das Bewusstsein eintauche, wieder und wieder zu hinterfragen und zu checken, ob ich bei den Menschen, die gerade um mich sind, immer noch richtig bin.

Es geht nicht darum, dass ich hier auf meinem Thron sitze und mit dem Fingerzeig auswähle. Es geht darum, dass ich, egal in welcher Position ich mich befinde, die Gewissheit habe, dass ich frei entscheiden kann – nachdem ich die Energie durch meinen Scanner jagte. Und dafür brauche ich die Achtsamkeit, muss im Moment sein und mir der Umstände bewusst werden.

Wie ich das mache? Inzwischen sind seit meiner jungen Zwanziger schon ein paar weitere Jahre ins Land gezogen und auch hier macht Übung meine Meisterin. Je öfter es mir gelang und gelingt, dass ich meinen Energiehaushalt überprüfe, desto routinierter werde ich in diesem Vorgehen. Desto schneller wird mir klar, dass hier Handlungsbedarf besteht und ich unmittelbar den Scanner einschalten muss.

Gelingt es mir einmal nicht, denn auch ich versinke im Alltag und halte nicht immer mein Bewusstsein, dann merke ich das sehr schnell. Dann tauchen aus dem Hintergrund plötzlich die alten Muster und Netze auf, die mich wieder gefangen nehmen und mich bei Menschen halten, die mir nicht guttun. Dann fahre ich nach einem Treffen nach Hause und lege mich ganz unbewusst völlig erschöpft ins Bett. Doch was dieses Nicht-Gelingen auch erfordert, ist das tiefe Verständnis für mich selbst, dass ich noch immer lernen darf und ein Mensch mit Fehlern bin. Nach all den Jahren geht es auch mir noch so, dass ich schlichtweg versage, um es hart auszudrücken.

Allerdings versage ich liebend gerne, wenn ich daraus wieder etwas lernen darf. Ich treffe den Menschen, der mich eben so schön ausgesogen hat, einfach noch viele Male mehr. Bis ich es verstanden habe, dass unsere Werte nicht zueinander passen, dass wir uns missverstehen und dass wir tief in unserem Inneren in völlig anderen Welten unterwegs sind. Ich darf diese Person noch so häufig treffen, bis mein Bewusstsein so weit ist, es mir zu offenbaren. Ich kann mich auf diesen inneren Terminplaner ganz sicher verlassen.

Mein Leben lang wird es meine Aufgabe bleiben, mich stets weiter und neu zu orientieren, abzuwägen, welche Seelen mich begleiten sollen und von wem ich umgeben sein möchte. Ein stetiges Abgleichen anderer Seelen mit meinen Werten, meinen Visionen und meinen Interessen. Ein stetiges Annähern und Entfernen von und mit Menschen. Ein immerwährender Kreislauf. Denn es ist ja nicht so, dass sich nur die anderen Menschen ändern. Ich selbst ändere mich permanent. Das bedeutet, dass ich vielleicht eine Person nach vielen Jahren wiedersehe, die damals nicht harmonierte, nun aber wunderbar stimmig ist. Damals war vielleicht noch nicht der richtige Zeitpunkt. Wer weiß?

Ja, wer weiß das schon! Alles, was ich im Moment weiß, ist, dass wir uns kümmern und uns unseren Bedürfnissen widmen müssen. Um auszuloten, welche Menschen uns guttun und uns bereichern.

Das rate ich auch dir. Schau einmal in deine Schublade, in die du über die Jahre hinweg alle alten und langweiligen Dinge geworfen hast. Mache dich einmal auf die Suche nach deinem Scanner. Womöglich ist es auch ein Radar, ein Fernglas, ein Blutdruckmessgerät. Was auch immer es ist, das dich in Wallung bringt, dich aufregt oder dich nervös macht – finde das passende Gerät dazu. Damit kannst du arbeiten und dich trainieren. Puste den Staub runter, mache es sauber, stelle es an einen prominenten Platz, an dem du es so oft wie möglich sehen kannst. Falls nötig, lies auch nochmal die Gebrauchsanweisung dazu. Damit du optimal darauf vorbereitet bist, dich deinen Energiequellen und -räubern in Menschenform zu widmen.

Ich kann mir gut vorstellen, dass du dies gerne tust. Oder viel besser noch, dass du überhaupt kein Gerät brauchst, sondern bereits weißt, welche Menschen hier auf Plus oder auf Minus wandern. Ja, ich denke, es ist der einfachere Schritt zu analysieren, wie es gerade um dich herum beschaffen ist. Welche Menschen sich mit dir entwickeln konnten und mit dir matchen wie Eis mit heißen Himbeeren. Und welche Personen eher in die andere Richtung marschierten, stehen blieben oder dich neidisch von der Seite anlinsen.

Höchstwahrscheinlich liegt die Schwierigkeit vielmehr darin, diesen Minus-Menschen abzuschwören, sie zurückzulassen oder ihnen zu verdeutlichen, dass es schlichtweg nicht mehr passt. Dazu kann es kommen, wenn ihr zu einem bestimmten Thema einen Scheidepunkt erreicht, wenn es Streit gibt, wenn die Lust sinkt, sich erneut zu verabreden, wenn die Spanne zwischen den Treffen und Telefonaten immer größer wird. Dann hast du den Punkt erreicht, an dem dir klar wird, dass es an der Zeit ist.

Höre dabei auf dein Herz und frage es ununterbrochen, was es gerade braucht. Sei für dich selbst da und finde in deiner Unsicherheit, wenn du bestimmte Personen verlässt, stets eine Antwort und eine Umarmung für dich. Sei dir darüber im Klaren, warum es für dich zum Umbruch kommen muss. Sei dir dessen bewusst, was sich für dich zum Positiven verändern wird, wenn du eine andere Richtung einschlägst. Hab Vertrauen in dich und dein Radar. Versuche zu verstehen, was es dir sagen möchte und warum es dich fort von jemandem treibt. Drücke aber auch gerne erst einmal die Pause-Taste und verharre so lange in deiner Warteposition, bis du Gewissheit hast, was du als Nächstes machen sollst. Bis du dir sicher bist, dass du dich abwenden und neu orientieren möchtest. Hetze dich nicht, wenn es sich für dich ungewohnt anfühlt. Lass dir genügend Zeit. Denn es ist nicht unbedingt ein leichtes Unterfangen, sich von Menschen zu trennen. Es kommt darauf an, wer es ist, wie lange ihr schon gemeinsam geht, welche Erinnerungen ihr miteinander teilt und was dieser Mensch alles für dich tat.

Hast du es ganz besonders schwer, dann behilf dir mit einer großen Portion Dankbarkeit. Sei dankbar für all das, was du mit deinem Weggefährten erleben konntest, wohin du durch ihn gelangen konntest und wer du durch ihn sein kannst. Mit Hilfe deiner Dankbarkeit bringst du ein schönes, leichtes und liebevolles Gefühl in dein Anliegen. Es lässt dich nicht mit Groll und Wut zurück, sondern es lässt dich loslassen, und ein Loslassen ist für dich in diesem Fall perfekt. Du verlierst die Anhaftung, du gehst in die Neutralität, gewinnst Abstand und eine gesunde Perspektive auf dein Vorhaben.

Und manchmal, einfach nur manchmal haben wir das Glück mit im Gepäck und es geht von ganz allein seinen Weg. Mache dich nicht verrückt und verkopfe dich nicht. Wie ich es sehe und erlebe, hast du im Grunde zwei Möglichkeiten: Entweder du wälzt dieses Topic ununterbrochen in deinem Kopf hin und her und findest keinen Ausweg. Oder du entscheidest dich bewusst für einen nächsten Schritt.

Wie auch immer dieser aussehen mag ...

TIPPS, WIE DU DEIN RADAR TRAINIERST

♥ WETTERPROGNOSE

Sicher kennst du die Wettervorhersage im Fernsehen. Wobei, heutzutage schauen wir ja eigentlich in der App nach. Jedenfalls wirst du immer mal wieder einen Blick drauf werfen. Zum Beispiel, wenn du etwas Besonderes vorhast und dafür Sonne brauchst. Oder wenn du lieber Regen und Nebel haben möchtest. Die Wettervorhersage hilft dir dabei, dich auf das vorzubereiten, was ansteht.

Diese Unterstützung kannst du dir auch für deinen gesamten Alltag zunutze machen. Erstelle dir für deine Woche oder für die kommenden drei Tage – wie weit auch immer du in die Zukunft prognostizieren möchtest, eine Wetterprognose. Das wird dich für dich selbst, dein Befinden und für dein Umfeld sensibilisieren.

Dazu male und schreibe dir deine ganz persönliche Wetterkarte. Für Montag kannst du zum Beispiel voraussagen, dass es bewölkt sein wird – na ja, weil eben Montag. Dienstag wird es dann sehr sonnig und heiter, weil du dich mit deiner besten Freundin verabredet hast. Mittwoch gibt es starken Regen – die Steuererklärung steht an. Donnerstag gibt es Gewitter, weil ein Konfliktgespräch bei der Arbeit ansteht. Doch schon am Freitag lockert es wieder auf, weil du ab mittags in ein langes Wochenende startest – vielleicht zu einem kurzen Wellnesstrip. Nun ja, dass das Wochenende pure Sonne verspricht, brauch ich dann wohl nicht weiter zu erläutern.

Los, prognostiziere dir deine persönliche Woche per Wetterkarte. So schulst du deine Wahrnehmung, dein Radar.

♥ SOMATISCHER MARKER

Ein somatischer Marker ist eine Art Bewertungssystem, das aus deinem unbewussten, emotionalen Gedächtnis an Erfahrungen herrührt. Diese »Markierung« kann sich bei dir körperlich zeigen, zum Beispiel durch ein Ziehen im Bauch. Oder es zeigt sich auf emotionaler Ebene, bei sowas wie »Wut im Bauch«. Du kannst dafür aufmerksam werden und bei deiner nächsten Emotion, die in dir ausgelöst wird, prüfen, wie du sie wahrnimmst. Hast du ein körperliches Gefühl oder spürst du eher die emotionale Ebene?

Dies ist eine wundervolle Möglichkeit, um dein Radar zu trainieren. Denn dein somatischer Marker wird dir stets eine Hilfestellung geben. Du wirst die Fähigkeit in dir hervorrufen, mit deinem Unterbewusstsein zu kommunizieren. Du wirst hören oder fühlen, was dein Unterbewusstsein dir sagen will. Etwa, dass dir eine bestimmte Situation unangenehm ist. Dass du dich mit gewissen Menschen nicht wohlfühlst. Dass du dich in Gefahr begibst. Was auch immer. Dein somatischer Marker wird dich dabei unterstützen, dass du dich selbst besser kennenlernst, dich siehst, hörst und spürst.

So kannst du mit der Zeit auch viel besser unterscheiden, wo sich in deinem Körper gute Gefühle zeigen und wo sich die schlechten zeigen.

Möchtest du es noch ein klein wenig steigern, kannst du deinem somatischen Marker auch noch etwas mehr Aufmerksamkeit schenken und wahrnehmen, was er für eine Farbe hat. Ob er Wärme oder Kälte vermittelt. Ob er starr ist oder beweglich. Hier gibt es keinerlei Grenzen. Dein somatischer Marker ist einzig und allein in dir und nur du hast die Kraft, ihn wahrzunehmen.

♥ FOKUS

Ich bin mir sicher, dass du ein Lieblingshobby hast, so etwas wie Nähen oder Malen. Oder wie ich Singen. Dieses Lieblingshobby nehmen wir uns zum Vorbild, wenn es darum geht, das Radar zu trainieren. Denn was du bei deiner Lieblingsbeschäftigung tust, ist nichts anderes, als dass du dich fokussierst. Glücklicherweise ganz automatisch. Du gehst in deiner Tätigkeit auf. Du denkst darüber nach, welche Farben du verwenden sollst, welchen Stoff als Nächstes oder mit welchem Song du dich befassen möchtest. Du feilst an den Konturen, an den Nähten und an den Noten. Du bist ganz da und ganz bei dir. Gut, dass du hier einmal nichts trainieren musst.

Geht es allerdings um dein Radar und deinen Fokus im Bereich Bewusstsein, dann ist eventuell die eine oder andere Trainingseinheit notwendig. Eben, bis es dir auch automatisch von der Hand geht. Was bei deinem (neuen) Fokus entscheidend ist, ist die Perspektive, die du einnehmen wirst. Du kannst dich dafür entscheiden, die Dinge positiv oder auch konstruktiv zu betrachten – was durchaus förderlich sein kann für dein Befinden. Oder du bleibst bei deiner längst verinnerlichten Routine und bewertest die Dinge negativ, als schlecht, schlimm, unlösbar, unüberwindbar, hoffnungslos, aussichtslos und was nicht noch alles.

Doch wenn du schon dabei bist, dein Radar zu trainieren, es neu einzustellen, weshalb dann nicht gleich mit der richtigen Frequenz? Und zwar mit der Frequenz, die dir guttut und dir Freude bereitet. Dir ein Gefühl von Leichtigkeit und auch Handlungsfähigkeit vermittelt.

Damit ist nicht gemeint, dass du ab sofort alles nur rosarot siehst und dir schönredest. Nein, es geht darum, die positiven Aspekte einer Sache wahrzunehmen und zu schätzen. Die Aspekte, die dir Kraft geben, anstatt sie dir zu rauben.

GLÜCK UND SONNE

Unglaublich, dass die Outer Banks oder OBX drei Stunden entfernt liegen. Dieses Paradies hier gleicht jenem von New Bern. Die Fahrt ist wunderschön. Endlich einmal durch die Natur driven anstatt über die Interstate. Und so erreiche ich OBX am Nachmittag. Die Unterkunft ist ein wahr gewordener Traum. Ich darf allein dort sein, weil es das Ferienhaus von Maria and Simon ist. Die Idylle, das Grün, die Umgebung, die Wohnsiedlung. Alles sauber, liebevoll und so großzügig. Mein Herz hüpft.

Nachdem ich mich sprichwörtlich gekniffen habe, um zu erfahren, dass es wirklich passiert, richte ich mich ein. Nach New Bern hätte ich nicht gedacht, dass noch etwas Schöneres kommt. Aber hier bin ich.

Mit diesem Glück im Rücken ziehe ich nochmal los und besorge mir etwas Abendessen, schaue kurz bei einem Kids-Baseball-Spiel zu und bekomme den Mund nicht mehr zu vor Staunen über diese Gegend hier. Hier müssen Millionäre leben – ganz sicher. Nach dem Essen steht der Abend bereit für eine heiße Dusche, richtig guten Lesestoff und das Zurückfallen und Einsinken in ein himmlisch bequemes Bett. Der Tag geht glücklich zu Ende.

Der Morgen danach leitet drei wundervolle Tage hier auf den Outer Banks ein. Nach meinem Frühstück und der Schreiblust möchte ich noch etwas lesen, ehe ich mir das Bike in Richtung Strand schnappe. Ein Tag voller Sonne erwartet mich.

GIBT ES HOFFNUNG?

Warum nur strebe ich ständig nach Hoffnung? Eine Hoffnung darauf, dass am Ende alles gut wird. Doch habe ich längst, vor zwanzig Jahren, einen ganz anderen Wegweiser erhalten. Eine liebe Freundin überreichte mir damals, in einer typischen Anja-Schwere-Phase, eine Karte, die eine ganz neue Möglichkeit offenbarte:

»Hoffnung ist nicht die Überzeugung, dass etwas gut ausgeht, sondern die Gewissheit, dass es gut ist, egal wie es ausgeht.«

Sollte man meinen, dass ich mit dieser Gebrauchsanweisung mächtig vorwärtskomme und so überhaupt keine Probleme damit haben werde. Weit gefehlt. Natürlich habe ich diesen Satz auseinandergepflückt und versucht, ihn so gut wie nur möglich zu verstehen und umzusetzen. Aber sicher war eben auch, dass es mir nicht auf Anhieb gelingen wird.

Was mache ich also aus dieser Hoffnung, die mich zunächst nicht friedlich stimmt, weil die Sache ja gut ausgeht? Sondern im Gegenteil aufreibt und mir hundert Gedanken mehr als Aufgabe serviert. Die Gewissheit, dass es gut sein wird, egal was da kommt. Zu dieser Gewissheit konnte ich keine Verbindung herstellen. Mit Verbindung meine ich, dass ich es in meinem Herzen fühlen kann. Erst dann weiß ich, dass ich es durch und durch verstanden habe.

Doch zuvor kommt erst der Verstand an die Reihe. Ich muss diesen Satz insoweit verstehen, als ich begreife, was damit gemeint ist. Und wie der Lauf der Dinge nun einmal ist, werden wir älter. Ich werde älter und die Erfahrung sammelt sich auf meinem Lebenskonto, wie Dagobert Duck seinen Geldspeicher füllt. Mit dem Älterwerden wachsen auch Logik und Bewusstsein. Beides Mitspielerinnen, die ich in Sachen Hoffnung gut gebrauchen kann.

Bis mir eines Tages der Groschen fällt und ich verstehe, was damals auf der Karte stand. All das, was mein Leben mir auf meinem Weg entgegenschickt und mir präsentiert, all das muss genau so sein. Unabhängig davon, ob es gut oder weniger gut ist. Ich muss diese Erfahrung sammeln, daran reifen und mich dadurch entwickeln. Und so gehen Hoffnung und Gewissheit Hand in Hand. Lassen sich nicht gegeneinander ausspielen. Unterstützen sich gegenseitig und wissen, dass sie ohne einander gar nicht existieren können. Hoffnung darf in die Gewissheit münden. Und die Gewissheit besänftigt die Hoffnung.

Da habe ich ihn also verstanden, meinen Leitsatz – lieber spät als nie. Womit ich zum eigentlichen Thema überleiten möchte: Gibt es Hoffnung? Gibt es in meinem, in unserem Fall Hoffnung für die Suche nach dem Ort, an den wir gehören? Haben wir die Gewissheit, dass es gut ausgehen wird, egal welche Schlussantwort wir uns geben werden?

In diesem Moment möchte ich diese Frage nicht beantworten. Viel lieber möchte ich dir noch einen anderen Aspekt erläutern, der mir in diesem Zusammenhang ebenfalls begegnete. Dabei geht es nicht darum, ob wir die Hoffnung hegen, ob wir die Gewissheit finden und ob wir mit dem zurechtkommen werden, ganz gleich was es auch ist. Dabei geht es um eine neue Haltung, die wir, die ich einnehmen kann. Ich verändere meine Position etwas, und aus der Gewissheit wird die Erwartung.

Es ist die Erwartung, die ich anstelle der Gewissheit hegen möchte. Sie macht den kleinen, feinen Unterschied in meinem sensiblen System. Mit der erwartenden Sicht auf die Situation fließt in mir jegliche Energie ruhig und ausgeglichen dahin. Wohingegen Hoffnung alles aufreibt. Gewissheit starr ist und ebenso schwer wiegt. So verhält es sich zumindest in mir. Wenn ich in mich hineinfühle, spüre ich den Unterschied an Ruhe und Aufruhr in mir, je nachdem, welche Energie ich hindurchsende. Hoffnung, Gewissheit oder Erwartung – ich kann mir diese Frage nun sehr gut beantworten, denn ich weiß, was sie in mir auslöst. Ich kann nachvollziehen, mit welchen Vibes ich mich versorge. Dabei entscheide ich mich doch stets für die Schwingungen, die mich mit einem schönen, fluffigen Gefühl versorgen. Oder etwa nicht?

Es ist an dir zu entscheiden, mit welcher Energie du dich füttern möchtest. Wichtig ist nur, dass du sie zu unterscheiden weißt und gleichzeitig die Fähigkeit besitzt, je nach Bedürfnis die eine oder die andere Kraft anzusteuern.

Hoffnung, Gewissheit oder Erwartung. Durchleuchte dich selbst und forsche nach, beobachte, nimm wahr und dokumentiere, was die einzelnen Annahmen mit dir, deinem Körper und mit deiner Seele machen. Tun sie dir gut, fühlst du dich mit ihnen entspannt? Kannst du dabei lächeln und dich auf die Zukunft freuen? Bist du in der Lage, sie auszuhalten und voller Vertrauen mit ihnen zu gehen?

Ich gebe zu, hast du dich diesem Fühlen und Wahrnehmen noch nicht besonders genähert, kann es für dich eine Herausforderung werden. Doch ich kann dir ebenso versichern, dass du es lernen und bewahren kannst. Und dass du mit dieser Fähigkeit deine Lebensqualität um mindestens fünf (das ist eine willkürliche Zahl) Stufen heben kannst. Darum ist meine Botschaft im Hinblick auf die Hoffnung, dass du irgendwann deinen Platz finden wirst, an den du gehörst, folgende: Widme dich unbedingt und ohne Kompromisse deiner Fähigkeit, Energien zu spüren und voneinander zu unterscheiden. So lange, bis du den Kontrast in dir wahrnehmen kannst. So lange, bis du in den Genuss kommst, die schönen Gefühle in dir hervorrufen zu können. Und zwar nur du. Ohne dass du von jemand anderem abhängig sein wirst.

Du selbst bist die Hoffnung!

TIPPS, WIE DU DEINE ENERGIE WAHRNIMMST UND VERÄNDERST

♥ HALTUNG

Dies ist eine besonders schöne Übung, damit du deine Energie wahrnehmen und verändern kannst. Allein um festzustellen, wie sehr du selbst den Unterschied machen kannst.

Unser Körper ist untrennbar mit unserem Geist verbunden. So wird die Energie unseres Körpers stets die Energie unseres Geistes beeinflussen und umgekehrt. Und dadurch unser gesamtes System – unsere Aura. Was dein Körper vorgibt, dem wirst du im Geiste folgen. Was dein Geist vorgibt, dem wirst du mit deinem Körper folgen.

Okay, nun geht es los: Stelle dich hin und lasse deine Schultern nach vorne fallen. Den Kopf neigst du ebenfalls nach vorn. Bis du wahrlich in dich zusammensinkst. Allerdings nur so weit, dass du dich noch auf den Beinen halten kannst. Nun nimm in deinem Körper wahr, welche Gefühle das in dir auslöst. Auch welche Emotionen und welche Gedanken dieser Haltung folgen.

Fühlst du dich nach einer Weile in dieser Haltung niedergeschlagen? Auch umgekehrt ist dieses Experiment möglich. Wenn du ununterbrochen daran denkst, wie niedergeschlagen du bist und du nach einer gewissen Zeit deine Haltung überprüfst, wirst du feststellen, dass du nicht gerade in einer aufrechten, stabilen Haltung unterwegs bist.

Natürlich kannst du dies nun zu deinem Vorteil nutzen und darauf achten, welche Haltung du einnimmst: körperlich und geistig.

Erinnere dich des Öfteren daran, dass dies eine große Auswirkung auf dein Bewusstsein, auf dein allgemeines Befinden, auf deine Energie und auf deine Aura hat.

♥ ENERGIERAUM SCHAFFEN

Mit dieser Methode kannst du sehr schnell dafür sorgen, dass du mehr Raum um dich zur Verfügung hast. Wenn dir etwas zu eng wird, dir jemand zu nah tritt und es überwältigt dich, dann schaffe Energieraum. Dazu stelle dich mit gutem Stand und den Füßen parallel zueinander hin. Die Arme hängen seitlich am Körper hinab. Die Hände sind locker. Deine Knie sind ein klein wenig gebeugt. Deine Hüfte schiebst du nach vorn.

Atme einige Male tief ein und aus. Finde zu dir. Spüre den Boden unter deinen Füßen.

Nun nimm deine Hände wie eine Schale unterhalb deines Bauchnabels zusammen – die Handflächen zeigen nach oben. Ziehe deine Hände – deine Schale – bis nach oben auf Höhe der Brust. Dabei atme entspannt ein.

Dann drehe deine Handflächen nach außen, nach vorne in Richtung Horizont. Schiebe deine Enge weg. Dabei atmest du aus.

Hast du deine Arme ganz gestreckt, führe sie an der Seite zurück auf Höhe deines Körpers. Dabei atmest du ein.

Führe deine Arme seitlich nach unten. Atme aus. Und dann forme sie erneut zur Schale unterhalb deines Bauchnabels.

Wiederhole diese Bewegungsabfolge so lange, bis du das Gefühl hast, wieder mehr Raum und Energie um dich zur Verfügung zu haben.

♥ BEOBACHTEN

Weißt du, was toll ist? Unser Umfeld ist unser allerbester Zeuge davon, welche Energien wir in uns tragen und aussenden. Sie ist unser bester Spiegel.

Wenn du also daran arbeiten möchtest, deine Energien besser wahrzunehmen und zu verändern, dann kann eine Möglichkeit sein, zu beobachten – und zwar andere Menschen.

Du wirst an ihnen erkennen, in welcher Schwingung du selbst gerade unterwegs bist.

Versuche es doch mal, wenn du ein kritisches Telefonat vor dir hast. Weil du beispielsweise der Sachbearbeiterin des Amtes deines Vertrauens klarmachen möchtest, dass mit dir nicht zu spaßen ist. Dann begib dich in eine freudige Energie, lächle und dann wähle die Nummer. Dir wird sicher Gegenwind begegnen. Doch du lächelst, freust dich noch immer und bleibst in deiner positiven Art – weil heute einfach ein schöner Tag ist. Spätestens nach dem zweiten Satz wirst du spüren, wie sich dein Gegenüber entspannt und spürt, dass du nichts Böses willst. Gleichzeitig kannst du in dieser Stimmung klar und deutlich übermitteln, worum es dir geht und wie deine Angelegenheit zu lösen ist.

Anders kann es auch gehen, wenn du in einer positiven Grundstimmung durch die Stadt gehst. Du wirst viel mehr Wohlwollen begegnen, als wenn du Wut und Groll aussendest.

Vergiss daher nicht: Du kommunizierst IMMER. Egal ob du sprichst, nicht sprichst, deine Augen öffnest oder dein Herz verschließt. Es wird stets Kommunikation stattfinden und mit ihr Energie übertragen werden. Fällt dir also auf, dass sich Menschen dir gegenüber nicht gerade schön verhalten oder dass die Energie in deinem Umfeld gerade nicht die beste ist, dann lege deine Wahrnehmung auf dich selbst und überprüfe, ob es an dir liegen kann. Und falls es sich für dich nicht gut anfühlt, dann kannst du die Energie ändern, indem du dich selbst änderst. Du musst dich dann nur noch entscheiden, welche Energie es sein soll.

EINFACH MAL TOTAL LEBEN

Und ich genieße einen Tag voller Sonne. Ich schnappe mir nach Anfangsschwierigkeiten mit dem Fahrradschloss das Bike und radle nach Duck. Es geht relativ gemütlich gen Norden. Am Anfang des Boardwalks stelle ich das Radl ab – um 11.30 a.m. – und laufe los. Bleibe bis 8.00 p.m..

Ich bin den ganzen Tag dort. Bummle durch die kleinen Geschäfte, mache immer wieder Halt, zum Beispiel auf einen Kaffee, und genieße an diesem Tag einfach mal total mein Leben. Und es gelingt mir auch. Dem Vollmond sei Dank?! Inklusive eines unvergesslichen Sonnenuntergangs. Womit habe ich so viel Schönes nur verdient, frage ich mich.

Die Highlights an diesem Tag möchte ich – weil es so viele sind – gerne so zusammenfassen:

♥ Ein Schmuckstück an Tasche gekauft
♥ Mit der Verkäuferin in dem Geschäft namens »Friedrich« eine geschlagene Stunde ein tiefgründiges Gespräch geführt
♥ Drei weitere Skorpion-Damen getroffen, nachdem ich von einem ihrer Ehemänner in ihre Runde auf ein Bier eingeladen worden bin, als ich ein Foto von der ganzen Gruppe machen sollte
♥ Mehrere Stunden mit den Pärchen supergut unterhalten – die Chemie passte natürlich zwischen den Skorpioninnen – an einem Skorpion-Vollmond-Tag. Das war magisch!
♥ Nach den Pärchen aus New Jersey ein einheimisches Pärchen am gleichen Tisch kennengelernt
♥ Noch einmal mehrere Stunden geredet. Sie waren sooo lieb
♥ Danach wollten sie mich mit dem Auto heimbringen, da sie in der gleichen Straße wie das Airbnb wohnen und das Bike kein Licht hat

So viel wie an diesem Tag habe ich echt schon lange nicht mehr gesprochen. Ich bin ganz arg erschöpft von so vielen besonderen Gesprächen. K.o. falle ich ins Bett.

WAS LERNE ICH AUF MEINEM WEG?

Niemals war es mir ein Anliegen, so viel wie möglich auf meinem Weg zu lernen. Niemals war es Absicht, auf Umwegen unterwegs zu sein. Niemals hatte ich auf dem Plan, so oft wie möglich zu stolpern – manchmal sogar zu fallen. Oder wenn ich es mir recht überlege, dann war bisher ganz schön viel Fallen dabei. Enttäuschungen, von Menschen zurückgewiesen zu werden, in deren Hände ich nur zu gern mein Herz gelegt hätte. Enttäuschungen von Menschen, in deren Händen bereits mein Herz lag, die es jedoch achtlos fallen ließen – wieder und wieder. Enttäuschungen von Menschen, welchen ich freudestrahlend weit die Tür öffnete, nur um zu sehen, dass sie nicht davorstanden und bei mir sein wollten. Enttäuschungen von Menschen, die mir im Grunde sowieso nicht guttaten, welchen ich aber eine Chance um die andere einräumte. Um zu sehen, ob sie vielleicht nicht doch ein klein wenig zu mir passen. Und Enttäuschungen von mir für mich. Dass es mir immer wieder gelang, ein Loch in meinem Herzen zu schaffen. Ohne dafür zu sorgen, dass es sorgfältig gefüllt wurde. Das Loch blieb zurück. Die Erfahrung auch.

Es gab also nie die Absicht, bestimmte Erfahrungen zu sammeln. Doch es gab mich und meine Seele, die auf der Suche war. Leider für eine lange Zeit nicht das fand, wonach ihr war. Etwas, woran sie andocken konnte, wo sie Heimat finden konnte. Sie fand sich wieder in Ereignissen, die sie durcheinanderrüttelten, und in Augenblicken, in denen sie sprichwörtlich stillstand.

Niemals war jemals etwas beabsichtigt. Doch in all diesem Chaos meines Lebens und der Weltenzeit meiner Seele gab es eine Menge zu erfahren und zu lernen.

Ich durfte erkennen, dass ich Menschen nicht zu ihrem Glück zwingen kann. Dass ich es nicht beschleunigen kann, dass sie sich annähern. Ich erkannte, dass ich viel früher als andere fühle, wenn eine Situation nicht passt oder wenn etwas fehlt. Ich habe gelernt, es hinzunehmen, es gut sein zu lassen und mich nicht damit aufzuhalten, den Menschen Hilfe aufzuzwingen. Ich konnte Klarheit gewinnen, wenn es darum geht, Menschen ihre eigenen Erfahrungen machen zu lassen. Ich konnte es loslassen. Ich befähigte mich, anderen und mir selbst zu vergeben. Ich durfte lernen, verpasste Chancen zurückzulassen und mich auf die kommenden zu freuen. Ich konnte erkennen, dass die falschen Personen vorübergehen und die richtigen bleiben – auch wenn sie für eine Weile nicht in meinem Sichtfeld sind. Es gab so viele Erfahrungen und noch viele mehr.

Ich bin sicher, dass so vieles auch ungesehen an mir vorbeiflog. Learnings, die ich so gar nicht wahrgenommen und verstanden hatte. Nur, um Jahre später von hinten noch einmal heranzuflattern und um mir zuzuflüstern: »Gib acht!« Damit ich achtsam werden kann für das, was als Nächstes auf mich zukommen wird. Jahr für Jahr wurde diese Wahrnehmung besser, feinfühliger und präsenter. Was mich bis zum heutigen Tag und zu einem Verständnis heranführte, das mich aufatmen lässt. Aufatmen für die Erkenntnis, dass ich es verstehen kann, was immer mir als Nächstes begegnet, und welche Lernaufgabe mir gestellt wird. Doch es gab eine Erfahrung, die mir die allerwichtigste ist.

Die allerwichtigste Erfahrung in meinem Leben ist die des Herzens, meines eigenen Herzens. Mit ihm in Kontakt zu treten und mit ihm zu kommunizieren ist meine allergrößte Lektion. Sie ist so sehr die Basis wie das Wasser unserer Erde. Ohne die Liebe und die Sprache meines Herzens kann ich nicht die sein, die ich heute bin. Ohne die Verbindung in mein Innerstes, zu meiner tiefsten Wahrheit wird es mir nicht gelingen, meine Suche zu beenden. So gilt es, das Lernen der

Herzenssprache immer weiter zu verfolgen. Denn wie im Außen lerne ich auch im Inneren stets dazu. Und dadurch auch mein Herz. So weiß es mir immer wieder neue Dinge zu vermitteln und neue Bedürfnisse mitzuteilen. Ich darf klug und aufmerksam genug sein, um es dann zu hören.

Dabei klingen neue Dinge erst einmal ganz leise, wie ein Flüstern, und sind kaum zu vernehmen. Zu laut und zu schnell ist das Leben im Alltag. Daher ist es wichtig, dass ich mir immer wieder die Zeit nehme, mich beinahe zur Stille zwinge, um spüren zu können, was in mir passiert. Erst wenn die Stille da ist, mein innerer See ganz ruhig daliegt, kann ich sehen, was mein Herz begehrt.

Eine kleine Auszeit, ein Gespräch mit einem lieben Menschen, Bewusstsein für meine Ernährung, Urlaubsplanung ... Es kann alles sein.

Gleichzeitig ist es für mich wichtig, dass ich dabei unterscheiden kann zwischen Herzenswunsch und Kopfwunsch. Mein starker Kopf stellt es gerne clever an und formuliert Wünsche gerne getarnt als Herzenswünsche. Will mich damit hinters Licht führen und versuchen, seine Begierde zu stillen. Ein Begehren, das nicht wirklich zu meinem nachhaltigen Glücksgefühl beiträgt, sondern unmittelbar nach dessen Erfüllung im Nichts endet. So spielt der Kopf Katz und Maus mit mir und ich darf lernen, ebendies nicht mitzuspielen. Ich darf lernen, meine wahren Herzenswünsche wahrzunehmen und alles dafür zu tun, damit sich diese erfüllen. Nur dann steigt ein Glücksgefühl in mir auf, das für immer bleibt.

Was du lernen wirst, vermag ich nicht zu wissen. Doch sicher ist, dass du lernen wirst. Und sicher ist auch, dass du dich aktiv dafür entscheiden kannst, was du daraus machst. Du kannst dich dafür entscheiden, nach welchen Impulsen du dich orientierst und welchen Leitgedanken du in deinem Leben folgen wirst. Es liegt an dir zu entscheiden, mit welchen Menschen du weitergehen möchtest und von welchen du dich entfernst. Du entscheidest, welche Lektionen du mehrmals wiederholen wirst und welche du nach dem ersten Mal erledigen kannst. Dir obliegt die Entscheidung, was du auf deinem Weg lernen wirst und was nicht. Du kannst dich ganz bewusst dort verlieren, wo es für dich Sinn ergibt, und dich dort heraushalten, worin du keine Zukunft siehst.

Und dann werden da noch die Learnings folgen, die das Schicksal für dich bereithält. Diesen wirst du ab einem gewissen Punkt in deiner Entwicklung unweigerlich folgen – müssen. Dann gibt es kein Zurück und kein Entkommen mehr. Dann musst du hindurch durch das Nadelöhr, wie mir einst eine Weggefährtin erklärte. Es wird eng werden, unangenehm, vielleicht auch erneut dunkel. Es wird sich anfühlen, als ob du feststeckst und du nie weiterkommen wirst. Du wirst aufgeben, alles hinwerfen und die Augen davor verschließen wollen. Du wirst dich abwenden und dich keine Sekunde länger damit beschäftigen wollen.

Doch es gibt kein Entkommen!
Du wirst durch dieses Nadelöhr hindurchmüssen. Ich versichere dir, so unangenehm es ist, so großartig wird es sein, wenn du hindurch bist. Denn du wirst hindurchkommen. Solltest du heute noch nicht daran glauben können, dann wirst du es spätestens dann tun, wenn du es hinter dir gelassen hast. Dann wirst du dich umdrehen, ein klein wenig lächeln und wissen: Du kannst es!
Du bist fähig, all die Aufgaben zu bewältigen, die dir das Leben präsentiert.
Du bist fähig, all die Learnings auszuhalten.
Du bist fähig, all die Erfahrungen zu sammeln, die du zu sammeln hast.
Du bist fähig, viel mehr zu erreichen, als du es dir jemals vorstellen konntest.
Du bist fähig, eine Kraft zu entwickeln, die dich durch jede noch so kleine Enge treibt.
Du bist fähig, ein Durchhaltevermögen an den Tag zu legen, das dich

bis an die Grenzen deiner Vorstellungen trägt – und weit darüber hinaus.

Doch du wirst erst fähig sein, wenn du es glaubst. Wenn du an dich glaubst. Wenn du ein Vertrauen in dich entwickelst, alles lernen zu können. Alles verstehen zu können, was dein Leben dir serviert. Dann wirst du fähig sein, auf deinem Weg zu lernen. Und dann wird es unerheblich sein, was du auf deinem Weg lernst. Sondern es wird erheblich sein, wie du es lernst. Wie du es verstehst, wie du es verarbeitest und was du daraus machst.

Sodass es am Ende auch für dich in eine Sache mündet, die den Unterschied in deinem Leben macht, dir Glückseligkeit bringt. Ein Glücksgefühl, getragen von der Leichtigkeit des Seins, ohne Anhaftung an Materielles oder an Menschen.

Ein Glücksgefühl, das für dich dann auf die Bühne deines Lebens tritt, sobald es dir gelingt, den Bedürfnissen deines Herzens zu folgen und von ihm zu lernen. Denn von allen Gegebenheiten auf dieser Welt weiß einzig und allein dein Herz, wohin du gehörst.

Worauf wartest du noch? Folge ihm …

TIPPS, WIE DU KOPF UND HERZ UNTERSCHEIDEN KANNST

♥ LERNE SIE KENNEN

Damit du beide unterscheiden kannst, ist es zunächst wichtig, beide kennenzulernen. Du musst wissen, wie es sich anhört und anfühlt, wenn dein Kopf spricht und entscheidet oder wenn dein Herz dich anstupst und sich dir mitteilen möchte.

Wenn es dich unter Stress versetzt, wenn du feststellst, dass du im Gestern oder im Morgen verweilst. Wenn du wahrnimmst, dass du

Antworten aus der Vergangenheit oder aus der Zukunft verlangst, dann kannst du davon ausgehen, dass du im Kopf (fest)steckst.

Was dir ebenfalls hilft, zu erkennen, ob du gerade mit dem Kopf durchs Leben wandern möchtest: Schließe deine Augen. Atme einige Male ein und aus. Dann lass deine Frage oder was auch immer dich beschäftigt innerlich »hochkommen«. Damit verbunden, beobachte, wohin dieses Thema wandert. In den Kopf? Oder in dein Herz? Wo willst du dieses Thema lösen?

Im Herzen bist du immer dann, wenn es ruhig wird. Wenn du im Moment verweilst. Wenn du gelassen bist. Wenn du fröhlich sein kannst. Aber auch, wenn es schmerzt. Wenn du traurig bist und du fühlst. Im Herzen zu sein bedeutet, sowohl schöne als auch unangenehme Gefühle zu hegen. Alle Gefühle zuzulassen ist eines der wichtigen Merkmale, um zu erkennen, dass du im Herzen bist bzw. dass du dich gerade mit dem Herzen bewegst. Sei mutig und traue dich, alles zu fühlen. Herzklopfen, Herzschmerz, Herzflattern, ein leichtes Herz – all dies unterstützt dich dabei.

♥ LERNE ZU STEUERN

Kennst du deinen Kopf und kennst du dein Herz? Kennst du sie beide und kannst sie unterscheiden? Dann kannst du sie auch steuern. Hier liegt einer der schwereren Schritte verborgen. Es geht darum, dafür eine Routine zu erschaffen, dass du dich immer wieder daran erinnerst, vom Kopf ins Herz zu gelangen. Dies kann jede einzelne Minute in deinem Leben betreffen, einzelne Tage oder auch bestimmte Phasen. Richte dir eine Erinnerung ein, die dir zeigt, immer wieder aufs Neue an dein Vorhaben anzuknüpfen, ins Herz zu finden. Es kann ein Bild sein, ein Armband, eine Karte, ein Spruch – etwas, das dir täglich präsent ist. Nach und nach wird das Training in die Routine übergehen. Bis du eines Tages viel mehr in deinem Herzen »wohnst« als in deinem Kopf.

Eine Sache möchte ich dir dazu allerdings auch mitgeben: Wir leben in einer dualen Welt. Wir werden sekündlich mit Menschen und Situationen konfrontiert. Entscheidest du dich nicht zufällig dafür, als Eremit in die Wildnis zu ziehen, wirst du immer wieder mit der Notwendigkeit konfrontiert, zurück in dein Herz zu finden. Es wird im Alltag schwierig sein, für immer in deinem Herzen »einzurasten«. Also mache dich bitte auch nicht verrückt, wenn du feststellst, dass du »schon wieder« im Kopf bist. Es ist normal. Grundsätzlich geht es darum, dass du es zum einen bewusst wahrnimmst, was sich in dir und zwischen deinen Hauptdarstellerinnen abspielt. Und zum anderen, dass es mit der Zeit leichter fällt, nach Hause in dein Herz zu finden.

Damit dir das gelingt, stelle dir vor, dass du all deine Fragen durch den Kanal des Herzens sendest – und eben nicht »nach oben« in deinen Kopf und zu deinem Ego. Sende die Frage nach unten zu deinem Herzen. Stelle es dir bildlich tatsächlich wie einen Kanal vor. Und frage dich: Durch welchen Kanal möchte ich meine Frage senden? Woher soll meine Antwort kommen? Frage dich auch: Was würde die Liebe antworten?

So werden dir die Güte und das Verständnis begegnen, und die Qualität des Lebens wird sich ändern.

♥ DIE DREI SIEBE

Sie basieren auf einer Geschichte nach Sokrates (469 v. Chr. bis 399 v. Chr.) – Die drei Siebe.

Einer bat Sokrates darum, ihm etwas erzählen zu dürfen. Ganz aufgeregt kam der Mensch zu dem Weisen: »Sokrates, ich muss dir etwas erzählen.«

Sokrates unterbrach ihn: »Halte ein! Hast du das, was du mir erzählen möchtest, durch die drei Siebe gesiebt?"

Sein Freund fragte voller Verwunderung: »Drei Siebe?«

»Ja, guter Freund, drei Siebe«, entgegnete ihm der Weise. »Lass uns sehen, ob das, was du mir zu sagen hast, durch die drei Siebe hindurchgeht. Das erste Sieb ist die Wahrheit. Hast du alles, was du mir erzählen willst, geprüft, ob es wahr ist?"

Sein Gegenüber antwortete: »Nein, ich hörte es erzählen und ...«

Sokrates lächelte: »So, so! Aber sicher hast du es mit dem zweiten Sieb geprüft, es ist das Sieb der Güte. Ist das, was du mir erzählen willst – wenn es sich schon nicht als wahr erweist –, doch wenigstens gut?«

Zögernd sagte der andere: »Nein, das ist es nicht. Im Gegenteil ...«

»Hm«, unterbrach ihn der Weise, »so lass uns auch das dritte Sieb anwenden und uns fragen, ob es notwendig ist, mir das zu erzählen, was dich so erregt!«

Sein Freund antwortete ihm: »Notwendig nun gerade nicht ..."

Sokrates beendete das Gespräch: »Also, wenn das, was du mir erzählen willst, weder wahr noch gut noch notwendig ist, so lass es begraben sein und belaste dich nicht länger damit!"

Die drei Siebe sind dein Filter, der dir dabei hilft, den Kopf und das Herz zu entlasten. Die Arbeit mit ihnen beginnt in deinem Kopf und endet in deinem Herzen. Trage die Siebe immer bei dir. Nutze sie häufig. Und du wirst spüren, wie es dir leichter wird.

FREIE, WILDE HERZEN

Der nächste Morgen ist um 6 a.m. angebrochen. Ich bin mal wieder früh aufgewacht. Aber das passt gut, denn es wartet schon das nächste Highlight. Ich mache mich auf die Socken für Corolla Beach und eine Tour zu den Wild Horses. Was immer ich erwartet hatte, es wird viele Male übertroffen.

Wir heizen mit dem Hummer am Beach Highway 12 entlang, sehen sehr viele Wildpferde, sehen außergewöhnlicherweise zwei Herden aufeinandertreffen und zum Teil auch miteinander kämpfen, ihr Revier markieren. Sehen ein einzelnes Pferd am Strand liegen, sehen sechs Wochen junge Fohlen. Also was immer es war, das uns diesen Vormittag bereitete: Eine ganz große Portion Glück ist in jedem Fall mit dabei. Und mir wird bewusst, wie viel es hier zu sehen und zu erleben gibt.

Mein ursprünglicher Gedanke, drei Nächte seien womöglich zu viel, zerfällt in eintausend Teile. Die Tour ist großartig, auch wenn ich natürlich auch ein schlechtes Gewissen habe. Dieselfahrzeuge, die Ruhe der Tiere stören usw., ich bin dennoch so berührt von dieser Schönheit dieses Fleckchens Erde. Die Menschen, die dort wohnen, sie machen schon sehr viel richtig. Es wird nicht immer so komfortabel sein, wie in einer Stadt zu wohnen. Gleichzeitig weiß ich, dass sie es für sich passend machen.

Im Anschluss an die Tour folge ich dem Tipp unseres Guides und schaue mir ein Schiffswrack am Strand an. Aus dem Jahre 1889. Es liegt einfach so dort vergraben oder, besser gesagt, inzwischen durch die Gezeiten wieder freigegeben zwischen den Dünen.

Schnell noch eine Überraschung für Mum gekauft, bevor es Richtung Südzipfel der OBX geht: Pea Island. Kilometerweise Strand ohne eine Menschenseele. Wenn da die eigene Seele nicht frei wird, weiß ich auch nicht. Gigantisch die Einsamkeit dort, das Tosen der Wellen, das Brechen der Wellen. Unter mir Sand und Wasser, über mir der Himmel. Vor mir das weite Meer. Immer deutlicher zeigt sich, dass ich nicht mehr am Berg leben muss, sondern am Wasser. Ich spüre es klar und deutlich. Mit diesem Gedanken schließe ich den unfassbar ereignisreichen Tag.

VERGISS NIE: IM URSPRUNG BIST DU GEMEINT
ALS EIN FREIER MENSCH!

SEELENTIERE

Der siebte Mai. Für mich geht es heute leider weg von der Küste, runter von OBX. Ich werde es vermissen. Die Lust, Raleigh zu entdecken, geht gegen null. Im Moment sitze ich im Starbucks und schaue mir Tennis per Counter an. Als hätte ich sonst nichts zu erleben. Doch die Rast tut mir gut. Ich habe Internet, etwas zu trinken und kann etwas ausruhen. Schon eine Stunde zuvor musste ich am Visitor Center von Plymoth halten und mich auf die Rückbank legen. Scheint, als gehe die Kraft aus. Noch eine Stunde habe ich vor mir. Das schaffe ich.

Dabei erinnere ich mich an ein Erlebnis in Duck. Auf dem Heimweg mit dem Bike – ohne Licht – bin ich an zwei wilden Rehen vorbeigefahren, die im Halbdunkel im Vorgarten einer Villa standen. So natürlich ist es dort. Meine Seelentiere. Wie könnte es mir dort nicht gefallen? Für mich ein Paradies. Meine Seele bindet sich ein Stück an dieses Glück.

Auf dem Weiterweg nach Raleigh, noch auf den Outer Banks, halte ich dann noch beim Gebrüder Wright Memorial und genau dort, wo damals am 17.12.1903 das erste Flugzeug abhob. Ich gehe doch tatsächlich in der Spur, in der damals das halbautomatische Flugobjekt und Flugzeug den Boden verließ. Was für ein Gefühl, inmitten dieser Geschichte zu stehen! Wie so oft auf dieser Reise. Unglaublich kraftvoll ist auch dieser Ort. Und auch die Passion, die Menschen zu solch großen Taten antreibt. Dieses Mal zum Guten. Davon kann man sich nicht genug Beispiele abschauen. Ich versuche diese Ambition aufzunehmen und weiter an meine Träume zu glauben.

Doch vorher ist da ja noch Raleigh ...

WIE FOLGE ICH MEINEM HERZEN?

Tja, wie folge ich meinem Herzen? Glaube mir, eine Frage, die mich verfolgt, seit ich mich weiterentwickle. Überall lese und sehe ich den Anreiz, dass ich doch nur meinem Herzen folgen müsse, dann käme das Glück von allein. Gut, denke ich mir, wieso nicht? Und weil ich doch so gerne Neues probiere und erfahren möchte, stelle ich mich auch dieser Aufgabe – die zu meiner größten Herausforderung wird. Tag für Tag, Jahr für Jahr ersuche ich mein Herz, dass es zu mir spricht. Mir Antworten gibt, die mich in einer Entwicklungsphase gefühlt bis an den Horizont tragen würden. Doch es schweigt still. So still, dass ich es über viele Monate hinweg vergesse und mich nicht daran erinnere, dass ich doch seinem Rat folgen möchte. Es geht die Zeit ins Land, lässt mich ein ums andere Mal grübelnd zurück. Der Kopf ist voll, die Fragen sind viele und die Antworten gleichen der Nulllinie.

Bin ich überhaupt am Leben?

Gibt es mich und meine Wünsche überhaupt? Existieren meine Träume tatsächlich? Diese Dinge, die so viele Menschen vorbeten und mir in Wort, Schrift und Film predigen. Oder male ich mir all das nur in Gedanken aus? In mir wächst der Zweifel. Mit ihm die Aussichtslosigkeit, dass das Sich-Erfüllen der Träume nicht für mich gedacht ist, ich nicht zu den Auserwählten gehöre, die auf dem Herzenspfad wandeln und sich von der Erleuchtung treffen lassen. Nein, ich denke, mein Weg ist ein anderer. Deutlich beschwerlicher, mit viel Schleppen und Knirschen verbunden. Ruckeln tut es auch ein wenig. Manchmal sogar sehr. Ein stetiges Auf- und Absteigen. Ein ewiges Hin und Her. Allem Anschein nach überhaupt nicht das, was sich nach »Dem-Herzen-Folgen« anfühlt. Ja, doch! Ich bin eindeutig nicht die Auserwählte. Zu schwerfällig gestaltet sich mein Lebensweg.

Von einer Zeit voller Leichtigkeit wage ich gar nicht zu träumen.

Immer wieder hinterfrage ich diesen – Zustand. Warum gelingt es mir denn nicht wie allen anderen Vorzeigeseelen, die an sich glauben, sich mutig dem Positiven öffnen und sich in die Wellen des Lebens stürzen, als hätten sie nichts zu verlieren? Ich sehe mich um und sehe nichts anderes als genau das. Jeder stürzt sich voller Überzeugung hinein in das Leben, nimmt das an, was ihm begegnet, und setzt sein ganzes Vermögen kühn auf eine einzige Zahl. Dieses Selbstbewusstsein möchte ich so gerne haben. Dieses Urvertrauen, dass es schon gut werden wird. Dieses Verständnis, dass alles seinen Gang nimmt, dass es schon passen wird. Dieser Weg, auf dem ihr Herz gerne und vergnügt wandelt – dieses Gefühl will ich ernten. Doch noch immer frage ich mich, was ich dafür aussäen muss.

Also suche und suche ich in mir, werde nicht fündig. Entdecke keinen Schalter, den ich umlege und mit dem ich das Herz anknipse. Finde nicht die Verbindung von Kopf zu Herz, damit beide endlich einmal im Gleichklang schwingen. Ich steuere verhirnt nach vorne, achte nicht auf meine Mitte und das leise Wispern, das täglich versucht, sich seinen Weg nach draußen zu bahnen. Übergehe mein kraftvolles Organ, das ich höchstpersönlich als schwach abgestempelt habe. Ich bin so fern von dem, was sich Fühlen nennt, wie unsere Erde vom Mond. Bis ich die Distanz eines Tages nicht weiter ertragen kann und mich auf die Suche nach einer Lösung mache. Es muss doch irgendwo da draußen oder auch in mir eine Antwort darauf geben, wie ich meinem Herzen folgen kann.

Noch ein paar weitere Jahre gehen ins Land, bis ich der Lösung endlich auf die Spur komme. Sie nennt sich Zweifel. »Ich bin es nicht wert«, waren die unbewussten Worte, die all die Jahre meinen Zweifel nähren und dafür sorgen, dass ich nicht annähernd heranreiche an die Erfolgsgeschichten der anderen.

Verstehe mich nicht falsch, ich möchte nicht meinem Herzen folgen, um mit äußeren Erfolgen zu glänzen. Ich möchte meinem Herzen folgen, um mich im Inneren zu feiern. Um anschließend meinen Glanz von innen nach außen zu kehren und damit die Welt zum Leuchten zu bringen, ein bisschen besser zu machen, zu inspirieren und Menschen wie dir Mut zu machen. Wenn es mir gelingt, eine Kehrtwende zu erzielen, dann gelingt es auch dir. Denn sei dir bewusst, wie ich es mir bin: Meine Zweifel sind so fest verwoben wie das Tau eines Luxusdampfers – mit bloßen Händen nicht zu lösen. Nur mit Geduld, Geschicklichkeit und Gelassenheit. Und in diesem einen passenden Moment.

Es ist dieser eine Moment, in dem ich sprichwörtlich springen muss. Es gibt keinen anderen Ausweg als diesen Zeitpunkt, in dem ich alles, was ich habe, in den Ring werfe. Allen Ballast abwerfe, den seelischen, den emotionalen und besonders den gedanklichen. Es gibt kein Zögern mehr, kein Innehalten, kein Zurückblicken, kein Vorwärtshoffen, überhaupt nichts, das mich in diesem Moment aufhalten darf.

Es gibt nur mich und die Lösung: Allen Zweifel fallen zu lassen und mutig zu springen.

Ohne das Wissen, was mich erwarten wird.
Ohne zu wissen, was die Zukunft als Ausgleich bringen wird.
Ohne zu wissen, ob ich mir weh tun werde.
Ohne zu wissen, ob es sich lohnen wird.
Ohne zu wissen, ob ich einen Vorteil erfahren werde.
Ohne zu wissen, ob die Erfahrungen gut oder schlecht sind.
Ohne zu wissen, ob ich es überleben werde.

Und dann bin ich an genau dem Punkt auf meinem Weg angelangt, an dem ich nun beginnen kann, mein Herz wahrzunehmen. Dann, wenn ich völlig leer und gleichzeitig so frei bin, wenn ich alle Last ablegen konnte. Ich verstehe, dass die Stimme unter all dem begraben lag. Und genau dann ist es so weit und ich beginne, das leise Wispern zu hören.

Zunächst so zart und zerbrechlich wie ein Keimling. Nach und nach immer stärker werdend, Wurzeln schlagend. Sie gewöhnt sich an die neu gewonnene Kraft, wird sich ihrer immer sicherer, fasst immer noch mehr Mut, hämmert regelrecht gegen meinen Brustkorb. Stetig mehr, bis ich es niemals mehr überhören kann. Niemals mehr das überschütten mit Zweifeln und Ängsten. Viel zu laut ist diese Stimme meines Herzens nun. Viel zu willig, als dass ich sie missachte und andere Wege einschlage. Nein, ich kann nicht mehr ohne ihren Rat und ich möchte es auch nie wieder sein.

Ich darf nun klar erkennen, wann ich meinem Herzen folge und wann ich gerade dabei bin, einen falschen Schritt zu tun. Dann steigt in mir ein Gefühl auf, einem Ziehen in meiner Körpermitte gleich. Ein Druck auf der Brust. Ein Sich-unwohl-Fühlen in einer Situation, aus der ich schnell entfliehen muss. Eine Klarheit in mir, die mich wachrüttelt und dorthin führt, wohin auch mein Herz möchte.

Das alles erfahre ich Stück für Stück. Indem ich nicht aufgebe, sondern weiterforsche. Bis ich erkenne, wie ich meinen Zweifel hinter mir lassen und den nötigen Mut aufbringen kann. Es braucht das bereits erwähnte Urvertrauen. Es braucht den Glauben und auch die Erwartung. Das Urvertrauen erfasse ich dadurch, dass ich das Vertrauen in mich selbst in Ordnung bringe. Und auch dafür muss ich mich weit aus dem Fenster wagen, mich weit hinauslehnen und das Risiko greifen. Ich muss sogar einen mutigen Schritt weiter gehen, alles aufs Spiel setzen. Mich trauen, Geld zu investieren, Menschen zu kontaktieren, den Job kündigen, etwas ganz Neues aufbauen – stets mit der Aufgabe im Gepäck, mein Vertrauen in mich und meine Fähigkeiten zu stärken. Damit verbunden erscheint der Glaube daran, dass ich jeden Weg meistern kann, und sei er noch so beschwerlich. Der Glaube daran, dass ich bei den schwierigen Passagen wachsam bleibe und mit dem Verstand mitarbeite. Der Glaube daran, dass direkt im Anschluss wieder das Herz die Führung übernimmt, dass der Sprung von den Gedankengängen zum Herzklopfen gelingt. Der Glaube daran, dass ich am Ende noch immer genügend Kraft haben werde, um den Scherbenhaufen wegzuräumen – sollte es einen geben. Der wahre, tiefgreifende Glaube an meine Fähigkeit weiterzumachen, und sei die Erfahrung noch so erschütternd gewesen. Der Glaube an meinen inneren Phönix.

Denn mit ihm taucht die Erwartung aus der Asche. Nach jedem Regen zeigt sich der Sonnenschein und mit ihm die Erwartung an einen neuen, strahlenden Himmel. Nach jedem Niedergang erfahre ich die Chance, neu aufzubauen, und zwar noch besser als zuvor. Mit jeder Zerstörung eröffnet sich mir eine neue leere Welt, die bereit ist gefüllt zu werden. Mit jedem harten Aufprall ordnet sich das System in mir neu und ich habe etwas Zeit, mich auszuruhen und mich zu erholen. Etwas Zeit in der Stille, in der ich mein Herz nur noch besser hören kann. Mit jedem Versinken hinab in die Tiefe bietet sich mir die Gelegenheit, noch mehr über mich selbst herauszufinden, nur um mit Power durch die Oberfläche zu brechen, mich hinaufschießen zu können zu den Sternen. Um dort durch das heilige Universum zu gleiten und in absoluter Ruhe und Entspanntheit meinen Frieden zu finden. Den Einklang meines Herzens zu spüren, ihn zu genießen und zu wissen, dass ich richtig bin. Dass ich alles dafür gegeben habe, mir selbst treu zu bleiben. Dass ich gelernt habe, mir zu vertrauen, mir zuzuhören, und dass ich den Mut finden konnte, den es braucht, um meinem Herzen zu folgen.

Ich wünsche dir so sehr, dass du mir auf deinem eigenen Weg nachfolgst. Dass du verstehst, was es heißt, seinem Herzen folgen zu können. Denn es existiert in unserem Leben nichts Wertvolleres, als sich selbst und das eigene Wesen voll und ganz zu begreifen. Dass es uns gelingt, uns selbst zu sehen, mit all unseren Bedürfnissen. Dass wir unser Bewusstsein auf uns selbst richten und verstehen, was wir brauchen, um ein glückliches Leben zu führen. Dass wir daran glauben, dass wir immer wieder wie der Phönix aus der Asche emporsteigen können – ohne auch nur ein einziges Mal mit der Wimper zu zucken und daran zu zweifeln. Denn in uns – in dir – liegt diese Kraft verborgen.

Diese Kraft steckt in deinem Inneren. Lass es dich fühlen. Spüre die Stärke in deinem Bauchraum, in deiner Brust. Wo auch immer der Punkt in dir ist, der zum Leben erwacht, wenn dein Herz zu dir spricht. Arbeite fest daran, dass du es hören und spüren kannst. Schärfe deine Wahrnehmung, richte den Fokus auf dich selbst. Dabei hege nicht eine Sekunde den Gedanken, du seist egoistisch. Egoistisch wärst du dann, wenn du dieses Wachstum für widrige Zwecke missbrauchen würdest, wenn du damit Erfolg anstreben würdest, mit dem du anderen schadest oder über sie hinweggehst, ohne Rücksicht auf Verluste.

Doch du bist nicht egoistisch, wenn du dafür brennst, dich selbst in deine Kraft zu bringen, deine eigene Schale zu füllen, deine Energie darauf zu verwenden, dass es dir gut geht. Nur dann bist du bereit, anderen dienlich zu sein. Nur dann erlangst du die Fähigkeit abzugeben. Denn dann wird dieses Abgeben und Teilen aus deinem Herzen heraus geschehen. Und dann wird es bedingungslos sein. Bist du nur mit halbem Herzen dabei, wirst du bewusst oder unbewusst immer eine Art Gegenleistung erwarten, womit auch der Egoismus mit auf die Bühne tritt. So achte darauf, dass du in deiner vollen Kraft bist, dass du leuchtest, dass du all die Dinge tust, die dich erfüllen. Dass du dadurch bereit bist zu geben, ohne nehmen zu wollen. Dass du dir dadurch in jeder Sekunde absolut bewusst bist, was du brauchst und was du hinter dir lassen möchtest. Dass du auf dem Weg deines Herzens wandelst.

Deine Aufgabe dabei ist es nun, den Umgang mit deinen Zweifeln und Ängsten zu kultivieren, nachzuschauen, wie groß sie geworden sind und ob sie nicht doch lieber etwas kleiner werden dürfen. Damit du dein Herz besser hören kannst, damit du ihm besser folgen kannst. Dafür achte darauf, dass es ruhig in dir wird, dass du diese Stimme hören kannst. Denn sie wird dich niemals täuschen. Sie wird dir zu jeder Zeit den rechten Weg weisen. Dein Herz wird dich führen und du darfst folgen.

Du musst am Ende deinem Herzen folgen. Denn es weiß, was du brauchst. Es kennt den Weg zur Glückseligkeit – ein Zustand, den wir alle anstreben. Ein Zustand, der uns den süßen Geschmack des Lebens kosten lässt. Und wenn du so willst, etwas, das du für den Rest deines Lebens auf Vorrat halten kannst.

Nun werde still, lausche dem Wispern, höre das Lauterwerden, glaube ihm, folge ihm, fasse Mut und dann spring!

Damit du endlich das Wesen zum Ausdruck bringen kannst, das du durch und durch bist. Damit du endlich die Person leben kannst, die tief in dir wohnt. Damit du endlich deine Seele so hell erstrahlen lassen kannst, dass die ganze Welt dich sehen kann.

Los! Spring!

TIPPS, UM DICH SELBST ZU HÖREN

♥ SPRICH MIT DIR

Ja, ganz einfach. Sprich mit dir selbst. Du wirst so viele (wichtige und wertvolle) Antworten erhalten.

Damit das gelingt, musst du eines tun: dir selbst begegnen. Finde einen Ort oder eine Betätigung, bei der du ganz bei dir selbst sein kannst. Etwas, wovon du dich kaum ablenken lassen kannst. Einen Spaziergang im Wald, ein Skizzenbuch, das du vollkritzelst, einen Backmarathon, den du veranstaltest. Finde heraus, was es ist. Wenn es dir schwerfällt, dann versuche es tatsächlich mit Bewegung. Dadurch findest du in deinen Körper und in deine Mitte. Und von dort werden auch die Antworten kommen. Das Gespräch wird fließen. In Verbindung mit unserer wunderschönen Natur wird das noch viel besser gelingen.

Hast du den Ort oder die Beschäftigung gefunden, bei der du eintauchen kannst, dann sprich laut und deutlich mit dir selbst. Als ob du dich mit einer guten Freundin austauschst. Stelle dir deine Frage laut. Lass sie wirken. Sei geduldig. Gehe deinen Weg. Und lausche gespannt, welche Antwort aus dir selbst heraus kommt. Mag sein, dass es eine kleine Weile dauert. Mag sein, dass du sie erst Monate oder auch Jahre später erhältst. Doch sie wird unweigerlich kommen. Vielleicht bekommst du auch Antworten von der Natur selbst. Wenn du dich in ihr bewegst und dich umschaust, beobachtest und dem natürlichen Gang folgst. Lass dich von ihr inspirieren und nimm sie dir zum Vorbild. Einfache Fragen wie »Wie überwindet das Moos auf dem Baumstamm seine Hürden?« können helfen. Die Natur ist unser bestes Vorbild. Sie »regelt« alles gefühlt automatisch. Sie weiß, was zu tun ist.

♥ VERSTEHEN

Hast du dich selbst einmal gehört, dann geht es im nächsten Schritt darum, dich selbst zu verstehen. Dieser Tipp ist etwas komplex und gar nicht so einfach zu übermitteln. Schließlich kann ich nicht erahnen, welche Antworten dir im Moment begegnen. Daher möchte ich dir an dieser Stelle schlichtweg meine eigene Erfahrung übermitteln.

Wann immer ich Antworten des Lebens vernommen habe, musste ich sie auch verstehen, ganz und gar begreifen. Und zwar mit dem Herzen UND mit dem Verstand. Solange ich keine Antwort hatte, die auch mein Verstand begreifen konnte, konnte ich mich selbst, eine Situation oder einen Umstand nicht begreifen. Dabei gab es durchaus große zeitliche Unterschiede zwischen »Das Herz hat es verstanden« und »Der Kopf hat es nun auch begriffen« – und andersherum. Dieses ganzheitliche Verstehen ist für mich unendlich wichtig. Mag sein, dass es für dich gar nicht notwendig ist und es für dich völlig ausreichend ist, wenn du das Verständnis im Herzen generierst.

Doch was unabdingbar ist, ist die Tatsache, dass es das Herz in jedem Fall begreifen muss. Ein Begreifen nur mit dem Verstand erledigt die Angelegenheit nur zur Hälfte. Das Herz muss es verstehen. Dann kannst du eine Sache loslassen, sie verarbeiten, sie ablegen. Dann kannst du sie fühlen und wahrhaftig verstehen. Dann kannst du sie leben.

Also für mich funktioniert: Verstand und Herz müssen verstehen.

Für dich funktioniert es ebenso. Oder dass es das Herz verstehen kann.

Für mich funktioniert nicht: dass es nur der Kopf versteht.

♥ VERTRAUEN

Hier knüpfe ich ein wenig an den vorherigen Tipp an. Wenn du eine Antwort oder eine Klarheit aus dir heraus bekommst, dann geht es auch darum, ihr Vertrauen zu schenken. Sie nicht zu hinterfragen oder sie anzuzweifeln. Sie nicht mit dem Ego zu zerpflücken, bis davon nichts mehr übrig ist.

Wenn aus dir heraus, aus dem Gespräch mit dir selbst, eine Klarheit entsteht, dann versuche sie zu beschützen und sie zu konservieren. Dass sie dir bleibt, wie sie taufrisch aus dir selbst heraus entsteht.

Dein Bauch kann dabei ganz warm werden. Dein Sakralzentrum kann sich dabei melden und dir einen klaren Wink geben. Deine Beine können dir Stabilität signalisieren. Wie auch immer du sie spürst, diese Klarheit – behalte sie. Vertraue darauf, dass sie dir das Richtige mitteilt. Das Vertrauen in dich und deine Wahrheit aufzubauen bedarf ebenso des Trainings. Du musst es ausprobieren. Und das nicht nur einmal, sondern eine gewisse Zeit. Bekommst du die Antwort, sei mutig und folge ihr. Dass du etwas Bestimmtes entscheiden sollst. Dass du einen bestimmten Weg einschlagen sollst. Dass du einem Menschen auf eine bestimmte Weise begegnen sollst. Eine Antwort, die du deiner besten Freundin geben musst. Eine Arbeitsstelle, die du annehmen sollst. Ein Ort, an den du reisen sollst. Eine Kaufentscheidung, die du treffen sollst. Was es auch ist – sei mutig! Warst du es einmal, wirst du es ein zweites

Mal können. Das dritte Mal fällt dir noch leichter, und schon befindest du dich mitten im Training.

Es ist das eine, dich selbst zu hören. Doch es ist das andere – Entscheidende –, ob du dir auch wirklich Gehör schenkst und dem folgst, was du hörst. Es ist die Antwort. Es ist die Klarheit, die von deinem Herzen ausgeht und nach der du leben kannst – wenn du ihr Vertrauen schenkst.

DOCH NOCH EIN ENDE MIT SCHLEIFCHEN

Zwei Tage ist es still um mich. Ich bin in Raleigh angekommen und niedergeschlagen von Sekunde eins. Diese Stadt ist für einen Abschied leider nicht das Richtige. Doch ich bin dort und mache das Beste draus. Einen Tag besuche ich die Duke University und Durham. Dort gefällt es mir bedeutend besser. Merke ich mir fürs nächste Mal – dass ich in diese Gegend nie wiederkommen werde.

Die Uni ist so englisch wie die Queen. Unglaublich schön ist sie mit ihren Gebäuden und dem markanten Turm der Kathedrale. Im Anschluss sehe ich die alten, stark politisch bewohnten Villen in Raleigh und beende den Tag mit Pizza und Tränen. Die Tränen kullern mir schon in einer Tour. Ich möchte diese Stadt nur noch hinter mir lassen.

Viel besser ist da Charlotte. Nach einem Mittags-Lunch-Stopp in der Optimist Hall, einem richtig coolen Platz zum Pausieren, geht's zur Unterkunft. Ich kann jetzt für mich sein, genau richtig für diese letzte Nacht. Ein bisschen bin ich ratlos, was ich mit diesem allerletzten Nachmittag auf dieser langen Reise anfangen soll.

Also bestelle ich einen Uber und düse in die City. Die Hochhausschluchten beeindrucken mich leider nicht sonderlich. Also geht es zurück in das Viertel, in dem auch das Airbnb ist und das auf Anraten meines Uber-Fahrers richtig lässige Bars bereithält. Im Milkbread sitze ich nun auf meine nahezu letzten Drinks und genieße den brütend warmen Abend.

DANKE, Charlotte, dass du meine Reise mit einem Schleifchen abschließen lässt.

WIE KANN ICH MUTIG MEINEN WEG GEHEN?

Mutig meinen Weg gehen, das verwirkliche ich wohl schon mein ganzes Leben. Nach knapp vierzig Jahren endlich auch bewusst. Bis dahin unbewusst. Erst vor Kurzem habe ich darüber nachgedacht, woher die Fähigkeit überhaupt rührt, dass man mutig seinen Weg geht – dass ich mutig meinen Weg gehe. Ist es etwas, das man in die Wiege gelegt bekommt? Eine Mischung aus Ahnenreihe, Genen und Persönlichkeit? Ist es etwas, das man im Verlauf seines Daseins erlernen kann? Eine Entwicklung, die mehr und mehr Mut anhäuft, sodass es am Ende reicht, um seinen Job zu schmeißen?

Wenn ich mich zurückerinnere, dann fällt er mir leider nicht ein, dieser Schnipser, der mich in allen Situationen, in denen ich gefühlt mutig war, dazu gebracht hat, zu handeln. Ich kann nicht genau lokalisieren, ob ich es intuitiv erledigt habe oder ob ich drüber nachgedacht habe. Vielleicht war es in jeder Situation verschieden, etwas anderes, auf das ich zurückgreifen konnte. Lasse ich die Filme vor meinem Geiste abspielen, wird mir jedoch bewusst, dass ich durchaus mal mit meiner Persönlichkeit spielte, mal aus dem Bauch heraus unterwegs war. Mal befragte ich meine Ahnen, mal war Verlass auf meinen Verstand – das eher in den späteren Jahren als in den früheren.

Als Kind ging ich mutig voraus, ganz intuitiv. Begab mich auf Entdeckungsreise. Kletterte dort hinauf, wo kein anderer saß. Als Jugendliche folgte ich den Werten, die ich in die Wiege gelegt bekommen habe, und damit dem Gedanken »Das gehört sich so«. Ging mutig voran, um zum allerersten Mal meinen ersten festen Freund zu besuchen – ohne dass wir vorher darüber gesprochen hatten. Heute nichts Großes, damals gleich einem Erdbeben. Als junge Erwachsene folgte ich dann einem Traum, überwand meine Angst bei vollem Bewusstsein, brachte genug Mut auf, weil ich es schlichtweg wollte. Als geübte junge Erwachsene ging es in die Doppel- und Dreifachbelastung. Ein nebenberufliches Studium, Bachelor und Master wollte ich sein. Wieder der Antrieb tief aus meinem Inneren heraus. Etwas, das meine Persönlichkeit regelte. Als Erwachsene warf ich die Festanstellung beiseite, um mich selbständig zu machen. Okay, das war impulsiv, wenig bedacht, somit Veranlagung. Nichtsdestotrotz war es mutig und eine Erfahrung, die ich nicht missen möchte. Vor einiger Zeit dann der Umzug nach Österreich, alles hinter mir lassen und neu durchstarten, als Quereinsteigerin und Entdeckerin. Das war mutig, mit Verstand, aus der Ahnenreihe heraus und Persönlichkeit. Woher kommt er nun, der Mut?

Ich denke, dass es eine gesunde Mischung aus allem ist. Ein bisschen Veranlagung, eine Prise persönliche Note und eine ordentliche Portion Training. Aus all dem kann dann entstehen, was wir uns alle sehnlichst wünschen. In jeder Minute den Mut aufzubringen, um etwas Bedeutendes zu leisten, um ein Zeichen zu setzen, um unserem Leben eine entscheidende Wendung zu verleihen. Sei es im Kleinen, in diesem einen Wort gelegen, das alles verändert. Sei es im ganz Großen, das unsere Welt aus den Angeln hebt und sie an einem anderen Ort wieder absetzt – wir einmal durchgeschüttelt inklusive. Das ist es, was wir uns wünschen, dass, egal wie heftig wir konfrontiert werden, wir uns einmal um die eigene Achse drehen und wieder straight in unserer Mitte ruhen. Die Mischung macht es also.

Doch weiß ich es nach einem Drittelleben inzwischen besser. Weiß ich doch, dass zu dieser einzigartigen Mischung auch noch etwas anderes gehört, das sich da nennt: Kopf.

Im Jahr 2024 können wir über 60.000 geteilte Inhalte pro Minute abrufen. An einem Tag hegen wir ungefähr so viele Gedanken. Und es sind rund 20.000 Entscheidungen, die wir innerhalb von Millisekunden pro Tag treffen. Stell dir nun alle zusammen als Legosteine vor, die um deinen Kopf wirbeln. Ich stelle es mir gerade selbst vor und ich platze beinahe. Nun, wie soll dabei noch Raum bleiben, um den Kopf für etwas Sinnvolles wie »Mutig-Sein« zu gebrauchen? Dazu braucht es Klarheit, eine gewisse Ruhe und auch Verankerung. Hebt man gerade mit seinem Gedankentornado ab, ist da nicht besonders viel Besonnenheit, um sich mit seinem Mut zu verbinden.

Damit ich mutig meinen Weg gehen kann, braucht es zu meiner Mischung auch den Entschluss, dass ich an meiner Gelassenheit und an meiner inneren Ruhe arbeiten werde. Damit vor allen Dingen die Möglichkeit besteht, wahrzunehmen, wann denn mein Mut angebracht ist. Es braucht die Entwicklung der Fähigkeit, in die totale Versenkung zu gehen, Minuten auszuhalten, in welchen nichts passiert, außer dem Herzschlag in meiner Brust. Es braucht die Fähigkeit, mir selbst meine Meisterin zu sein, die nichts zu fassen bekommt. Keinen Gedanken, keine Entscheidung, keine Anstrengung. Es braucht das Sein.

Und hier kommen wir bei meiner größten Lektion an, dem Sein. Nichts lag stets so weit am Horizont verborgen wie die Entdeckung meines Seins. Doch als der Tag kam, an dem ich ihn zum ersten Mal fühlen durfte, diesen Zustand, wurde mir bewusst, dass ich nie mehr etwas anderes erleben möchte.

Nun ist das nicht ganz so einfach inmitten des Alltags und der täglichen Aufgaben und Herausforderungen. Nach wie vor drifte ich von meinem Sein ab, oftmals für mehrere Wochen und Monate am Stück. Im ersten Moment ärgere ich mich darüber. Doch im nächsten Moment, sobald ich es wiederfinden konnte, bin ich geradezu glücklich darüber, dass ich wieder daran anknüpfen darf. Immer mit dem festen Vorsatz, von nun an besser auf diesen Bewusstseinszustand zu achten – dass er mir nicht wieder so schnell entfleucht.

Wenn ich dann dorthin zurückgefunden habe, dann bade ich in

diesem unbeschreiblichen Wohlgefühl. Es ist reinste, bedingungslose Glückseligkeit. Ich lächle und bin nicht fähig, damit aufzuhören. Ich versuche, einen Gedanken zu fassen, doch es gelingt mir nicht. Da ist nichts, was mir meinen Platz streitig machen möchte. Kein Aber, kein Weil, kein Wenn. Keine Ausreden, kein Niedermachen, kein Schlechtdenken. Da ist weder Zeit noch Raum.

Da sind nur mein Atem, mein Herzschlag und dieses kleine, zarte und smarte Ding namens Seele. Ich stehe da und bin ganz ich.

Ich bin.

Und das ist großartig. Das erleben zu können, es spüren zu können, insbesondere einen Zugang finden zu dürfen, ist das Schönste, was ich auf meinem Weg einsammeln durfte. Natürlich ist es ebenso ein großer Gewinn für meinen Mut, den ich auf meinem Weg immer wieder aufsuche. Das Sein und der Mut ergänzen sich prima. Sie leben ein Geben und Nehmen und fühlen sich miteinander wohl. Das eine Potenzial, das immer mit dem anderen kann, und umgekehrt.

Verlasse dich somit nicht ausschließlich darauf, dass du an deinem Mut arbeitest. Dass du deine Ahnenreihe aufräumst und dass du deine Persönlichkeit entdeckst. Sondern widme deine Aufmerksamkeit auch deinem Zustand des Seins. Kultiviere dein Fühlen in genau diese Richtung. Finde einen Weg, wie du und dein Kopf mal für einige Augenblicke Ruhe finden könnt, um deinem Sein Raum zu geben. Gelingt dir der Zugang dorthin, bist du auf deinem mutigen Weg. Sei deinen beiden Akteuren eine wertvolle Stütze, damit sie sich finden können. Das Sein und dein Mut. Lass sie sich umarmen und dir eine kraftvolle Basis sein.

Darauf aufbauend macht es Sinn, dich deinen mutigen Entscheidungen zu widmen. Wenn es ruhig ist, du in deiner Mitte verweilst, deine Gedanken vorbeiziehen und du bewusst nur die auswählst, die dir dienlich sind und dich in deinen mutigen Schritten unterstützen.

Doch alles der Reihe nach. Sei nachsichtig mit dir selbst und überstürze nichts. Alles braucht seine Zeit. So auch die neue Gewohnheit in dir, dass du nicht jedem deiner Gedanken auf den Leim gehst. Es braucht seine Zeit, bis du dich von alten Mustern lösen und dich neuen Routinen zuwenden kannst. An manchen Energien halten wir so stark fest, weil sie uns bisher Sicherheit gaben. Manchmal muss dann eine sanfte Hand mithelfen, jeden einzelnen Finger sachte lösen, bis sich die geballte Faust öffnet und wir bereit sind loszulassen. Sei du dir eine sanfte Hand. Sei du im Verständnis für die Zeit, die es benötigt, um Stück für Stück deine Neuausrichtung zu greifen.

Es braucht ein reines, gütiges Herz. Das immer da ist und dich hält, wenn du zögerst oder stolperst. Manchmal, wenn du so gar nicht weiterkommst, gibt es dir auch einen kleinen Schubser, damit du in die richtige Richtung blickst. Doch stets ist es für dich da und hält zu dir. Wie ein Song, der dich einhüllt und dich hoch hinauf in den Himmel trägt.

Von wo aus man übrigens einen fantastischen Blick über all die Wichtigkeiten und Nichtigkeiten bekommt. Von dort aus kannst du gut sehen und sortieren, was für dich Sinn macht und was weniger. Von dort aus kannst du auch den nächsten logischen Schritt klar erkennen. Und von dort aus hast du ausreichend Abstand zu jeglichem Lärm und zu so manchem Unruhestifter. Genieße diesen Flug, sammle Kraft, tanke auf und dann lasse dich auf der Erde absetzen, mit einer Überzeugung in dir, die vor nichts zurückschrickt und die dich mutig weitergehen lässt.

Dann bist du an der Reihe, deinen Mut an die Hand zu nehmen, um gemeinsam den Weg zu gehen, der für dich bestimmt ist.

Mut entsteht dann, wenn du Wurzeln hast und gleichzeitig zur Leichtigkeit abheben kannst. Wenn du dazwischen ganz bei dir bist und in deinem Sein zu Hause. Dann entsteht Klarheit, danach folgt die Entschlossenheit, und am Ende wartet die Glückseligkeit.

Wenn du dich jetzt noch einmal fragst, wie du mutig deinen Weg gehen kannst, dann lautet deine Antwort ...

TIPPS, UM EINFACH NUR ZU SEIN

♥ HEUTE

Das Sein definiert sich im Heute. Im Hier. Im Jetzt. Nimm alle TIPPS aus diesem Buch, die dir dabei helfen, ins Jetzt zu finden. Atmen, im Herzen verweilen, fühlen. Dich selbst hören. Dir vertrauen.

Du wirst sein, wenn du im Heute lebst und dich nicht im Gestern und Morgen verlierst.

♥ NATUR

Das Sein spürst du am allerbesten in der Natur. Selbst wenn du mit dem Draußen-Sein nichts anfangen kannst. Dann nimm dir doch eine schöne Blume, die du dir auf deinen Schreibtisch stellst. Und dann verliere dich in der Betrachtung dieses Wunders. Liebst du das Draußen-Sein, dann wird dich das Wunder der Natur sowieso überwältigen. Wie kann so etwas Großes, Kostbares und Unendliches entstehen? Wie privilegiert wir doch sind, dies erleben und genießen zu dürfen. Eine unendliche Dankbarkeit darf entstehen. Und mit dieser Dankbarkeit sind wir im Hier und Jetzt. Damit sind wir. Damit beginnt das Sein.

♥ LIEBE

Ja, und die Liebe – sie »ist die größte unter allem«. Wenn du Liebe empfindest und lebst, dann bist du durch und durch. Dann hast du das Leben in seiner vollen Wahrheit begriffen. Dann bist du in dir verankert. Dann bist du ganz da.

Also – Liebe! Liebe, als gäbe es kein Morgen! Denn du weißt nicht, ob es das Morgen geben wird. Daher liebe heute. Liebe jetzt. Alles, was du nur lieben willst. Dann bist du einfach nur.

Dann bist du genau dort, wohin du gehörst.

STERNE

... jetzt muss nur noch alles mit dem Mietwagen klappen. Dann fallen für mich die Sterne vom Himmel.

ALLES, WAS ICH WEISS

Es ist inzwischen eine Menge, die ich weiß. Und doch weiß ich nichts. Und doch ist da so viel, das ich mit dir teilen möchte. Womit ich dich niemals belehren, niemals beeinflussen, dir niemals die Richtung weisen möchte. Mein großer Wunsch ist es, dich damit zu inspirieren. Dass mit all meinen Gedanken, Erfahrungen, Schlussfolgerungen eine Idee in dir reift – oder auch viele –, wie du dein Leben mehr zum Leuchten bringen kannst. Wie es dir gelingen kann, dein pures Leben zu leben. Wie du alles so miteinander vereinbaren kannst, dass es sich für dich jede einzelne Sekunde gut anfühlen wird. Ich möchte dir gerne Inspiration schenken, damit du erkennst, was es da draußen für dich noch alles zu entdecken gibt. Denn glaube mir, da ist noch so viel, das nur darauf wartet, von dir erobert zu werden.

Wenn mich jemand fragt, warum ich tue, was ich tue, dann ist meine Antwort die folgende:

Ich möchte den Menschen – DIR – helfen zu erkennen, wie schön das Leben sein kann. Das Leben in all seinen Facetten und mit seinen wilden Seiten zu erfahren. Ich antworte, dass die Menschen – DU – oftmals in ihren Schneckenhäusern verharren, weil es sich dort gut anfühlt. Doch wenn du wüsstest, wie gut es sich anfühlt, wenn du erst einmal herausgekrochen bist und siehst, welche Wunder sich vor dir erstrecken, dann möchtest du nie wieder etwas anderes sehen und erleben. Genau das sehe ich als meine Aufgabe, das in die Welt zu tragen, zu den Menschen zu bringen – dir zu offenbaren.

Das ist alles, was ich weiß. Dass wir nicht dazu geboren sind, in unseren Schneckenhäusern darauf zu warten, dass es spannend wird. Sondern dass wir die Türe weit aufreißen müssen, hinaustreten in die Welt, staunen, uns wundern, uns fürchten, uns verirren müssen. Das Leben erobern dürfen, es auskosten, aufsaugen, es bis zum letzten

Quäntchen begehren dürfen. Um zu erkennen, wie wundervoll es ist, dass uns diese einmalige Chance zuteilwurde.

In meinen Augen liegt unsere erste und größte Verantwortung darin, dass wir uns diese Chance unweigerlich greifen und sie jeden einzelnen Tag nutzen. Tun wir dies nicht, dann missachten wir uns selbst und die Aufgabe, die seit der Geburt an uns gerichtet ist. Es ist unsere Pflicht, dass wir unser Leben gestalten und weit über unsere Grenzen hinauswachsen. Damit wir immer noch mehr erfahren können, wie das Leben für uns gemeint ist. Ohne jemals etwas bereuen zu müssen.

Was in der Entwicklung unseres Selbst oft verloren geht und was aus meiner Sicht mindestens genauso wichtig ist, wie die Verantwortung für unser schönstes Leben zu übernehmen, ist, dass wir gut zu uns selbst sein müssen. Dass wir in all dem Lernen, Entwickeln, Wachsen und Reifen in erster Linie das Herz ganz weit für uns selbst öffnen dürfen. Dass die Güte in uns wächst und wir diese Blume uns selbst schenken. Dass wir unsere zarte Seele mit allem, was wir haben, beschützen. Dass wir großes Verständnis aufbringen, besonders in den Momenten, in denen wir uns am liebsten bestrafen möchten. Dass wir uns mit der Liebe begegnen, die wir den von uns geliebten Menschen entgegenbringen. Dass wir zerbrechlich sein dürfen, das Zerbrechlich-Sein erkennen und das auch zulassen. Dass wir uns selbst auffangen und in dunklen Momenten für uns da sind. Uns in diesem Moment in die Arme schließen und uns sagen, dass es in Ordnung ist, schwach, verletzlich und ängstlich zu sein.

Alles, was ich weiß, ist, dass pures Leben nicht bedeutet, dass es jeden Tag angenehm warm, weich und wohlig ist. Sondern dass pures Leben meint, anzuecken, sich zu stoßen, hinzufallen, den Gegenwind zu spüren, Lichter am Ende des Tunnels zu sehen, auch wenn der Tunnel noch so lang ist. Dass es heißt, dass wir uns weh tun, dass wir Schmerzen erfahren, dass es rau ist und ungemütlich. Doch dass am

Ende des Tages der Augenblick einkehren wird, in dem wir schwer atmend, schweißgebadet und mit leuchtenden Augen in den Spiegel sehen und uns sagen:

Das war es wert.

Diese Fahrt war es absolut wert, um das Lied unserer Seele laut klingen, unsere Herzen beben und unsere Körper vibrieren zu lassen. Um unsere Lektionen in Leben zu erlernen.

Alles, was ich weiß, ist, dass du deinen wildesten Träumen folgen darfst, dass du loslassen darfst. Dass du frei sein darfst. Befreit von deinen Verstrickungen, mentalen Grenzen und von dem Schloss, das vor deinem mutigen Herzen hängt.

Du darfst dir genau das holen, wonach dein Herz sich sehnt. Höre ihm zu, lausche ihm und du wirst den Weg finden, der dich dorthin führt, wohin du gehörst.

COMES TO AN END

Der Tag der Tage rückwärts: Abflug, Departure, the way back to reality. Ich möchte noch nicht los. Ich bin definitiv noch nicht fertig. Aber für heute muss ich wohl.

Mit dem Audi hat alles funktioniert: KEIN Aufpreis! So gut!

Doch den Fahnenständer für Mamas Überraschungsgeschenk konnte ich natürlich nicht mit in den Flieger nehmen. Kosten und Nutzen standen so gar nicht in Relation.

Kein Übergepäck, trotz der vielen Souvenirs. Ich habe doch tatsächlich in meinem Koffer: vier Hoodies, zwei Blusen, ein Kleid, ein Shirt, zwei Hüte und eine Cap, ein Paar Ohrringe, eine Kette, vier Armbänder, unzählige Karten (die schon unterwegs nach Österreich sind), unzählige Patches, zwei Gartenfahnen (ohne Halterung), eine Tasche und Millionen Sekunden Erinnerungen.

JUST LIKE A BREEZE

Ich bin dankbar...

dass ich gesund über 4.000 Meilen fahren und reisen konnte.

Für die Menschen, die ich entlang meiner Herzensreise treffen durfte.

Für so viel Gefühl und Emotion, die ich spüren konnte.

Für alle die fantastischen Orte, die ich live sehen konnte.

Für jeden Tag dieser Reise auf diesem Kontinent.

Für all die Klarheit, die mich erreichte.

Für meine neue Vision und neue Bilder, die mir guttun.

Für die großartige Natur, die ich hier sehen und begreifen konnte.

Für alle meine Freunde und Familie, die mir alle so nah waren und mich begleitet haben.

Für meine Gabe, diese Reise so einzigartig geplant zu haben.

Für einen reibungslosen und erschreckend leichten Verlauf der Reise.

Dass alles so kommen musste. Alles fiel von allein an seinen Platz.

Für diesen gelebten Traum.

Ich kann es immer noch nicht glauben, was hier passiert ist und wie ein Windhauch an mir vorüberging. Werde ich es jemals?

I WILL NEVER BE THE SAME.

IT PASSED AS QUICKLY AS A BREEZE.
BUT THIS JOURNEY TOUCHED MY
MIND, HEART AND SOUL
LIKEA THUNDERSTORM.

WOHIN GEHÖRST DU AM ENDE WIRKLICH?

Ist es die Frage, die du zuerst lesen wirst, weil du neugierig bist und du lieber gleich wissen möchtest, wohin du gehörst? Dann kann ich dich beruhigen. Bin oder war ich doch genauso. Wollte ich doch jeden einzelnen Tag wissen, wohin ich gehöre, wo mein Platz ist, wo ich ankommen kann und wo es mir endlich gut geht. Ich hätte es genauso gemacht, wäre mir dieses Buch in die Hände gefallen. Ich hätte direkt nach hinten geblättert, um diese Antwort zu erhalten.

Doch bin ich nach vielen Jahren und nach dem Schreiben dieses Buches erst recht davon überzeugt, dass wir diese Abkürzung in unserem Leben nicht nehmen können. Selbst wenn wir es uns noch so sehr wünschen. Der Weg bis zu dieser Frage mag für manche kürzer sein, weil sie schneller verstehen, sich kompakter entwickeln und früher die richtigen Menschen treffen. Für andere wiederum wird der Weg etwas länger sein, weil sie mehr Pausen einlegen, weil das Leben dazwischenfunkt, weil sie auch mal müde, zweifelnd und verunsichert sind. Weil sie den Weg auch einmal aus den Augen verlieren. Und für manche bleibt dieses Kapitel unerreicht.

Woher du auch kommst, du bist heute, hier und jetzt an diesem Kapitel in diesem Buch angekommen – aus einem bestimmten Grund. Weil du durchgehalten hast und dir dein Leben nicht weiter nehmen lassen möchtest. Weil du erkennst, dass da so viel in dir steckt, das noch gesehen werden will, das entdeckt werden will und das du noch ausprobieren willst. So ist es doch auch – es ist ein ständiges Ausprobieren, wie weit deine Kräfte reichen, wo deine Grenzen liegen, wie hoch dich deine Flügel tragen und wann du am Abgrund stehst.

Gleichzeitig auch, wann du auf dem Gipfel stehst und alles in deiner Welt zu deinen Füßen liegt.

Wieso also nicht ausprobieren, wohin du am Ende wirklich gehörst? Wieso nicht hier und da von etwas kosten, das dich anlächelt? Dich den Dingen zuwenden, die dir gerade interessant erscheinen. Dich von den Menschen abwenden, die dir nicht wohl erscheinen. Ganz einfach das Kind in dir kitzeln, Lust und Laune entdecken. Dich dabei im Spiegel betrachten und darauf warten, wer zuerst lacht. Dein Gesicht in die Sonne recken, während deine Füße im kühlen Nass baden. Deinen kuschligen Schal um den Hals wickeln, die Lieblingsmütze aufsetzen, unter Schneeflocken tanzen. Ins Kino gehen, sitzen bleiben und staunen oder aufstehen, wenn dir der Film nicht gefällt. Auf dem Fünf-Meter-Brett stehen, hinab ins Becken blicken und wieder umkehren. Ein neues Hobby beginnen, sehen, ob es dich glücklich macht. Oder es nach dem zweiten Mal wieder hinschmeißen. Deinem Schwarm einen Freundschaftsantrag stellen und die Nacht vor Aufregung nicht schlafen können. Einen Heiratsantrag planen und wieder nicht schlafen können. Einen Fremden küssen. Das Souvenirkleid aus einem fremden Land bei dir im Dorf tragen und dich unbesiegbar fühlen. Das Studium aufnehmen und es durchziehen. Eine Urkunde bekommen wollen und es nicht schaffen. Noch einmal eine Urkunde bekommen wollen und sie in den Händen halten. Nur ein einziges Mal Margeriten anstatt Rosen auf den Tisch stellen und dich dabei wundern. Etwas Rotes kaufen, wenn du denkst, dass es dir nicht steht. Eine schicke Brille tragen. Nach vier Wochen doch den Mantel shoppen, der dich nicht loslässt. Ohne Gegenleistung zu erwarten, anderen Menschen helfen, Menschen, die viel weniger haben als du. Weniger Familie, weniger Freunde, weniger Zeit, weniger Geld. Endlich das Instrument lernen, das du schon als Kind hättest lernen sollen. Die Gemeinschaft unterstützen.

Oh my dear, es gibt so vieles, das du während all der Kapitel zuvor ausprobieren kannst. So vieles, an das du nicht annähernd denkst. Die Kunst ist es, dies zu sehen und es zuzulassen. Gefolgt von der Kunst, dass alles, was du erfährst, in einen Weg mündet, den wir alle gemeinsam gehen:

Wir lernen uns kennen.

Du lernst dich kennen.

Je mehr du dich deinem Ausprobieren widmest, desto besser wirst du dich kennenlernen. Desto näher wirst du dir selbst kommen. Desto besser wirst du wissen, was dir gefällt und was dir weniger gut gefällt. Damit bekommst du die großartige Möglichkeit, dir Gewissheit zu verschaffen. Und du bekommst die Kraft, die du brauchst, um dort anzukommen, wonach du dich sehnst. Nach diesem einen Ort, der dir das Gefühl verleiht, als würdest du Wurzeln schlagen und fliegen gleichzeitig. Wenn es dir gelingt, dich Schicht für Schicht zu entdecken, wirst du an einem gewissen Punkt auf den Kern treffen – auf deinen Kern.

Dann steht dir alles offen. Du begegnest dir selbst, in all deiner Verletzlichkeit, allen deinen Schwächen und Fehlern. Ein Leugnen ist dann nicht mehr möglich, denn du siehst dich in deiner reinsten Form. Ein Wegschauen wird dir nicht mehr gelingen, denn du bekommst eine Ahnung davon, wie wundervoll dein Leben ab diesem Zeitpunkt sein kann. Du wirst eine oder viele Tränen verdrücken, wenn du diesen Moment erreichst. Vielleicht wirst du auch lachen und dich freuen, wie du dich nie zuvor freuen konntest. Möglicherweise wird dir auch kurz schwindlig, weil du nicht weißt, wie du mit dieser Offenbarung umgehen sollst, und es dich förmlich überschüttet. Doch habe auch dann keine Angst, denn vor dir steht dein reinstes Ich. Das dir nie etwas Böses will noch dir schaden oder dich ausbooten. Dieses Ich will einzig und allein mit dir verschmelzen, dich in den Arm nehmen, dir die Liebe geben, die du dir all die Jahre vorenthalten hast. Es wird dich trösten, dir tausend Küsse schenken. Es wird dir sagen: »Ich weiß. Ich sehe dich. Und ich liebe dich – trotz allem.« Trotz aller Fehler, trotz aller Schwächen.

Es wird dich bedingungslos lieben.

Und ihr werdet ab nun gemeinsam den Stürmen des Lebens trotzen, füreinander da sein, euch Halt geben und alles meistern, das sich euch in den Weg stellt. Du wirst stets das Gefühl haben, dass da jemand ist, der dich auffängt, der Verständnis hat und der dir nie wieder von der Seite weicht. Du wirst dich nie mehr fragen: »Wohin gehöre ich am Ende wirklich?« Denn du weißt, du gehörst zu dir. In der Sekunde, in der du begreifst, dich bedingungslos zu lieben, deine Fehler anzunehmen, deine Schwächen zu umarmen, wirst du bei dir selbst ankommen. Und das ist der Ort, nach dem du schon dein Leben lang suchst.

»Nie zu wissen, wo man hingehört« wird zu einem:

ICH BIN DA.

ICH BIN.

Und ja, DU DARFST SEIN.

Du hast Platz in dieser Welt. Dir gehört dieser eine wertvolle, einzigartige, nicht ersetzbare Platz, in den nur du hineinpasst, und in diesen Platz darfst du dich nun, ohne zu zögern, ohne zurückzublicken und einfach so hineinbegeben. Nimm dir, was dir zusteht. Warte nicht noch länger. Entscheide dich jetzt, in diesem Augenblick – für dich und deine wundervolle Seele. Und dann greife nach nicht weniger als nach den Sternen. In dir und über dir ein ganzes Universum.

Erinnere dich:

Zwischen Milliarden von Sternen und Millionen von Galaxien – da gibt es dich. EIN EINZIGES MAL. Sei nicht so töricht, dich der Welt vorzuenthalten. Denn sie braucht dich. Wir brauchen dich. Wir brauchen deine Energie. Wir brauchen deine Geschichte. Also los, erzähl sie uns!

EPILOG

Ein halbes Jahr später. Ich sitze in der Boeing *777* auf dem Weg nach Charlotte. Kurz nach meiner Rückkehr im Mai hatte ich noch im Scherz zu meinem Bruder gesagt: »Lass uns im Oktober wieder nach Charlotte fliegen und ein Autorennen anschauen.«

Ein Autorennen wird es zwar nicht, und mein Bruder ist auch nicht mit dabei. Doch für mich geht es für weitere drei Wochen – zurück? – in die Südstaaten. Das Gefühl: unglaublich. Ich kann es tatsächlich nicht fassen, dass ich in diesem Flieger sitze. Ein paar Stunden trennen mich davon, weitere Meilen durch dieses Fleckchen Erde zu reisen, um mir weitere Träume zu erfüllen: Ein Football Game, ein Konzert meines Lieblings-Country-Stars, mehr Zeit am Strand der OBX. Mir Zeit lassen ... für das, was im Frühjahr zu kurz kam. Für das, was ich bei meinem ersten Trip übersehen hatte. Für das, was in meinem Herzen schlägt – eine unbändige Sehnsucht.

Der Start in diese zweite Reise ist ein anderer als zuvor. Doch ich spüre auch jetzt, dass sie besonders werden wird. Anders zwar, doch nicht weniger besonders. Und ich spüre wieder einmal: Ich liebe das Reisen nur um des Reisens willen. Am Airport zu sein. In ein Flugzeug zu steigen. Abzuheben. Für mich so sehr erstrebenswert.

Wie gut, dass ich dieses Mal noch viel mehr unterwegs sein darf. Aus einer Laune heraus hatte ich mich bei der Reiseplanung Vol. 2 dafür entschieden, nach Las Vegas zu fliegen, um die National Parks in Utah und Arizona zu erkunden. Den Flug hatte ich gebucht. Doch ein paar Tage später war mir klar, dass es nicht funktionieren wird. »Ich brauche noch einmal die Südstaaten.« Die Airline ließ mich weder stornieren noch umbuchen, weshalb meine Flugroute nun die folgende ist: von München nach Charlotte, dort ein Zwischenstopp und weiter nach Las Vegas. Dann sechs Stunden warten und mit dem nächsten

Flug zurück nach Charlotte. Bei der Heimreise gleiches Spiel. Nachhaltig geht anders. Und vermutlich wäre ich in diesem überfüllten Flug heute auch nicht weiter ins Gewicht gefallen, wenn ich bereits beim ersten Stopp in Charlotte ausgestiegen wäre. Doch die Airline möchte es so. Dann soll es so sein. Der Weg ist ja immer noch das Ziel.

Also auf in ein neues Abenteuer ...

DANKE

Hier folgt der allerschönste Teil. Ich habe so viel Support auf meinem Weg meines ersten Buches erhalten. Es hat mich überwältigt, wie mir das Mitfiebern durch liebe Menschen zuteilwurde. Es ist unglaublich schön zu erfahren, dass da draußen Herzen und Seelen für ein Projekt leuchten, das gar nicht ihr eigenes ist. Dies ist für mich von unschätzbarem Wert und das werde ich niemals vergessen. Ich sage DANKE an alle, die mir dabei im Herzen verbunden waren. An alle, die mich im Außen gestützt, motiviert und angefeuert haben. An alle, die schon vor Seite eins versprochen hatten, ein Exemplar zu kaufen – ohne dass sie wussten, was es sein wird. An alle, um deren Hilfe ich bitten durfte. An alle, die meinem Aufruf folgten und mich wochenlang begleitet haben. An alle, die ich inspirieren durfte und weiterhin darf. Ein DANKE an alle, die Teil meiner Reise sein, die mich dabei verstehen und die mich jetzt noch besser verstehen werden. Ein riesengroßes Danke an meine Engsten, die mich in meinem Wahnsinn ertragen, trotz allem und immer bei mir bleiben. Ihr wisst schon, wer ihr seid, und ihr seid das Schönste in meinem Leben. Nicht zuletzt und für immer in Erinnerung, ein Danke an diejenigen, die ihre Zeit, ihre Energie und ihr Herzblut gaben, um Teil dieser »Ich schreibe ein Buch«-Geschichte zu werden: Saskia, Sarah, Anna, Michael, Melanie – ihr seid grandios und ohne euch würde das Projekt noch immer stocken. Und dann ist da noch Valeria, die mir das gab, was es braucht, um überhaupt zu starten: Glauben. Denn manchmal braucht es jemand anderen, der an dich glaubt. Wenn der eigene Glaube etwas weniger Spielzeit bekommt als der Zweifel. Danke, Valeria, dass du glaubtest und es immer dann tust, wenn ich es nicht kann. Zuletzt danke ich den Allerwichtigsten: meiner Familie – dafür, dass ich dort sein darf, genau dort, wo ich bin, und ihr versteht – wenn auch nicht immer alles, es aber trotzdem tut. Ich liebe euch.

Damit alle erleben, wie großartig meine Unterstützer sind, könnt ihr hier Motivationsnachrichten lesen. Ich finde sie unendlich schön und so sehr inspirierend. Wenn Menschen so viel von sich geben, um andere – in diesem Fall mich – mitzunehmen, dann ist dies das größte Geschenk auf Erden. Wenn dir da draußen so etwas begegnet, halte es, pflege es, schätze es:

»Jeder Tag ist ein neuer Start und manchmal braucht man auch einfach eine kreative Pause. Aber wenn du es spürst und die Worte nur so sprudeln, dann lass es fließen.

Heute habe ich dir eine inspirierende Geschichte mitgebracht:

Octavia E. Butler, eine afroamerikanische Science-Fiction-Autorin, wuchs in schwierigen Verhältnissen auf. Trotzdem fand sie Trost und Inspiration in Büchern und begann schon früh zu schreiben. Butler träumte davon, in einer Genre-Landschaft, die von weißen Autoren dominiert wurde, einen eigenen Platz zu finden.

Mit Entschlossenheit und einer einzigartigen Perspektive schuf Butler Werke wie »Kindred« und die »Parable«-Reihe. Sie durchbrach nicht nur die Barrieren der Science-Fiction-Literatur, sondern gewann auch den renommierten Nebula Award und den Hugo Award.

Octavia E. Butler ist ein lebendiges Beispiel dafür, wie Beharrlichkeit und die Entschlossenheit, eine eigene Stimme zu haben, dazu führen können, dass man nicht nur in der eigenen Nische erfolgreich ist, sondern auch die Literaturlandschaft insgesamt beeinflusst.

Ich wünsche dir den Mut, deine eigene Stimme in dein Buch zu bringen und damit auch in die Welt.«

»Es ist wieder Samstag-Morgen – das bedeutet, du arbeitest weiter an deinem Projekt.

Ich stelle mir das so vor, dass du dir ein leckeres warmes Getränk zubereitest, ein paar healthy Snacks parat stellst und eine cozy Playlist abspielst. Du hast etwas Bequemes an und dein Raum ist geflutet mit frischer Luft. Eventuell hast du ein Duftöl aufgesetzt mit einer frischen und motivierenden Note. Auch wenn es völlig anders ist, ich hoffe, du machst es dir schön im Außen und auch im Innen, indem du dir klarmachst, dass das eine wunderschöne Reise ist und jeder Schritt ein kleines Wunder für sich selbst bietet. Denke auch daran, wie großartig du bist und dass dein Projekt etwas ganz Besonderes ist.

Wenn du zwischendurch Unterstützung, Feedback oder einfach nur jemanden zum Reden brauchst, bin ich für dich da. Du bist nicht allein auf dieser Reise – wir alle feiern jeden deiner Schritte mit dir und wollen, dass du dein Ziel erreichst.

Ich wünsche dir viel Kraft und Motivation – schreibe weiter und träume größer.«

»In diesem Moment entsteht überall auf der Welt neues Leben, Menschen werden geheilt, Wünsche und Träume gehen in Erfüllung, Menschen tanzen im Regen und zelebrieren die ersten Sonnenstrahlen auf der Haut, währenddessen liest du diese Mail und bist bereit, deinen Träumen und Zielen einen Schritt näher zu kommen.

Feier dich ordentlich, dass du dich auf den Weg machst, dein Ding durchziehst, dein eigenes Leben gestaltest, so wie du es willst.«

»Ein großartiger Tag beginnt und ich sende dir viel Energie und Kraft, dein Vorhaben voranzutreiben. Dein Werk wird so vielen Leuten helfen. Vergiss nie, wofür du das machst, und vertrau auf deine eigene Stimme, deine Weisheit. Du hast alles in dir, lass es einfach fließen.

Ich denke ganz fest an dich.«

»Wow, es ist Samstagmorgen und ein neuer Tag hat begonnen. Ich habe die Ehre, dir eine Motivationsmail zu schicken. Das ist nicht ganz uneigennützig – denn ich weiß, wenn dein Buch fertig ist und ich es lese, wird es mein Leben bereichern.

Dass du dieses Projekt angehst, finde ich unheimlich inspirierend. Ich sende dir viel Kraft und Liebe.

Vergiss nie, was deine Intention ist.«

»Vielleicht ist heute ein guter Tag, um mal zu reflektieren, wie dein Fortschritt ist – was du bisher beim Schreiben für Erkenntnisse hattest – was dir geholfen hat und was nicht.

Wenn du magst, teile doch gerne deinen Fortschritt mit mir. Ich habe ehrlich gesagt keine Ahnung, wo du gerade stehst und welche Struggles du hast.

Ich weiß nur, ich finde es megastark von dir, dass du die Verantwortung für dein Leben in die eigene Hand nimmst und deinen Träumen – Samstag für Samstag näherkommst.

Heute denke ich auf jeden Fall ganz feste an dich und sende dir viel Motivation und Mut und Liebe.«

»Ich hoffe, dir geht es gut und dass du eine schöne Woche hattest.

Heute ist meine Motivationsmail für dich ein Sammelsurium von unterschiedlichsten Dingen, die mich motivieren:

- Pomodoro-Technik
- Wärme
- Power Nap
- Moodboard
- YouTube
- Das Herz reinigen
- Dein Warum

Liebe Anja – ich wünsche dir auf jeden Fall ganz viel Motivation und Mut, deine Worte zu finden und damit deiner Vision näherzukommen.«

»Ein Buch zu schreiben, bedeutet, du kreierst etwas, das von dir kommt – das ist so beeindruckend. Es ist so leicht, sich ablenken zu lassen mit Netflix, Insta, und co. – dass es umso beeindruckender ist, wenn jemand etwas aktiv selbst kreiert. Du machst das mega – ich denke ganz fest an dich. #everywordcounts«

DANKE.

ÜBER DIE AUTORIN

Anja Buntz stellt sich schon immer den Stürmen des Lebens, bereit, der nächsten Transformation mutig ins Auge zu blicken. Dabei folgt sie stets ihrem Herzen, weiß, wann es an der Zeit ist, loszulassen oder Chancen zu ergreifen.

Seit über 20 Jahren begibt sie sich selbst auf die spannende Reise ihrer Persönlichkeitsentwicklung und hat deshalb ein todsicheres Gefühl dafür, wie es hierbei anderen ergeht und womit sie ringen.

Seit sieben Jahren begleitet sie als Coach (M.A.) Menschen in Veränderungsprozessen und legt ihren Fokus auf eine Basis, die in der heutigen Zeit nicht wichtiger sein könnte – auf die mentale Kraft. Mit ihrer Brand Mutig.Sprechen.SEIN. bietet sie ausreichend Expertise, um mutige Herzen zu formen, sodass am Ende eines bleibt: ein befreites, glückliches Leben.